प्रेमचन्द : साहित्यिक विवेचन

प्रेमचन्द : साहित्यिक विवेचन

नन्ददुलारे वाजपेयी

राजकमल प्रकाशन

ISBN : 978-81-267-0068-4

मूल्य : ₹495

पहला संस्करण : 2000
पाँचवाँ संस्करण : 2018
पहली आवृत्ति : 2023

प्रकाशक : राजकमल प्रकाशन प्रा.लि.
1-बी, नेताजी सुभाष मार्ग, दरियागंज
नई दिल्ली-110 002
शाखाएँ : अशोक राजपथ, साइंस कॉलेज के सामने, पटना-800 006
पहली मंजिल, दरबारी बिल्डिंग, महात्मा गांधी मार्ग, प्रयागराज-211 001
वेबसाइट : www.rajkamalprakashan.com
ई-मेल : info@rajkamalprakashan.com

मुद्रक : बी.के. ऑफसेट
नवीन शाहदरा, दिल्ली-110 032

PREMCHAND : SAHITYIK VIVECHAN
Criticism by Nand Dulare Vajpeyi

जिले और प्रान्त के यशस्वी जनसेवक
भाई विश्वम्भरदयाल त्रिपाठी (संसद सदस्य)
को जिनके राष्ट्रसेवा सम्बन्धी समस्त उद्योग
और आचरण में प्रेमचन्दजी के उज्ज्वल
आदर्शों की आभा मिलती है।

पातानिकी

आचार्य वाजपेयी से लेकर श्री अमृतराय तक–प्रायः सभी इस तथ्य से एकमत हैं कि प्रेमचंद की संपृक्ति अपने 'समय' से ही थी। वे सामयिक घटनाओं और राष्ट्र की समस्याओं को ही अपनी सर्जना का केन्द्र बनाते थे। वे स्वयम् भी इस तथ्य से सहमत थे। उनकी राष्ट्रीयता सामयिक आंदोलनों तक ही फैल पाती थी–यानी उनकी दृष्टि में उस आंदोलन के साथ जो जितना जुड़ा है वह उतना ही राष्ट्रीय है। राष्ट्रीयता की इस धारा को वे सामान्य मनुष्य-धारा मानकर–पूरे विश्वास के साथ–राष्ट्रधर्म को मनुष्य धर्म के रूप में ग्रहण कर लेते हैं। प्रेमचंदजी की साहित्य-कला इसी रंग में सराबोर है। हमारे चारों तरफ जो दुखपूर्ण परिस्थितियाँ छाई हुई हैं–उन्हीं के भीतर से आशा की झलक दिखाना प्रेमचंदजी की मुख्य कला है। वाजपेयीजी मानते हैं कि रोगी को चिकित्सा से भी अधिक जिस तसल्ली की संप्रति आवश्यकता है वह उसे प्रेमचंद के साहित्य में मिल रही है।

'सृष्टि' के लिए 'दृष्टि' अनिवार्य है। 'दृष्टि' वह चीज है जिसमें सृष्टि संभावना के रूप में अंतर्निहित रहती है। 'दृष्टि' से मेरा आशय Vision से तो है ही, 'विश्वदृष्टि' और 'जीवनदृष्टि' से भी है–साहित्य-सृष्टि या उसकी सर्जनात्मक कला में गहराई इसी से आती है। प्रेमचन्द के दार्शनिक मेहता को 'विश्वदृष्टि' और 'जीवनदृष्टि' की तलस्पर्शी गहराइयों में जाने की उतनी आवश्यकता महसूस नहीं होती–वह निष्कर्ष के रूप में इतना ही मानकर चलता है कि सेवा-धर्म ही मानवता को चरितार्थता प्रदान करता है। वाजपेयीजी ने आचार्य शुक्ल के जिस 'लोकधर्म' की तह में किसी सुव्यवस्थित आधार के अभाव का संकेत किया है–वही बात यहाँ के मानवतावादी सेवा-धर्म के विषय में भी उठाई जा सकती है। प्रेमचन्दजी और शुक्लजी–दोनों ही द्विवेदीयुग की नैतिकतावादी चेतना के सर्जक और आलोचक हैं। दोनों से पूछा जा सकता है कि सामाजिक और सांस्कृतिक प्रगतियों में अत्याचार और सदाचार की परिभाषा वे क्या देते हैं। किसी गहरी

दृष्टि से ही इनका स्वरूप निर्धारित हो सकता है। दोनों ही की व्यवस्था न पूर्णतः पदार्थवादी दृष्टि से मेल खाती है और न चेतनावादी दृष्टि से। न शुक्लजी ने अपने 'लोकधर्म' का दार्शनिक विवेचन किया और न ही प्रेमचंदजी ने अपने सेवा-धर्म का या निष्काम कर्मयोग का। इस अस्पष्टता या उपेक्षा का प्रभाव चरित्र-सृष्टि पर पड़ता है। अपने गंभीर दार्शनिक आधार के अभाव में ये शब्द चलताऊ भर रह जाते हैं। इसीलिए वाजपेयीजी का निष्कर्ष है कि प्रेमचन्द की वर्णनक्षमता पाठक को भाव में तो बहा ले जाती है—पर चित्रण के अभाव में 'व्यक्ति' (पात्र) को उसकी गहरी पहचान में नहीं उभार पाती।

प्रेमचन्दजी रसमय सृष्टि करते हैं—होरी पाठक में करुणा का संचार करता है—पर इस भाव-संचार के पीछे बुद्धि के रेशम की डोर भी हो तो भाव-संचार दिगन्तगामी पेंग मार सकता है। साहित्य का संबंध बुद्धि से नहीं है—यह उक्ति बहुत अर्थगर्भ है। यदि साहित्य मनुष्य के लिए है तो बुद्धि, दर्शन, विज्ञान और नीति—सब साहित्य के लिए भी है। साहित्य की प्रणाली यह है कि वह बुद्धि, दर्शन, नीति और विज्ञान—सबको रसमय बनाकर उपस्थित करता है। साहित्य का सच्चे अर्थ में रसमय होना साहित्यकार की इसी अन्तर्दृष्टि पर निर्भर है—उसकी अवहेलना से काम नहीं चलेगा।

एक बात और। वाजपेयीजी मानते हैं कि साहित्य अभिव्यक्ति है—पर वे यह भी मानते हैं कि अभिव्यक्ति मात्र के लिए यह प्राथमिक आवश्यकता है कि कलाकार के मानस-पटल पर कथ्य का स्वरूप प्रकट हो—बाह्यजगत् को दिखाने के पहले स्वयं ही वह उसके दर्शन करे—यही vision है जिसकी चर्चा पहले की जा चुकी है। यह दर्शन कल्पना, बुद्धि, विवेक की साधना-शक्तियों के फलस्वरूप ही प्राप्त हो सकता है। प्रत्येक कलावस्तु को बाहर से चाहे जितना रसमय बनाने का परिश्रम किया जाए, जब तक, वाजपेयीजी के अनुसार, उसके अंतर में कृतिकार की चैतन्य आत्मा नहीं झलकती, जब तक विवेकप्रसूत एक 'दर्शन' रक्त-प्रवाह की भाँति उस कला-शरीर को सजीवता प्रदान नहीं करता—तब तक क्या हम उसे सम्यक् अर्थ में कलाकृति कह सकते हैं ? वाजपेयीजी को चेतना की यह अंतर्धारा प्रेमचन्दजी की कृतियों में नहीं दिखाई देती।

इस प्रकार कृतिकार को कृतिकार होने के लिए अपने विभिन्न रूपों में—जिस 'दृष्टि' (vision, विश्वदृष्टि, जीवनदृष्टि) की बात ऊपर कही गई है—उसका होना आवश्यक है। यह सही है कि प्रेमचन्द

और वाजपेयीजी दोनों की अपने अपने युग-भेदवश सर्जक के स्वरूप की अवधारणा में अन्तर है—अतः एक की अपेक्षा का अभाव दूसरे में मिल सकता है। फिर सभी मानते हैं कि प्रेमचन्द जी अपने समय की सीमाओं में देखते और सोचते हैं और इस कारण उनसे कलाकृति के लिए अपेक्षित वाजपेयीजी की मान्यताएँ उनमें संभव नहीं हो सकी हैं—फिर भी वाजपेयीजी अज्ञेय की तरह मानते हैं कि साहित्य जिस संवेदना से समृद्ध होता है—वह मानवीय संवेदना प्रेमचन्दजी तथा उनके साहित्य में पर्याप्त विद्यमान है। इसलिए अपनी सीमाओं के बावजूद वे कथा-सम्राट् बन सके।

—राममूर्ति त्रिपाठी

अनुक्रम

हिन्दी उपन्यास-परम्परा और प्रेमचन्द

हिन्दी उपन्यासों का आरम्भ उन्नीसवीं शताब्दी के अन्तिम भाग में हुआ था। हिन्दी का पहला उपन्यास 'परीक्षागुरु' सन् 1882 के लगभग लिखा गया था। इसके लेखक श्रीनिवासदास थे। देवकीनन्दन खत्री का प्रसिद्ध उपन्यास 'चन्द्रकान्ता' सन् 1890 में प्रकाशित हुआ। गोपालराम गहमरी और कार्तिकप्रसाद खत्री ने इसी समय के आसपास बंगला की छाया लेकर कई उपन्यास लिखे। सन् 1898 में किशोरीलाल गोस्वामी ने 'उपन्यास' नामक मासिक पत्र प्रकाशित किया जिसमें गोस्वामीजी के प्रायः पैंसठ उपन्यास छपे थे। दूसरी भाषाओं के छायानुवाद भी इन मासिक पत्रों में छापे जाते थे। उपन्यासों के प्रति लोकरुचि अधिक थी। छापेखाने खुल चुके थे और पुस्तकों की माँग बढ़ रही थी। अंग्रेजी, बंगला तथा अन्य भारतीय भाषाओं के उपन्यास हिन्दी में रूपान्तरित होने लगे और साथ ही हिन्दी के मौलिक उपन्यासों की संख्या भी बढ़ने लगी।

परन्तु अनेक वर्षों तक हिन्दी उपन्यास का स्वरूप स्पष्ट न हो सका। लेखकों के सामने कोई निश्चित लक्ष्य न था, उपन्यास की कोई निर्धारित प्रणाली या रूपरेखा न थी। अनेक प्रकार के प्रयोग हो रहे थे। सभी लेखक अपनी रुचि और प्रवृत्ति के अनुसार उपन्यास-रचना कर रहे थे। यह स्वाभाविक भी था, क्योंकि हिन्दी में उपन्यास-लेखन की कोई पूर्वपरम्परा न थी। केवल कुछ बातें इन सभी उपन्यासों में समान थीं। एक समानता यही थी कि सभी उपन्यास खड़ी बोली गद्य में लिखे जा रहे थे, जो उस समय तक साधारण व्यवहार की भाषा बन चुकी थी। दूसरी समानता यह थी कि इन सभी उपन्यासों में कोई क्रमबद्ध कहानी रहा करती थी। वह कहानी कभी कल्पित होती थी और कभी वास्तविक; कभी उपदेशात्मक या मनोरंजक; कभी सामाजिक, ऐतिहासिक, धार्मिक या पौराणिक। तीसरी समानता वर्णन की थी। प्रत्येक उपन्यास में घटनाओं, चरित्रों तथा उनसे सम्बन्धित वस्तुओं का ऐसा वर्णन किया जाता था जिसमें पाठक का मन रमे और जिसमें उन्हें अस्वाभाविकता न दीखे या अविश्वास करने के लिए स्थान न रहे। इस प्रकार गद्य में लिखा गया वर्णनात्मक आख्यान, यही उन आरम्भिक उपन्यासों का मोटा रूप था।

आगे चलकर हिन्दी उपन्यास के स्वरूप में स्थिरता आई और उसकी निश्चित रूपरेखा निर्धारित हुई। यहाँ यह प्रश्न उठता है कि हिन्दी उपन्यास के स्वरूप-निर्माण में विदेशी उपन्यास-कला का क्या स्थान है, और एक स्वतन्त्र साहित्य-स्वरूप ग्रहण करने

में विदेशों से कहाँ तक प्रेरणा और मार्गदर्शन प्राप्त हुआ। इसमें तो सन्देह नहीं कि आज का हिन्दी उपन्यास विदेशी उपन्यास के साथ मैत्री-सम्बन्ध रख कर चल रहा है। विषय और शैली दोनों में समानता पाई जाती है, यद्यपि यह स्वीकार करने में आपत्ति न होनी चाहिए कि विदेशी उपन्यास और विशेषतः अंग्रेजी उपन्यास हिन्दी उपन्यासों की अपेक्षा कहीं अधिक समृद्ध और समुन्नत है। आज के हिन्दी उपन्यास-लेखक अपनी स्वतन्त्र सत्ता की रक्षा करते हुए विदेशी उपन्यासों से प्रभावित हो रहे हैं। भारतीय देश-काल का स्वतन्त्र और मौलिक चित्रण करते हुए शैली और विचारधारा में पश्चिमी प्रभाव की झलक नवीन लेखकों में देखी जाती है।

हमें देखना यह है कि अपनी आरम्भिक अनगढ़ अवस्था से आगे बढ़कर हिन्दी उपन्यास विदेशी उपन्यास के कला-स्वरूप को कहाँ तक अपना सका है और उपन्यास सम्बन्धी पाश्चात्य परिभाषा के कितने समीप आ सका है। ध्यान देने की बात यह है कि पश्चिमी उपन्यासों का कला-स्वरूप अठारहवीं शताब्दी के मध्यभाग में स्पष्ट हुआ; जबकि इंग्लैंड में रिचर्डसन, फील्डिंग और स्मालेट आदि उपन्यासकारों की रचनाएँ प्रकाशित हुईं। अठारहवीं शताब्दी के पूर्व प्रायः दो सौ वर्षों से अंग्रेजी उपन्यास अपनी प्रयोगकालीन अवस्था को पार कर रहा था। इन दो सौ वर्षों के समय में अंग्रेजी उपन्यास का स्वरूप उतना ही अनिश्चित और अनिर्दिष्ट था, जितना हिन्दी के आरम्भिक उपन्यासों का स्वरूप। वास्तव में सामन्तवर्गीय समाज की प्रमुखता कम होने पर जबसे यूरोप में मध्यवर्ग के समाज का उत्थान हुआ, तभी से मध्यवर्गीय समाज के जीवन चित्रणकार्य के लिए नवीन उपन्यासों का विकास हुआ। उपन्यास की कला-सृष्टि मध्यवर्ग के सामाजिक उत्थान की समकालीन है। इंग्लैंड के अठारहवीं शताब्दी के उपन्यासकार उसी नवीन उत्थान के साहित्यिक प्रतिनिधि थे।

वह युग अंग्रेजी साहित्य में गद्य के विकास का था। सार्वजनिक शिक्षा-प्रसार और प्रेस की सुविधा हो जाने से साहित्यिक कृतियाँ जन समाज की वस्तु बनने लगी थीं। काव्यगान करने वाले चारणों का स्थान गद्य में प्रकाशित होने वाले समाचारपत्र लेने लगे थे। कल्पना और भावना के स्थान पर बुद्धि और विचार की प्रतिष्ठा हो रही थी। काव्य-रचना का स्थान समाज के दैनिक जीवन का चित्रण ले रहा था। कवि के सामने जीवन की अनुभूति रहती है, उस अनुभूति को प्रेरित करनेवाला जीवन का स्थूल चित्र कवि के पीठ पीछे ही रहता है। इसके विपरीत उपन्यासकार और गद्य-लेखक के सामने जीवन और समाज का स्पष्ट चित्र रहा करता है। उसी को अंकित करना और उसी के माध्यम से जीवन सम्बन्धी तथ्यों की व्याख्या करना उपन्यासकार का काम होता है। काव्य अधिकतर कवि के भावों की अभिव्यक्ति है। उपन्यास जीवन और समाज के व्यक्त रूपों और घटनाओं का चित्रण है। जीवन की व्याख्या कवि भी करता है और उपन्यासकार भी, परन्तु एक में वह व्याख्या अनुभूति के माध्यम से होती है और दूसरी में वह सामाजिक चित्रणों के माध्यम से होती है।

आरम्भ में गद्य में उपन्यास लिखने का विधान पाश्चात्य देशों में न था। वहाँ का

मध्यकालीन साहित्य अधिकतर पद्यबद्ध ही रहा है। औपन्यासिक कथाएँ पद्य और गद्य दोनों में लिखी जाती थीं। क्रमशः यह ज्ञात होने पर कि वर्णनात्मक आख्यान गद्य में पूरी सफलता के साथ लिखे जा सकते हैं, गद्य उपन्यासों का प्रचलन होने लगा। परन्तु तब भी उपन्यास और ऐतिहासिक जीवनी, उपन्यास और प्रेमाख्यान, उपन्यास और भावगद्य तथा उपन्यास और काल्पनिक गाथा का अन्तर स्पष्ट न था। आगे चलकर यह स्पष्ट हुआ कि उपन्यास वह काल्पनिक कृति है जो गद्य के माध्यम से आख्यान विशेष की सहायता लेकर सामाजिक जीवन के किसी स्वरूप का यथार्थ आभास देती हुई उक्त जीवन की मार्मिक व्याख्या करती है। आरम्भ में उपन्यास के ये सभी अवयव बिखरे हुए थे। कहीं गद्य के साथ पद्य में उपन्यास लिखे जाते थे। कहीं काल्पनिक के स्थान पर वास्तविक जीवनी और ऐतिहासिक घटना को उपन्यास का रूप दिया जाता था। कहीं परम्परागत प्रेम-चर्चा को लेकर उपन्यास की रचना होती थी। भावात्मक या काव्यात्मक गद्य का प्रयोग उपन्यास में आवश्यक स्थलों पर ही होना चाहिए, सर्वत्र नहीं; इस तथ्य की ओर भी उपन्यासकारों का ध्यान न था। उपन्यास के लिए जीवन का कोई वास्तविक और साकार खंडचित्र अपेक्षित है; कविता की भाँति उपन्यास केवल कल्पना पर अवलम्बित नहीं रह सकता—यह जानकारी भी आरम्भ में न थी। इन सब अवयवों का संग्रह होते-होते अठारहवीं शताब्दी के यूरोप में उपन्यास के कला-स्वरूप का पूरा निखार हुआ और अन्ततः उस व्यवस्थित रूप की प्रतिष्ठा हुई जो आज के उपन्यास की सर्वविदित विशेषता है। उपन्यास का यही विकसित स्वरूप हिन्दी में भी मान्य हुआ, और जहाँ तक परिभाषा का प्रश्न है, हिन्दी उपन्यास उक्त पश्चिमी परिभाषा को ही स्वीकार कर चला है। हम यह उल्लेख कर चुके हैं कि हिन्दी उपन्यास अपनी आरम्भिक अवस्था में अनेक अनिर्दिष्ट प्रयोग कर रहे थे, परन्तु वह अनिश्चयात्मक स्थिति बहुत दिनों तक न रही। क्रमशः हिन्दी उपन्यास अपने स्पष्ट कलात्मक स्वरूप और लक्ष्य को पहचान कर आगे बढ़े और यह कहने में कोई आपत्ति नहीं है कि हिन्दी उपन्यास के स्वरूप-निर्माण में पाश्चात्य उपन्यास का यथेष्ट हाथ रहा है। उपन्यास के विकास की परिस्थितियाँ दोनों देशों में एक सी थीं, पर पश्चिम में वह विकास सौ-डेढ़ सौ वर्ष पूर्व हो चुका था। यह भी एक मुख्य कारण है कि उपन्यास के कलात्मक स्वरूप के निर्माण में हिन्दी को पश्चिमी उपन्यासों से सहज ही सहायता मिल सकी। अंग्रेजी उपन्यास सोलहवीं शताब्दी से लेकर अठारहवीं शताब्दी के मध्यभाग तक प्रयोग की अनिश्चित अवस्था में रहे। हिन्दी उपन्यासों का प्रयोगकाल 30-35 वर्षों में ही समाप्त हो गया। प्रेमचन्द तक आते-आते हिन्दी उपन्यास का स्वरूप और लक्ष्य निर्दिष्ट हो चुका था।

सन् 1882 से लेकर सन् 1915 तक हिन्दी उपन्यास का आरम्भिक और संक्रान्ति काल रहा है। इस काल के प्रतिनिधि उपन्यास-लेखकों में देवकीनन्दन खत्री, किशोरीलाल गोस्वामी और ब्रजनन्दन सहाय के नाम उल्लेखनीय हैं। इनमें से खत्रीजी के उपन्यास घटना-प्रधान, मनोरंजक और कौतूहलवर्धक कहे जा सकते हैं। इनके उपन्यासों का

विधान तिलस्म और जासूसी के उन प्रयोगों को लेकर किया गया है जो पिछले समय के जागीरदारों और सामन्तों के क्रीड़ा-विलास के परिचायक हैं। यद्यपि इन उपन्यासों में असम्भव घटनाओं का योग है, परन्तु साथ ही घटनाओं की योजना कौतूहल की वृद्धि करती है जिसमें पाठक का मन रमता है। नायक और नायिकाएँ यद्यपि राजकीय वर्गों से ली गई हैं परन्तु उनका चरित्र-निर्माण प्रेम और वीरता के स्वच्छन्द प्रसंगों को लेकर ही हुआ है जिससे उनमें जनसाधारण के लिए भी आकर्षण आ गया है।

श्री किशोरीलाल गोस्वामी के पात्र और चरित्र मध्यवर्गीय समाज के प्रतिनिधि हैं, यद्यपि उनका चित्रण सामाजिक वास्तविकता पर न होकर परम्परागत प्रेम-पद्धति की भूमिका पर हुआ है। गोस्वामीजी ने ऐतिहासिक, सामाजिक गार्हस्थिक और काल्पनिक सभी प्रकार के उपन्यास लिखे, परन्तु सबके मूल में प्रेम-चर्चा ही प्रधान रूप में आई। रीतिकाल की नायक-नायिका चर्चा का यथेष्ट प्रभाव उनके उपन्यासों में दिखाई देता है। अतएव उनके उपन्यास सामाजिक जीवन की यथार्थता से दूर ही दूर रहे और ऐकांतिक तथा परम्परागत प्रेमलीला को ही अपना विषय बना पाए। उर्दू काव्य और पारसी नाटकों का प्रभाव लेकर उपन्यास लिखने वाले रामलाल वर्मा किशोरीलाल से भी एक कदम आगे बढ़े हुए थे। उनके उपन्यासों में नायक-नायिका की अवतारणा अत्यधिक नाटकीय, अतिरंजित और काल्पनिक है।

तीसरी श्रेणी के ब्रजनन्दन सहाय के उपन्यास हैं, जिनमें उपन्यास के सुदृढ़ कथासूत्र के बदले गीतकाव्य का सा सूक्ष्म भावनातन्तु ही अधिक रहता है। ऐसे उपन्यासों में कथा की धारा अटूट नहीं रह पाती। घटनाओं की विरलता हो जाती है। भाषा की आलंकारिता, लम्बे-लम्बे भावों की खींचतान और भावात्मक उद्गारों की भूलभुलैया में पाठक अपने को खो बैठता है। उपन्यासों की इस परम्परा को हम संस्कृत की 'कादम्बरी' का ही आधुनिक रूप कह सकते हैं, यद्यपि 'कादम्बरी' के अनेक गुणों का उनमें बहुत कुछ अभाव है।

इस नवनिर्माण के बीच कभी कोई उपन्यासकार किसी पौराणिक या सामाजिक कथानक का आधार लेकर कोई उपदेशात्मक कृति प्रस्तुत कर देता था, और कभी कोई भावुकतापूर्ण रचना सामने आ जाती थी; परन्तु सामाजिक प्रगति और जीवन की वास्तविकता में पैठकर उसके यथार्थ और प्रभावशाली चित्र हमारे आरम्भिक उपन्यासकार अधिक मात्रा में नहीं दे सके। तब तक रीति के साहित्यिक संस्कार बने हुए थे, और नवीन सामाजिक चेतना का उदय नहीं हुआ था। हिन्दी उपन्यासों के नए युग का निर्माण करने में अंग्रेजी और बंगला आदि से किए गए अनुवादों का भी कुछ कम हाथ नहीं है। परन्तु, ध्यान देने की बात यह है कि उन दिनों अंग्रेजी के साहसिक, जासूसी और प्रेमचर्चा प्रधान उपन्यासों का जितना अनुकरण हुआ, उतना सांस्कृतिक और सामाजिक उपन्यासों का नहीं। ऐसा प्रतीत होता है कि तब तक लोकरुचि का परिमार्जन हिन्दी में नहीं हो पाया था। अच्छी कृतियों का बाजार नहीं था। यह भी सम्भव है कि अंग्रेजी के श्रेष्ठतम उपन्यास तब तक इस देश में प्रचलित ही न हो पाए हों। तभी तो

'लंडन रहस्य' और 'लैला' जैसे साहसिक और प्रेमचर्चा-प्रधान उपन्यास ही अनुवाद के योग्य समझे गए। 'टाम काका की कुटिया' के रूप में एक अच्छे उपन्यास का अनुवाद अवश्य हुआ। बंगला से भी कुछ अच्छी कृतियाँ, अनुवाद होकर आईं जिनमें 'स्वर्णलता', 'दुर्गेशनन्दनी', 'वंश विजेता', 'विरजा', 'दीप निर्वाण', 'युगलांगुरीय', 'कृष्णकान्त का दानपत्र' आदि उल्लेखनीय हैं।

उपन्यासों के इस निर्माण और अनुवाद के आरम्भिक युग को पार करते ही हम हिन्दी उपन्यासों के उस नए युग में पहुँचते हैं जिसका शिलान्यास प्रेमचन्द ने किया और जिसमें आकर हिन्दी उपन्यास एक सुनिश्चित कला-स्वरूप को प्राप्त कर अपनी आत्मा को पहचान सका तथा अपने उद्देश्य से परिचित होकर उसकी पूर्ति में लग सका।

प्रेमचन्द के उपन्यासों में सबसे प्रमुख विशेषता है उनकी आदर्शवादिता। चरित्रों और उनकी प्रवृत्तियों का निर्देश करने में वे आदर्शोन्मुखी हैं। घटनावली का निर्माण और उपसंहार करने में आदर्श का सदैव ध्यान रखते हैं। उनकी दूसरी विशेषता उनकी ध्येयोन्मुखता है। उन्होंने प्रत्येक स्थान में जो सामाजिक या राजनीतिक प्रश्न उठाए हैं, उनका निर्णय भी हमारे सम्मुख उपस्थित किया है। निर्णय का निरूपण करने के कारण प्रेमचन्द लक्ष्यवादी हैं और चरित्र तथा कथा के स्वरूप-निर्माण में वह आदर्शवादी हैं। 'सेवासदन' में सुमन के चरित्र का सुधार कर प्रेमचन्द एक आश्रम की प्रतिष्ठा करते और उसके जीवन का उज्ज्वल अध्याय आरम्भ करते हैं। 'प्रेमाश्रम' में वह वस्तु और भी स्थूल बनकर आई है। 'प्रेमाश्रम' में आदर्श ग्राम की सृष्टि उपन्यास के उत्तरार्ध में की गई है। यह प्रेमचन्द का ध्येयवाद या उद्देश्यवाद है। गाँवों की परिस्थिति का द्वन्द्वमय चित्रण उपन्यास के पूर्वार्ध में किया गया है। प्रेमशंकर के रूप में एक आदर्शवादी चरित्र की अवतारणा की गई है; परन्तु लक्ष्य को अन्ततः स्पष्ट करने के लिए उद्देश्य रूप में आदर्श ग्राम का निर्माण कर दिया गया है। आदर्शप्रधान पात्रों और परिस्थितियों का निर्माण और चित्रण तो कला के लिए वर्जित नहीं है, परन्तु उद्देश्य की अत्यधिक प्रमुखता प्रेमचन्द को उपदेशात्मक लेखक की श्रेणी में पहुँचा देती है। उपन्यासकार की आदर्शात्मक प्रेरणा और उनकी उपदेशात्मक वृत्ति में प्रायः संघर्ष रहा करता है। कतिपय उपन्यासों में आदर्श-चरित्र का स्वाभाविक स्वरूप रहता है, परन्तु कुछ उपन्यासों में लक्ष्य को प्रधानता देने के लिए कृत्रिम रूप से पात्रों एवं चरित्रों को मोड़ना पड़ता है। उदाहरण के लिए 'सेवासदन' उपन्यास में वेश्यावृत्ति ग्रहण कर लेने वाली सुमन का एक ही दिन में सुधार हो जाता है और वह वर्षों की यन्त्रणा के पश्चात जिस पेशे को अपनाती है, उसे एक ही उपदेश से छोड़ बैठती है। इसमें कृत्रिमता दिखाई देना स्वाभाविक है। ऐसा जान पड़ता है कि उपन्यास को उपदेशात्मक और उद्देश्यप्रधान रूप देने के लिए नायिका का रूप-परिवर्तन किया गया है।

प्रेमचन्द के चरित्र वर्गगत, जातिगत या प्रतीकात्मक होते हैं। जमींदार, किसान आदि में अपने वर्ग की साधारण विशेषताओं का आरोप रहता है। आधुनिक व्यक्ति-चित्रण प्रणाली से वह दूर हैं। केवल कुछ पात्रों में स्वतन्त्र विशेषताओं का चित्रण किया गया

है, वह भी परिस्थितियों के गहरे घात-प्रतिघात की भूमिका पर नहीं।

'प्रेमाश्रम' के पश्चात प्रेमचन्द का 'रंगभूमि' नामक उपन्यास हिन्दी में आया। इसका क्षेत्र 'प्रेमाश्रम' से भी व्यापक था। इसमें हिन्दू, मुसलमान, ईसाई, नागरिक, ग्रामीण के साथ विभिन्न वर्गों और स्थितियों की योजना, एवं गाँव तथा नगरों के परिवारों का वर्णन किया गया। इसके लिखे जाने के समय गाँधीजी का सत्याग्रह आन्दोलन पराकाष्ठा पर था। गाँधीजी के सामाजिक, राजनीतिक तथा आदर्शमूलक विचारों से यह उपन्यास प्रभावित है। सूरदास नामक अन्धा पात्र भारतीय ग्रामीण जीवन का प्रतीक है तथा गाँधीवादिता में पगा हुआ है। वह अन्धा निर्बल होने पर भी निष्ठावान है। विनय, सोफिया और प्रभुसेवक आदि के चित्रणों में भी गाँधीवादी जीवन-दृष्टि का प्रभाव है। सूरदास परतन्त्र किन्तु स्वाधीनताकामी भारतीय जीवन का प्रतिनिधि है। भारतीय निर्बलता और साधनहीनता के साथ ही गाँधीजी द्वारा प्रतिष्ठित आशावादिता और अजेयता भी सूरदास के जीवन में सन्निहित है। इस तरह उसके जीवन में विरोधी परिस्थितियों और गुणों का मिश्रण है।

'रंगभूमि' गाँधीवादी उपन्यास इसलिए कहा जाता है कि यह गाँधीजी की राजनीतिक चेतना से अनुप्राणित है। 'रंगभूमि' प्रेमचन्द की उपन्यास-कला का एक विकसित सोपान है। गाँधीवाद का प्रभाव साहित्य या जीवन पर जैसा भी कुछ पड़ा वह 'रंगभूमि' में दिखाई पड़ता है। चरित्रों की विविधता, बहुलता (औपन्यासिक बाहुल्य) और तत्कालीन जीवन की व्यापकता का चित्रण 'रंगभूमि' की अपनी विशेषता है।

'रंगभूमि' के पश्चात आने वाले 'गबन' नामक उपन्यास से प्रेमचन्द के साहित्यिक विकास का दूसरा सोपान आरम्भ होता है। यह उनके औपन्यासिक विकास की प्रौढ़ता का परिचायक है। यद्यपि 'रंगभूमि' में विशालता अधिक है, परन्तु कथा-सूत्र किसी सुनिश्चित केन्द्र से सम्बद्ध नहीं है और कथा-विकास तथा चरित्र-विकास सन्तुलित नहीं है। 'गबन' में परिस्थिति और चरित्र-निर्माण का एक-दूसरे से अविच्छेद्य सम्बन्ध स्थापित हो गया है। परिस्थितियों और चरित्रों का अन्तर्वर्तित्व इस कृति में दिखाई देता है। अर्थात परिस्थितियों का पात्रों पर और पात्रों का परिस्थितियों पर कैसा स्वाभाविक प्रभाव पड़ता है और वे एक-दूसरे से अविच्छिन्न रहकर किस प्रकार विकसित होते हैं, इसका सुन्दर निरूपण इस उपन्यास में है। परन्तु उनका उद्‌देश्यवाद यहाँ भी नहीं छूटा। उद्‌देश्य को लाने के लिए उन्होंने जालपा के चरित्र में परिवर्तन किया है।

'गबन' में विषय का समारम्भ भी अधिक सीमित हो चला था। विषय-विस्तार के कारण उपन्यास में जो कथानक की व्यवस्थित शृंखला न बन पाती थी, वह अब ठीक हो गई है। अब विषय, समस्या और पात्रों में कमी हो जाने के कारण चित्रण में अधिक गहराई और व्यापकता आ गई है। 'गबन' में एक छोटे से मनोवैज्ञानिक प्रश्न को लेकर ही सम्पूर्ण जीवन-झाँकी दिखलाई गई है। आभूषणों के प्रति नारी का प्रेम और वास्तविक स्थिति को छिपाने की पुरुष की प्रवृत्ति ही उपन्यास की मुख्य प्रेरणाभूमि है। सारा कथानक इसी प्रश्न से सम्बन्धित है। हम यह भी कह सकते हैं कि सामाजिक और

राजनीतिक प्रश्नों से भिन्न मनोवैज्ञानिक समस्या के आधार पर उपन्यास-रचना का स्वरूप 'गबन' में दिखलाई देता है। यद्यपि इस मनोवैज्ञानिक समस्या के अन्तर्गत उपन्यास का सारा विकास सामान्य सामाजिक भूमि पर ही हुआ है। 'गबन' में क्लर्कों व मध्यवर्ग का जीवन, पुलिस के हथकंडे, कलकत्ता के नागरिक-जीवन का स्वरूप, आतंकवादियों की गुप्त कार्रवाई, आदि का सुन्दर चित्रण मिलता है। मनोविज्ञान की भित्ति पर देश-काल का वास्तविक, स्वाभाविक और प्रभावोत्पादक चित्रण किया गया है। इसमें प्रेमचन्द के औपन्यासिक विकास की समृद्ध भूमिका मिलती है।

प्रेमचन्द पात्रों का निर्माण करने में जितने कुशल हैं, उतने उनका निर्वाह करने में नहीं। कई पात्रों को बीच ही में अस्वाभाविक अकाल मृत्यु का शिकार बनना पड़ता है।

इसी बीच 'कायाकल्प' और 'कर्मभूमि' नामक दो उपन्यास प्रेमचन्द ने लिखे। 'कायाकल्प' भारतवर्ष के आध्यात्मिक उत्कर्ष, योगियों के अलौकिक कार्यों आदि के आधार पर बना है। इस उपन्यास को प्रेमचन्द की सामान्य उपन्यास-धारा से अलग टूटी हुई एक स्वतन्त्र कृति मानना पड़ता है। यद्यपि सामाजिक चित्रण और समस्याएँ इसमें भी हैं, पर इसमें अलौकिक चमत्कारों की योजना एक नवीन वस्तु है जो प्रेमचन्द की सामान्य प्रवृत्तियों से मेल नहीं खाती।

'कर्मभूमि' उपन्यास सन् 1932-33 के लगभग लिखा गया। इसमें प्रेमचन्द फिर सामाजिक व राजनीतिक जीवन को अपना विषय बनाते हैं। इसमें न तो 'रंगभूमि' जैसी आदर्शवादिता है और न 'गबन' जैसी विषय की एकाग्रता और समाहार है। परन्तु यह एक बड़ी कृति है जो सामाजिक और राजनीतिक समस्याओं को नए रूप में रखती है। 'कर्मभूमि' में सामान्य जीवन की धारा व वास्तविकता अधिक है, गाँधीवादी प्रभाव कम है।

'निर्मला' और 'प्रतिज्ञा' प्रेमचन्द के दो छोटे उपन्यास हैं जिनमें कोई असाधारण विशेष योजना नहीं है, परन्तु प्रेमचन्द की अधिकारपूर्ण लेखनी की झलक इनमें भी देखी जाती है।

वास्तव में 'सेवासदन' के पश्चात लिखा गया 'प्रेमाश्रम' उपन्यास व्यापकतर जीवन-क्षेत्र को अपना कर चलता है और 'सेवासदन' की ही भाँति आदर्शोन्मुखी जीवन-दृष्टि को व्यक्त करता है। इसके पश्चात 'रंगभूमि' में चरित्र-चित्रण की वास्तविकता उपन्यास को अधिक महत्त्वपूर्ण कला-स्वरूप देती है। प्रेमचन्द की ये प्रमुख कृतियाँ पूर्वार्ध की हैं। मनोविज्ञान की आधारभूमि पर संयमित समस्याओं, घटनाओं, परिस्थितियों व पात्रों का सन्तुलित चित्रण 'गबन' से आरम्भ होता है। 'गबन' और 'कर्मभूमि' उत्तरार्ध की कृतियाँ हैं। अन्तिम उपन्यास 'गोदान' में प्रेमचन्द की उपन्यास-कला का चरम विकास दिखाई पड़ता है।

प्रसाद ने एक स्थान पर लिखा है कि सत् की ओर पक्षपात करने वाला लेखक आदर्शवादी होता है। जिस लेख में ऐसा पक्षपात नहीं होता वह वस्तुजगत के व्यवहारों को, बिना किसी वैयक्तिक पहलू को लिए, चित्रित करता है। आदर्शवाद में सदैव लेखक

का व्यक्तित्व प्रधान रहता है, उसमें तटस्थ वैज्ञानिकता का गुण कम रहता है। ऐसी रचनाएँ भावात्मक होती हैं। जीवन की वास्तविक कठिनाइयों को आँखों के ओझल कर असाधारण और अलौकिक पात्रों की सृष्टि आदर्शवाद की एक विशेषता है। कभी-कभी यह भावातिरेक रचना को अवास्तविक और अविश्वसनीय भी बना देता है। लेखक वास्तविकता को छोड़कर पात्रों को अपनी कल्पना का रूप देने लगता है। यह प्रवृत्ति पाश्चात्य समीक्षकों को खटकी। उन्होंने उसके दुर्बल पक्ष को पहचाना और विरोध में यथार्थवाद या वैज्ञानिक चित्रण की आवाज उठाई। मनोविज्ञान भी एक विज्ञान ही है। इसलिए मनोवैज्ञानिक चरित्र-निर्देश, सूक्ष्म मनोभावों का आघात-प्रतिघात यथार्थवादी कला-सृष्टि में अपनाया गया। इसका यह अर्थ नहीं है कि आदर्शवादी कला में मनोविज्ञान का चित्रण होता ही नहीं। वह होता है पर, आदर्शवादी विशेषता को लिए हुए। आदर्शवादी कला के सम्बन्ध में डीडेरो नामक फ्रेंच समीक्षक का मत है कि यह कला-पद्धति मिट्टी की भित्ति पर बनाए गए मूल्यवान मणियों के जड़ाव के सदृश है।

कोई कलाकार या तो यथार्थवादी ही हो सकता है या आदर्शवादी ही। ये दोनों परस्पर विरोधी विचारधाएँ और कला-शैलियाँ हैं। इनका मिश्रण किसी एक रचना में सम्भव नहीं। साहित्यिक निर्माण में यथार्थोन्मुख आदर्शवाद या आदर्शोन्मुख यथार्थवाद नाम की कोई वस्तु नहीं हो सकती। वास्तव में प्रेमचन्द अपने विचार और लेखन में आदर्शवादी हैं। आपका चरित्र-निर्माण और मनोवैज्ञानिक चित्रण आदर्शवादी है। आदर्शवादी चित्रण से तात्पर्य है मानव की सद्वृत्तियों पर विश्वास रखकर साहित्य-निर्माण करना। उनकी समस्त साहित्यिक कृतियों को देखकर ही हम ऐसा कहते हैं। इस प्रकार प्रेमचन्द के साहित्य का साँगोपांग अध्ययन करने पर उन्हें आदर्शवादी लेखक ही कहना उचित होगा।

कथोपकथन, भाषा की सामान्यता या पात्रानुरूपता, पात्रों की विनोदात्मक बातचीत आदि शैली सम्बन्धी विशेषताएँ यथार्थ को छूती हुई परिलक्षित होती हैं। प्रेमचन्द के पात्रों की गतिविधि यथार्थ का आभास लिए हुए जान पड़ती है।

परन्तु केवल भाषा या शैली सम्बन्धी विशेषताओं को लेकर किसी लेखक को यथार्थवादी नहीं कहा जा सकता। उसके जीवन-दर्शन, चरित्र-चित्रण और कला की मुख्य प्रेरणा से ही उसकी परीक्षा होती है। इस दृष्टि से प्रेमचन्द यथार्थवादी नहीं हैं। उन्हें यथार्थोन्मुख आदर्शवादी कहना भी अस्पष्टता को ही बढ़ाना है। यथार्थोन्मुख आदर्शवादिता से क्या तात्पर्य हो सकता है ? साहित्य में यथार्थवादी और आदर्शवादी रचना के दो अलग-अलग विभाग हैं। इन दोनों को मिलानेवाला (इंटरमीडिअरी) कोई पृथकवाद नहीं है। यह तर्कसंगत भी प्रतीत नहीं होता क्योंकि दो परस्पर विरोधी जीवन-दर्शनों और कला परिपाटियों में एकत्व की कल्पना ही कैसे की जा सकती है !

प्रेमचन्द के अन्तिम उपन्यास 'गोदान' के सम्बन्ध में यह प्रश्न अवश्य उपस्थित होता है कि उसे आदर्शवादी किस आधार पर कहें। 'गोदान' में प्रेमचन्द ने ग्रामीण जीवन का सर्वतोमुखी चित्रण किया है और किसान की विवशतापूर्ण स्थिति को दिखाकर

उपन्यास की समाप्ति की है। 'गोदान' में समस्या के निर्णय का कोई प्रश्न नहीं है, दूसरे शब्दों में उसमें प्रेमचन्द की ध्येयवादिता प्रत्यक्ष होकर नहीं आई। परन्तु चरित्र-निर्माण और कथानक के विकास-क्रम में प्रेमचन्द भारतीय किसान के आदर्श स्वरूप को भूले नहीं हैं। उपन्यास का नायक होरी सारी बाधाओं और संकटों के होते हुए भी मूल आदर्श का विस्मरण नहीं कर सका। वह अन्ततः आदर्शवादी है।

सेवासदन

'सेवासदन' प्रेमचन्द का पहला मुख्य उपन्यास है। इसका प्रकाशन सन् 1916 में हुआ था। इस उपन्यास में प्रेमचन्द ने नारी-समाज के प्रश्नों को उठाया है और उनसे सम्बन्ध रखनेवाली समस्याओं पर विचार किया है। विशेष कर वेश्या-समाज के सुधार का लक्ष्य प्रेमचन्द के सम्मुख रहा है।

कथानक

दारोगा कृष्णचन्द्र के परिवार में उनकी पत्नी गंगाजली और दो लड़कियाँ, सुमन और शान्ता हैं। दारोगा बड़े सज्जन और ईमानदार व्यक्ति हैं। उन्होंने घूस लेना नहीं सीखा। पूरा वेतन वह परिवार के पालन-पोषण में लगा देते थे। फलतः सुमन के विवाह के अवसर पर समस्या जटिल हो गई। घर में संचित द्रव्य कुछ भी न था। कृष्णचन्द्र को बाध्य होकर महन्त रामदास नामक एक मोटे असामी से तीन हजार रुपए अवैध द्रव्य लेना पड़ा। महन्त रामदास एक कत्ल के मुकदमे में फँसे हुए थे। कृष्णचन्द्र ने रुपए तो लिए, पर उसे पचा नहीं पाए। उनका रहस्य खुल गया और उन्हें चार वर्षों के कारावास का दंड मिला।

सुमन अपनी माँ और बहन के साथ अपने नाना के घर चली गई। उसका विवाह बनारस में रहनेवाले गजाधर प्रसाद नाम के व्यक्ति से कर दिया गया। यह पन्द्रह रुपए के क्लर्क थे। आयु तीस वर्ष की थी, जो सुमन की तुलना में अधिक थी। सुमन से इनके सम्बन्ध कुछ दिनों तक ही ठीक रह सके। कुछ ही दिनों में मनमुटाव होने लगा। सुमन को घर के सब काम करने पड़ते। गजाधर उसकी सामान्य आवश्यकताओं की पूर्ति भी नहीं कर पाते थे। उसके कपड़े फट चले थे, पर नए कपड़ों की व्यवस्था करनेवाला कोई न था। इसी बीच सुमन की माँ का भी स्वर्गवास हो गया।

खिंचाव बढ़ता गया और अन्त में वह दिन भी आया जब सुमन गजाधर के घर से निकाल दी गई। आवेश में वह घर छोड़कर चली गई। अपने परिचित पड़ोस के एक परिवार में वह पहुँची, आश्रय के लिए। वह परिवार पद्मसिंह वकील का था, जिनकी पत्नी सुभद्रा से सुमन की पहचान थी, किन्तु लोकापवाद के भय से वकील पद्मसिंह भी सुमन को घर में आश्रय न दे सके। सुमन भटकती-भटकती अपने घर के सामने रहनेवाली भोली नाम की वेश्या के घर पहुँची। यहाँ उसका स्वागत हुआ। उसके रूप

और गुणों की प्रशंसा हुई।

यह वही वेश्या थी, जिसके सम्बन्ध में सुमन ने अपने पति से भी दो-एक बार चर्चा की थी, और जिसे उसने अनेक बार सभ्य पुरुषों से सम्मान पाते, मन्दिरों में नृत्य करते और धार्मिक व्यक्तियों द्वारा भी (सत्कृत) होते देखा था। उसे इन दृश्यों को देखकर कई बार धक्का लगा था और उसके संस्कार डाँवाडोल हो उठे थे। उसने वेश्याओं को नीची निगाह से देखना सीखा था। वह सुनती आई थी कि वेश्याओं का जीवन गर्हित हुआ करता है, पर यहाँ वह देखती थी कि भोली खूब अमन-चैन से रहती है और सारा समाज तथा समस्त सभ्य पुरुष उसकी कद्र करते हैं।

पद्मसिंह का भतीजा, सदन नामक एक युवक, इन दिनों अपने गाँव से बनारस आकर अपने चाचा के साथ रहने लगा था। वह एक अशिक्षित किन्तु हृष्ट-पुष्ट और सुडौल युवक था। पद्मसिंह ने उसे पढ़ाना-लिखाना चाहा था, पर उनकी चेष्टा सफल नहीं हुई। वह सैर-सपाटे के लिए बनारस की गलियों में जाने लगा और धीरे-धीरे सुमन के कोठे पर भी पहुँचा। सुमन को जब यह ज्ञात हुआ कि वह पद्मसिंह का भतीजा है, तब उसने उसको प्रोत्साहन देना बन्द कर दिया। एक बार सदन सुमन को भेंट देने के लिए अपनी चाची सुभद्रा का एक हार चुरा लाया था। सुमन ने हार तो ले लिया पर दूसरे ही दिन उसे पद्मसिंह को लौटा आई।

बनारस में विट्ठलदास नामक एक कट्टर समाज-सुधारक रहा करते थे। उन्होंने जब सुना कि भले घर की एक गृहिणी सुमन वेश्यालय में पहुँच गई है तब वह पद्मसिंह के पास पहुँचे और उनसे परामर्श करने के पश्चात सुमन के यहाँ भी गए। सुमन को उन्होंने बहुत कुछ समझाना चाहा, किन्तु सुमन समाज के आचरणों ओर व्यवहारों को अच्छी तरह समझ चुकी थी ! उसने समाज की इन प्रवृत्तियों का कच्चा चिट्ठा विट्ठलदास के सामने खोलकर रख दिया। विट्ठलदास सुमन के तर्कों का कोई उत्तर न दे सके। परन्तु वह अपने पैगाम से विचलित होने वाले न थे। उन्होंने प्रस्ताव किया कि वह वेश्यालय को छोड़कर कोई स्वतन्त्र आजीविका कर ले, परन्तु कौन सी आजीविका करे, इस पर न तो विट्ठलदास ही कोई सुझाव दे पाते थे और न सुमन को ही कोई मार्ग सूझता था। अन्त में यह तय हुआ कि सुमन वेश्यालय छोड़कर विधवाश्रम में जाएगी। यह एक नई संस्था थी जो कतिपय समाज-सुधारकों के सहयोग और दान से चल रही थी।

इस घटनावली में चार वर्ष का समय व्यतीत हो चुका था। सुमन के पिता कृष्णचन्द्र जेल से छूट आए थे, किन्तु अब वह संसार से उदास होकर अर्धविक्षिप्त से रहने लगे। उनकी द्वितीय पुत्री शान्ता के विवाह की समस्या पूरी तरह उसके मामा उमानाथ की ही थी। कृष्णचन्द्र उसमें कुछ भी योग देने में असमर्थ थे। शान्ता का विवाह उमानाथ ने सदन से तय किया। बारात आई, पर इसी समय सुमन सम्बन्धी अपवाद का उमानाथ के विरोधियों द्वारा फैलाया गया वृत्तान्त सुनकर लौट गई।

इन्हीं दिनों दालमंडी (बनारस) के वेश्यालयों को शहर के बाहर ले जाने की चर्चा

चल रही थी। विचार यह था कि वेश्याओं को सात्विक जीवन व्यतीत करने और आत्मनिर्भर होने की शिक्षा दी जाए। वह प्रस्ताव पद्मसिंह का था, जिसका समर्थन समाजसुधारक विट्ठलदास कर रहे थे। पर इस प्रस्ताव के साथ भिन्न-भिन्न प्रकार के स्वार्थ लगे हुए थे। इस सीधी-सी समस्या ने साम्प्रदायिक रूप ले लिया। म्युनिसिपैलिटी के मुसलमान सदस्य एक गुट बनाकर प्रस्ताव का विरोध करने लगे। हिन्दुओं में भी कतिपय सदस्य प्रस्ताव के विरोध में थे। कुछ लोग अन्यमनस्क थे। लम्बे बहस-मुबाहसे के बाद प्रस्ताव स्थगित कर दिया गया।

सदन जब अपने गाँव वापस आया तब वह विवाह सम्बन्धी पिछली घटना पर गौर करता रहा। किन्तु वह किसी निर्णय पर न पहुँच सका। अब वह फिर सुमन की ओर झुका। उससे मिलने वह दुबारा बनारस आया। दालमंडी में सुमन की खोज की, पर उसका पता न लगा। इसी समय उसने क्वींस पार्क में वेश्या-सुधार सम्बन्धी भाषण सुना। उसका मन इसी क्षण बदल गया और वह अपनी कुचेष्टाओं पर पछताने लगा। वह बड़ी तीव्र गति से दूसरी ओर मुड़ पड़ा और अपना अधिकांश समय धार्मिक कार्यों में व्यतीत करने लगा। फिर भी सुमन से मिलने की उसकी लालसा नष्ट न हुई। इस समय सदन का मन पाप और पुण्य के बीच बड़े जोरों से चक्कर काट रहा था। एक दिन उसने अचानक सुमन को गंगास्नान करते देखा। उसकी सात्विक और मुरझाई आभा देखकर सदन को बड़ी ग्लानि हुई। वह बिना उससे मिले ही वहाँ से लौट आया।

इधर कृष्णचन्द्र शान्ता के विवाह की असफलता से और भी विक्षुब्ध हो उठे थे। उनके विचारों में किसी प्रकार का सन्तुलन नहीं रह गया था। एक दिन आधी रात को वह घर छोड़कर निकल पड़े। सहसा एक साधु से उनकी भेंट हो गई। यह साधु और कोई नहीं, सुमन का पति गजाधर ही था। सुमन के घर से निकल जाने के पश्चात वह ग्लानिवश साधु हो गया था। कृष्णचन्द्र और गजाधर की बातचीत होने लगी। कृष्णचन्द्र सुन चुके थे कि उनकी पुत्री सुमन कुसंगति में पड़ गई है। उन्होंने गजाधर से सुमन के पतन का कारण पूछा। गजाधर ने अपने को ही दोषी बताया। गजाधर की बातें सुनकर कृष्णचन्द्र का हृदय सुमन की ओर से कुछ नरम पड़ा, परन्तु वह अपनी पुत्री का वह आचरण किसी प्रकार सहन न कर पाए। परिस्थितियों ने उन्हें चिड़चिड़ा बना दिया था। वह जीवन से निराश हो चुके थे। सुमन की घटना ने उनके समस्त धैर्य को तोड़ दिया। वह कुछ देर तक साधु गजाधर के साथ उसके आश्रम में बातें करते रहे, फिर दोनों सो गए। फिर कृष्णचन्द्र उठे और चुपके-चुपके वहाँ से चल दिए। पास ही गंगा बह रही थी। कृष्णचन्द्र ने बहती धार में जाकर प्राण विसर्जन कर दिए।

पद्मसिंह का जीवन अब वकालत के पेशे से हटकर समाज-सुधार के कार्यों में व्यतीत होने लगा था। वह यों ही शान्ता की विवाह-घटना से बहुत व्यथित थे। इतने में उन्हें एक दिन शान्ता का पत्र मिला। उसने उन्हें धर्मपिता कहकर सम्बोधित किया था, और अपनी शरण में लेने की विनती की थी। उन्होंने विट्ठलदास को बुलाकर पत्र के सम्बन्ध में परामर्श किया। विट्ठलदास ने सलाह दी कि वह शान्ता को तुरन्त अपने

घर बुला लें। उन्होंने यह भी कहा कि शान्ता कुछ दिन अपनी बहन सुमन के साथ विधवाश्रम में भी रह सकती है।

विधवाश्रम में रहती हुई सुमन सदैव आत्मग्लानि में गला करती। पिछली घटनाओं की ओर से उसका ध्यान कभी हटता ही न था। एक दिन उसने गंगा में डूबकर प्राण दे देने का निश्चय किया और इसी उद्देश्य से घाट की ओर चली। उसने सुना था कि शान्ता उसके पास विधवाश्रम में आनेवाली है। उसे अपनी बहन से मिलने की कल्पना असह्य थी। उसने गंगा में डूबकर आत्महत्या करने का निश्चय किया था, इतने में ही उसकी भेंट साधु गजाधर से हो गई। गजाधर सुमन के पैरों पर गिर पड़े और अपने अपराध की क्षमा माँगने लगे। सुमन ने उन्हीं से अपने पिता के डूब जाने का समाचार सुना। इस घटना से उसे और भी दुख हुआ और वह दुबारा गंगा में डूबने चली। गजाधर ने उसे फिर रोका और समझाया। इस बार सुमन गजाधर के तर्कों और अनुनय-विनय से प्रभावित हुई। जीवित रहने का बल संचित कर वह अपने आश्रम में लौट आई।

शान्ता भी दूसरे दिन आश्रम में आ पहुँची। पद्मसिंह और विट्ठलदास उसे लिवा लाए थे। शान्ता और सुमन की यह भेंट सुमन के लिए अत्यन्त दुखदायिनी थी। मानसिक वेदना से सुमन को अपार कष्ट हुआ और वह बीमार पड़ गई। शान्ता उसकी परिचर्या करती रही।

सदन अब सुधर चुका था। वह पद्मसिंह के चरित्र से अधिकाधिक प्रभावित होता जा रहा था। पद्मसिंह के सम्बन्ध में वेश्या-सुधार सम्बन्धी प्रश्न को लेकर उन दिनों स्थानीय पत्रों में कई विपरीत टिप्पणियाँ छप रही थीं। सदन में अब इतनी योग्यता आ गई थी कि वह इन टिप्पणियों के विरोध में लेख लिखने लगा था। इसी बीच एक बार फिर सदन की भेंट सुमन से हुई थी और वह शान्ता को भी वहीं देख आया था। सुमन ने सदन से प्रार्थना की कि वह शान्ता को ग्रहण कर ले, क्योंकि वह उसकी परिणीता पत्नी है। किन्तु सदन में इतना आत्मबल नहीं था। यद्यपि वह अपने हृदय से शान्ता को स्वीकार करने को तैयार था, पर लोकापवाद से डर रहा था।

सदन ने अब आत्मनिर्भर होकर जीवन व्यतीत करने का निश्चय किया। वह अपने पिता या चाचा से किसी प्रकार की सहायता नहीं लेना चाहता था। एक दिन वह इसी चिन्ता में गंगा के किनारे घूम रहा था कि उसे एक नाव में मल्लाहों की सुरीली तानें सुनाई दीं। इस दृश्य पर वह मुग्ध हो गया और स्वयं मल्लाहों का सा स्वच्छन्द जीवन बिताने की बात सोचने लगा। उसने अपना एक जेवर बेच कर कुछ रुपए जमा किए और गंगा तट पर जाकर एक नाव खरीद ली।

क्रमशः दिन बीतने लगे और सदन को नाव के व्यापार में लाभ होने लगा। वह मल्लाहों का नेता बन गया। उसकी कई नावें चलने लगीं।

एक दिन जब वह उज्ज्वल चाँदनी में गंगा का मनोहर दृश्य देख रहा था, उसे एक नाव पर दो स्त्रियाँ आती दिखाई दीं। उसने पहचाना–वे शान्ता और सुमन थीं। उसने दोनों का स्वागत किया। अब वह गंगा तट पर ही एक अच्छी सी झोंपड़ी बनाकर रहने

लगा था। शान्ता और सुमन भी यहीं रहने लगीं। अब सदन ने शान्ता को पत्नी-रूप में स्वीकार कर लिया था।

कुछ दिन तो तीन व्यक्तियों का यह परिवार सुखपूर्वक रहा, पर कुछ ही दिनों में सुमन को यह जान पड़ने लगा कि शान्ता का व्यवहार उसके प्रति पहले का सा नहीं है। सदन भी अब उसका वह सम्मान न करता। सुमन समझने लगी कि अब उसका यहाँ रहना उचित नहीं, किन्तु वह कहाँ जाए, इसका भी उसे ज्ञान न था। वह एक दिन शान्ता के घर से निकल पड़ी। वह अज्ञात दिशा में चली जा रही थी कि उसे सामने से एक व्यक्ति आता दिखाई पड़ा। वह एक साधु था। सुमन उन स्वामीजी के चरणों पर गिर पड़ी और उनसे अपने उद्धार की भीख माँगने लगी। स्वामीजी ने (जो स्वयं गजाधर ही थे) उसे इस अवसर पर एक सुन्दर उपदेश दिया। यह उपदेश सेवाधर्म का था। स्वामीजी ने उन दिनों एक अनाथालय खोल रखा था जिसमें पचास कन्याएँ रहा करती थीं। ये सब वेश्याओं की कन्याएँ थीं जिनके सुधार के लिए यह आश्रम खोला गया था। इसका संचालन पद्मसिंह करते थे और गजाधर इसकी व्यवस्था देखते थे। सुमन अब इसी आश्रम में शिक्षिका का कार्य करने लगी।

सब कुछ सुधर चुका था पर पद्मसिंह के हृदय की ग्लानि न मिटी थी। उन्हें वह दिन न भूलता था जब वह निराश्रित सुमन को अपने घर आश्रय न दे पाए थे। वही घटना, जो सब दुर्घटनाओं का मूल थी, रह-रहकर उन्हें कचोटा करती। सुमन के आश्रम में जाकर उन्हें उस संस्था को देखने का भी साहस न होता, जिसके वह एकमात्र संचालक थे !

कथानक-समीक्षा

यद्यपि 'सेवासदन' का कथानक बहुत कुछ सुगठित है परन्तु उसमें कतिपय त्रुटियाँ भी दिखाई देती हैं। प्रेमचन्द ने कथा के आरम्भ से लेकर सुमन के गृहत्याग तक का वर्णन बड़े व्यवस्थित रूप में किया है, परन्तु गृहत्याग के पश्चात घटनाएँ उतनी सुन्दर गति से आगे नहीं बढ़तीं। दालमंडी में रहते हुए सुमन का वृत्तान्त बड़ा अस्पष्ट और उखड़ा-उखड़ा सा है। जिस घटना तक पहुँचाने में प्रेमचन्द ने उपन्यास का एक बड़ा भाग ले लिया है—सुमन के वेश्या-जीवन में प्रवेश की सामाजिक और मनोवैज्ञानिक परिस्थिति का विस्तृत विवरण दिया है—उससे अत्यन्त शीघ्र मुड़कर प्रेमचन्द सारी कथा को सुधारवाद की ओर ले जाते हैं। यदि उन्हें सुमन का इतना शीघ्र परिवर्तन ही दिखाना था, तो उन्हें आरम्भ के ये इतने पृष्ठ उक्त घटना की तैयारी में नहीं लगाने थे।

म्युनिसिपैलिटी की कार्रवाइयाँ, उसकी बहसें और प्रस्ताव आदि सुमन की मुख्य कथा से अच्छी तरह ग्रथित नहीं हैं, यद्यपि वे उपन्यास में आई हुई वेश्या-सुधार की समस्या से सम्बन्धित अवश्य हैं। यदि म्युनिसिपैलिटी के ये सारे वृत्तान्त सुमन की कहानी से और अधिक संश्लिष्ट सम्बन्ध रख पाते, तो उपन्यास की कथा अधिक समन्वित और अर्थपूर्ण होती।

वेश्यालय से निकलकर विधवाश्रम में आने की सुमन की कथा बड़ी संक्षिप्त है। इसकी अपेक्षा और भी अधिक चिन्तनीय बात यह है कि उपन्यास का पिछला आधा भाग एक-दूसरी ही कहानी की सृष्टि करता है, जो शान्ता की कहानी है। उपन्यास के पूर्वार्ध में सुमन की कहानी को प्रमुखता देने के पश्चात उसके उत्तरार्ध में शान्ता की कहानी को प्रमुखता दे दी गई है। ऐसा प्रतीत होता है कि सुमन को विधवाश्रम में पहुँचाने के पश्चात प्रेमचन्द को उसके सम्बन्ध में कुछ कहने को शेष नहीं रह गया था। उपन्यास के उत्तरार्ध में प्रधान पात्री शान्ता हो गई है। इन दोनों का ऐसा समन्वय प्रेमचन्द नहीं स्थापित कर सके हैं जिससे उपन्यास में पूरी धारावाहिकता बनी रह पाती। इस प्रकार हम देखते हैं कि उपन्यास में सुमन की कहानी, म्युनिसिपैलिटी के कारनामे, और शान्ता का आख्यान बिखरे-बिखरे से चलते गए हैं। जिन तन्तुओं से यह त्रिमुखी कथा-सूत्र बाँधा गया है, वे बड़े हलके तन्तु हैं।

चरित्र-चित्रण

सुमन : उपन्यास के मुख्य पात्र सुमन, गजाधर, शान्ता, सदन और पद्मसिंह हैं। सुमन की जो हल्की सी रूपरेखा प्रेमचन्द ने उपन्यास के आरम्भ में दी है, वह उसका निर्वाह करने में प्रयत्नशील रहे हैं। वह रेखा इस प्रकार है :

> बड़ी लड़की सुमन सुन्दर, चंचल और अभिमानिनी थी; छोटी शान्ता भोली, गम्भीर, सुशील थी। सुमन दूसरों से बढ़कर रहना चाहती थी। यदि बाजार से दोनों बहनों के लिए एक ही प्रकार की साड़ियाँ आतीं तो सुमन मुँह फुला लेती थी। शान्ता को जो कुछ मिल जाता, उसी में प्रसन्न रहती।

विवाह के पश्चात गजाधर के घर में आने पर सुमन के चरित्र की कुछ और रेखाएँ भी उद्घाटित हुई हैं। प्रेमचन्द्र अपनी ओर से स्थान-स्थान पर सुमन के व्यवहार की मनोवैज्ञानिक व्याख्या करते गए हैं, यद्यपि ऐसा करना आवश्यक न था। चरित्र को अपने-आप ही खुलने का अवसर मिलना चाहिए, टिप्पणी की आवश्यकता नहीं होती।

पड़ोस में रहने वाली वेश्या भोली के प्रति सुमन की मानसिक प्रतिकिया बड़े विस्तार के साथ चित्रित की गई है। प्रेमचन्द ने यह दिखाने की चेष्टा की है कि सुमन का भोली की ओर क्रमशः आकृष्ट होना और फिर उसके साथ रहने को तैयार हो जाना, सुमन पर पड़नेवाली सामाजिक प्रतिक्रिया का परिणाम है। इस क्रमिक मानसिक परिवर्तन को प्रेमचन्द ने विस्तार से चित्रित किया है।

वेश्या के घर में सुमन की चरित्र-झाँकी स्वाभाविक नहीं है। जब एक बार वह इस कुंड में कूद पड़ी है तब स्वभावतः वह इससे इतनी जल्दी कैसे निकल सकती थी ? परन्तु प्रेमचन्द की सुधारवादी प्रवृत्ति ने सुमन की इस समय की स्वाभाविक चरित्ररेखा के साथ न्याय नहीं किया।

प्रेमचन्द ने सुमन के चरित्र में विनोद-वृत्ति का भी अंकन किया है। जब वह अन्तिम दिन वेश्यालय को छोड़ रही है, तब वेश्यालय के अपने मिलने वालों के प्रति वह विचित्र,

विनोदपूर्ण व्यवहार दिखाती है। किसी के सिर पर वार्निश की शीशी उलट जाती है, किसी की दाढ़ी दियासलाई से जल उठती है, कोई तिपाई उलट जाने से धराशायी होता है ! परन्तु यहाँ वह सुमन के चरित्र की स्वाभाविक रेखा नहीं है, वस्तुतः इस विनोद की आड़ में सुमन नहीं, उपन्यासकार प्रेमचन्द ही अपनी विनोदवृत्ति को प्रकाशित कर रहे हैं।

विधवाश्रम में आने के पश्चात सुमन का चरित्र ग्लानि, विगर्हणा और पश्चात्ताप की त्रिवेणी में निमज्जित होता रहता है। वह अपने किए पर इतना अधिक पछताती है कि उसके इस पछतावे पर सहसा विश्वास नहीं होता।

शान्ता से मिलने के समय सुमन की चरित्ररेखा बड़े स्वाभाविक ढंग से चित्रित की गई है। वह अपनी बहन को अपना मुख नहीं दिखाना चाहती। वह अपने सारे दोषों का कारण चाहे जिसे समझती रही हो, पर इस समय वह समस्त अपराधों का केन्द्र अपने आपको ही मानने लगी। जो अपना आत्मीय होता है उसके सामने अपने सम्बन्ध में फैले झूठे अपवादों की चर्चा भी सुनने को हम तैयार नहीं होते। मानव-प्रकृति का यह चित्रण प्रेमचन्द ने बड़ी मार्मिकता से किया है।

स्वाभिमानिनी सुमन की अन्तिम झाँकी हम वहाँ देखते हैं जब वह शान्ता के साथ उसके घर में रह रही है। यद्यपि वह पूर्णतः निराश्रित है, किन्तु शान्ता द्वारा की गई उपेक्षा उसे एक क्षण ही सह्य नहीं। ज्योंही उसे शान्ता और सदन की अपने प्रति उपेक्षा का ज्ञान होता है, वह घर छोड़कर चल देती है। सुमन का सारा चरित्र संघर्षों और विपत्तियों में बीता है। वह अनेक बार जीवन से हताश भी हुई है, परन्तु प्रेमचन्द उसके चरित्र में एक गरिमा आदि से अन्त तक बनाए रखते हैं। कहीं भी सुमन का चरित्र पाठक की दृष्टि में गिरता नहीं। नारी के पतन में भी प्रेमचन्द की सहानुभूति उसे मिलती रहती है।

गजाधर : गजाधर के चरित्र में प्रेमचन्द ने कोई विशेष कौशल नहीं दिखाया। वह आरम्भ में एक साधारण क्लर्क है—गृहस्थी के संकटों में पड़ा हुआ, परिस्थितियों से विवश—किन्तु उसमें कतिपय नैतिक गुण भी हैं। सुमन को वह प्रसन्न रखना चाहता है पर रख नहीं पाता। इसका दोष उसके चरित्र को नहीं दिया जा सकता, यह परिस्थितियों की अनिवार्यता थी। एक दिन आवेश में आकर उसने अपनी पत्नी को घर से निकाल दिया। मानो इसी नृशंस कार्य के प्रायश्चितस्वरूप प्रेमचन्द ने उसे साधु बना दिया है। यह परिवर्तन कहाँ तक स्वाभाविक है, नहीं कहा जा सकता। गजाधर केवल साधुवेश ही नहीं धारण करता, सच्चा साधु भी बन जाता है ! उसका सारा जीवन लोक-सेवा में व्यतीत होता है। साधारणतः यह परिवर्तन मनोवैज्ञानिक नहीं कहा जा सकता, क्योंकि गजाधर के जीवन की पृष्ठभूमि इसके अनुरूप नहीं है। इसे हम प्रेमचन्द की आदर्शवादिता का ही परिणाम कह सकते हैं।

प्रेमचन्द ने गजाधर के चरित्र का उपयोग उपन्यास में एक अन्य प्रयोजन के लिए भी किया है। जहाँ कहीं कोई पात्र किसी समस्या के समाधान के लिए चिन्तित और

व्यग्र होता है, गजाधर अपने साधुवेश में वहीं हाजिर हो जाते हैं, और समस्या का समाधान कर देते हैं। उन्होंने उमानाथ को शान्ता के विवाह के लिए प्रचुर द्रव्य दिया। भौतिक सहायता तो वह करते ही हैं, आधिदैविक और आध्यात्मिक सहायता करने में भी नहीं चूकते ! कृष्णचन्द्र को वह गंगा में डूबने से नहीं बचा सके, पर सुमन की रक्षा का श्रेय उन्हें मिल जाता है। उपन्यास के अन्त में वह समाज-सुधार का बीड़ा उठाए हुए दृष्टिगत होते हैं। उनकी सम्पूर्ण चरित्ररेखा प्रेमचन्द ने आदर्श की भूमि पर खड़ी की। उनका दूसरा उपयोग उपन्यास में नाटकीय प्रभाव उत्पन्न करने के लिए किया गया है। फिर भी पाठक को उनके चरित्र से सच्चा संतोष नहीं होता। उनके चरित्र की स्वाभाविकता के प्रति शंका बनी रहती है।

शान्ता : शान्ता के चरित्र में कोई बड़ी विशेषता नहीं है। वह साधारण शील की लड़की है। कठोर परिस्थितियों ने उसे अतिशय सहनशील बना दिया है। कदाचित उसकी विवशता ने उसे बल दिया और उसकी निष्ठा जाग उठी है। सदन के प्रति उसकी भावना इसी निष्ठा से उत्पन्न हुई है। वह साधारण परिस्थिति में सदन को इतना महत्त्व न देती। उसके दुर्व्यवहार को क्षमा करना भी उसके लिए सम्भव न होता। परन्तु, परिस्थितियों की प्रेरणा से वह सदन के प्रति सदैव पूज्य भावना ही रखती है।

सदन के द्वारा ग्रहण कर लिए जाने के पश्चात शान्ता का चरित्र अत्यन्त सामान्य स्तर पर आ गया। वह सुख-चैन में दिन काटने वाली स्त्री हो गई। अपनी बड़ी बहन सुमन के प्रति उसका व्यवहार उसके चरित्र को और भी नीचे गिरा देता है। उसमें सामान्य सहानुभूति भी नहीं रह गई।

सदन : सदन का चरित्र ग्रामीण और नागरिक प्रभावों के मिश्रण से उद्घाटित हुआ है। देहात के सारे अक्खड़पन के साथ शहर का सारा आवारापन उपन्यास के आरम्भिक भाग में सदन में केन्द्रित है। उसका हृष्ट-पुष्ट शरीर, उसकी विलासिता का साधन मात्र है। वह अपनी चाची का आभूषण चुराकर वेश्या के घर जाने में नहीं हिचकता। किन्तु प्रेमचन्द ने इस चरित्र में भी आत्यन्तिक परिवर्तन दिखा दिया है।

आकस्मिक रूप से सुनी गई एक साधारण सी वक्तृता सदन के चरित्र को बदल देती है। दूसरी दिशा में मुड़कर वह द्रुत गति से अपने को सुधारने में प्रवृत्त हो जाता है। वह पढ़-लिख कर होशियार बन जाता है। सामाजिक कार्यों में सक्रिय भाग लेने लगता है। आत्मनिर्भर बनने के लिए वह उद्योग करता है और उसमें सफल भी होता है। उपन्यास के अन्तिम भाग में सदन मल्लाहों का नेता और साथ ही उनके मालिक के रूप में उपस्थित होता है। उसकी अन्तिम झाँकी एक साधारण सद्गृहस्थ की सी है।

पद्मसिंह : पद्मसिंह के चरित्र में लेखक ने मध्यवर्गीय समाज के संस्कारों का प्रतिनिधित्व दिखाया है। उनमें सदभिलाषा है, किन्तु संकल्प नहीं। सद्भावना का प्रदर्शन करते हैं, किन्तु सामाजिक रीतियों का उल्लंघन करने से डरते हैं। हृदय से न चाहते हुए भी समाज के परितोष के लिए वेश्या का नृत्य घर पर कराते हैं। वह मूल निवासी गाँव के हैं, इसलिए सम्मिलित परिवार की सारी व्यवस्था उन्हें स्वीकार होती है। अपने ग्रामीण

भाई के प्रति उनकी परम श्रद्धा है। उसकी उचित-अनुचित सम्पूर्ण इच्छाओं और आदेशों का वे आँख मूँदकर पालन करते हैं।

सुमन को अपने घर में आश्रय न दे सकने से उन्हें जीवनभर परिताप रहता है। शान्ता के लिए उन्होंने जो कुछ किया वह एक प्रकार से सुमन के प्रति किए गए भीरु व्यवहार का प्रायश्चित सा है। उनके हृदय में सामाजिक सुधार की निष्ठा है, किन्तु संगठन की शक्ति नहीं। वे एक औसत दर्जे के सद्भावनापूर्ण मध्यवर्गीय चरित्र हैं।

अन्य पात्र : शेष चरित्रों में कृष्णचन्द्र प्रमुख हैं। एक पढ़ा-लिखा, सभ्य व्यक्ति जो सरकारी अफसर रह चुका है और जो अपने व्यवहार में सदैव ईमानदार रहा है, अपने जीवन में केवल एक अपराध करता है, जिसका दंड उसे चार वर्षों की लम्बी सजा में भुगतना पड़ता है। ऐसे व्यक्ति का जैसा चरित्रह्रास प्रेमचन्द ने प्रदर्शित किया है, कदाचित वह उसका पात्र न था। जेल से छूटने पर वह इतना निरवलम्ब और अपाहिज सा हो गया, इस पर सहसा विश्वास नहीं होता। प्रेमचन्द उसे एक अर्धविक्षिप्त व्यक्ति बनाकर भी उसके प्रति हमारी दया-भावना नहीं सींच पाए हैं। पाठक स्वयं विस्मय में पड़ा रहता है और सोच नहीं पाता कि कृष्णचन्द्र को क्या समझे ! सौभाग्य या दुर्भाग्य से वह बहुत समय तक उपन्यास में नहीं रहा। गंगा ने उसे तथा पाठकों के असमंजस को शीघ्र ही अपने भीतर छिपा लिया।

विट्ठलदास, मदनसिंह, जाह्नवी, गंगाजली, सुभद्रा, भोली, कुँवर जगदीशसिंह और सेठ वल्लभदास उपन्यास के कतिपय अन्य पात्र हैं। इनके चरित्र-चित्रण में कोई मार्मिक विशेषता नहीं पाई जाती !

विचार-विवेचन

'सेवासदन' उपन्यास में यद्यपि अप्रत्यक्ष रूप से दहेज की समस्या, समाज की झूठी नैतिकता या पाषंड, रूढ़िवादिता आदि अनेक प्रश्न आए हैं, परन्तु जिस प्रश्न को लेकर प्रेमचन्द ने प्रत्यक्ष रूप से और विस्तार के साथ विचार किया है, वह है—विधवाओं और विशेषतः वेश्याओं के सुधार और आर्थिक निर्वाह का प्रश्न। प्रेमचन्द ने नगर के मुख्य भाग में वेश्याओं का रहना हानिकारक बताया है। उनकी यह सूझ काफी मार्मिक है। आज से पैंतीस-चालीस वर्ष पूर्व इस प्रकार के विचार की उद्भावना प्रेमचन्द की अन्तर्दृष्टि की परिचायक है। परन्तु वेश्याओं को शहर-बाहर कर देने से ही समस्या हल नहीं होती। मुख्य प्रश्न वेश्यावृत्ति छोड़ देने पर वेश्याओं के निर्वाह का है। इस प्रश्न पर उपन्यास के बहुत से पात्र सिर मारते हैं, पर उसका कोई हल नहीं निकलता। पद्मसिंह और विट्ठलदास, सुमन और विट्ठलदास, तथा म्युनिसिपैलिटी के अन्य सदस्यों में इस विषय की लम्बी चर्चा होती है, परन्तु कोई नतीजा नहीं निकलता। क्वींस पार्क में जिस व्याख्यानमाला की योजना प्रेमचन्द ने कराई है, उसका विषय भी यही है। म्युनिसिपल बोर्ड में इस विषय का जो प्रस्ताव रखा गया है, उसकी तीन धाराएँ इस प्रकार हैं :

1. वेश्याओं को शहर के मुख्य स्थान से हटाकर बस्ती से दूर रखा जाए।

2. उन्हें शहर के मुख्य सैर करने के स्थानों और पार्कों में न आने दिया जाए।

3. उनका नाच कराने के लिए भारी टैक्स लगाया जाए और नृत्य खुले स्थानों में न हो।

यहाँ हम यह अवश्य देखते हैं कि इस प्रस्ताव में सामाजिक सुधार की एक भावना तो है, पर उसका कोई व्यावहारिक मार्ग नहीं निकाला जा सका। एक बड़ी समस्या यह भी है कि वेश्याओं की सन्तान का पालन-पोषण किस वातावरण में किया जाए। इसके लिए प्रेमचन्द ने यह मार्ग निकाला है कि उनके बच्चे उनसे अलग रखे जाएँ और उनकी शिक्षा की व्यवस्था नए वातावरण में की जाए।

वेश्या-सुधार के काम में लगनेवाला द्रव्य कहाँ से प्राप्त हो, इस प्रश्न का उत्तर यह मिलता है कि शहर के सम्पन्न व्यक्तियों की उदारता से ही सुधार-संस्थाएँ चल सकती हैं। स्वयं वेश्याओं ने जो धन एकत्र कर रखा है उसका भी उपयोग नई जीवन-परिस्थिति के निर्माण में किया जा सकता है।

एक महान उत्साह से प्रेरित होकर असम्भव को भी सम्भव कर दिखाने की प्रवृत्ति इन विचारों के मूल में है। वेश्याओं की समस्या पर सुधारवादी दृष्टिकोण से ही विचार किया गया है। समस्या के मूल में जो आर्थिक कारण हैं, उनकी ओर प्रेमचन्द ने दृष्टि नहीं डाली। वे इस समस्या को केवल एक सामाजिक कुरीति के रूप में ही देख पाए हैं।

कला-विवेचन

कला की दृष्टि से यह उपन्यास पर्याप्त पुष्ट है, परन्तु कुछ बातें विचारणीय हैं। सुमन और गजाधर की कथा जिस मार्मिकता से समाज के गम्भीरतम प्रश्नों को स्पर्श करती हुई आगे बढ़ती है, उसका सम्यक निर्वाह नहीं हो पाया है। नई-नई कथाएँ और अन्तर्कथाएँ उपन्यास में आरम्भ होती और चलती हैं, जिससे मुख्य कथा सिमटकर एक किनारे पड़ जाती है। सुभद्रा और पद्मसिंह तथा सदनसिंह के गार्हस्थिक झगड़े-झमेले उपन्यास के लिए आवश्यक नहीं कहे जा सकते। इसी प्रकार इस उपन्यास में आए हुए मुसलमान पात्र और उनकी सारी कथा उपन्यास का केवल कलेवर ही बढ़ाती है। इन अतिरिक्त प्रसंगों और पात्रों को छोड़ देने पर भी उपन्यास में अनावश्यक विस्तार बना ही रहता है। प्रेमचन्द की यह विशेषता भी है कि वह लम्बी-चौड़ी गोष्ठियों और बहस-मुबाहसों की योजना कर डालते हैं, यद्यपि उपन्यास के वास्तविक उपयोग में वे कम ही आते हैं। दो पात्रों के बीच का कथोपकथन भी सदैव मर्यादित नहीं रहता। वह अतिरंजित हो जाता है और पाठक के धैर्य की परीक्षा लेने लगता है। उपन्यासकार प्रेमचन्द की तार्किक वृत्ति सीमा में रहना नहीं जानती। उनके इस आरम्भिक उपन्यास में तो ऐसा ही दिखाई देता है।

हम ऊपर उल्लेख कर चुके हैं कि वेश्यालय से विदा होते समय सुमन जिस विनोदवृत्ति का परिचय देती है, वह बहुत प्रासंगिक नहीं है। गम्भीर उपन्यास में हास्य-रस

की योजना की ही जाए, यह आवश्यक नहीं।

प्रेमचन्द ने दो एक प्रकरणों में अपने उर्दू ज्ञान का भी प्रदर्शन किया है। उन अध्यायों को पढ़ने में साधारण हिन्दी पाठक को फारसी के शब्दकोश की आवश्यकता पड़ेगी। मुसलमान पात्रों से सलीस उर्दू में बात कराने की व्यवस्था स्वाभाविकता के नाम पर की गई है, किन्तु यह उपन्यास में बेढंगा वातावरण पैदा कर देती है। उपन्यास की भाषा में आदि से अन्त तक जो समरसता रहनी चाहिए, उसका अभाव हो जाता है।

प्रेमाश्रम

'सेवासदन' के पश्चात प्रेमचन्द का दूसरा प्रौढ़ उपन्यास 'प्रेमाश्रम' है। इसका प्रकाशन सन् 1922-23 में हुआ था। इस उपन्यास में प्रेमचन्द ने मुख्यतः किसानों और जमींदारों के प्रश्न को उठाया है, परन्तु इसमें इन दोनों वर्गों से सम्बन्धित अन्य व्यवसायों और निहित स्वार्थों के लोगों का भी चित्रण हो गया है। ग्रामीण जीवन से किसानों का कथानक लेते हुए प्रेमचन्द ने गाँव के पटवारी, महाजन आदि का भी चित्र दे दिया है। जमींदारों का उल्लेख करते हुए उन्होंने मुंशी और कारिन्दे आदि के कारनामे भी दिखा दिए हैं। जमींदार-किसान-संघर्ष का चित्रण करते हुए उन्होंने अदालत की कार्यवाहियों, वकीलों, डॉक्टरों, पुलिस अफसरों आदि का भी खाका खींच दिया है। इससे भी और आगे बढ़कर प्रेमचन्द ने उस उच्चतम वर्ग का भी चित्रण किया है, जिसे ताल्लुकेदार वर्ग कहते हैं। रायबहादुर कमलानन्द ऐसे ही एक ताल्लुकेदार हैं। इस प्रकार हम देखते हैं कि ग्रामीण जीवन के भिन्न-भिन्न स्तरों, नागरिक वर्ग के भिन्न पेशों और सत्ताधारी वर्ग के प्रतिनिधियों का व्यापक चित्रण इस उपन्यास में किया गया है।

कथानक

कथा का आरम्भ लखनपुर गाँव में, जो बनारस से बारह मील उत्तर है, कराया गया है। किसान अपना दुखड़ा आपस में कह-सुन रहे हैं, इतने में जमींदार ज्ञानशंकर का चपरासी गिरधर वहाँ आ पहुँचता है। वह गाँव से शुद्ध घी वसूल करने के लिए बयाना बाँटता है। जमींदार के पिता की बरसी होने वाली है। बाजार में घी का भाव दस छटाँक है, पर बयाना खूब सस्ते भाव का बँट रहा है। गाँव के सब परिवार बयाना ले लेते हैं, केवल मनोहर नामक किसान नहीं लेता।

जमींदार साहब बनारस के औरंगाबाद मुहल्ले में रहते हैं। जटाशंकर और प्रभाशंकर दो भाई हैं। जटाशंकर के मर जाने के पश्चात प्रभाशंकर जमींदारी का काम देखते हैं, परन्तु जटाशंकर के पुत्र ज्ञानशंकर इसे पसन्द नहीं करते। वह नए युग के जमींदार बनना चाहते हैं और नए सिरे से जमींदारी का संगठन करने का विचार रखते हैं। अपने चाचा प्रभाशंकर की उदारता उन्हें पसन्द नहीं। प्रभाशंकर चाहते हैं कि उनके भाई की बरसी खूब धूमधाम से मनाई जाए, पर ज्ञानशंकर को यह फिजूलखर्ची पसन्द नहीं आती। इसी बरसी के सिलसिले में घी लेने के लिए गिरधर लखनपुर गया था।

मनोहर का घी देने से इनकार करना गाँवभर के लिए घातक हो उठा। सभी किसान इस घटना की सम्भावित प्रतिक्रिया से आतंकित हो गए। कादिर एक समझदार और भला किसान था। वह मनोहर को ले जाकर कारिन्दा साहब से क्षमायाचना कराना चाहता था। मनोहर तो न गया, पर उसकी स्त्री विलासी गई। कारिन्दा गौस खाँ उसे देखकर आपे के बाहर हो गए। उन्हें मनोहर की गुस्ताखी एकदम असह्य थी। यह तय हुआ कि मनोहर बनारस जाकर जमींदार ज्ञानशंकर से क्षमायाचना करे। मनोहर जब बनारस पहुँचा तो ज्ञानशंकर उस पर उबल पड़े। उनके चाचा प्रभाशंकर इस मामले को तूल नहीं देना चाहते थे। वह पुराने जमींदार थे, नरमी से काम लेना चाहते थे। किन्तु इस मामले में ज्ञानशंकर किसी तरह डिगने को तैयार न थे। इसी प्रसंग को लेकर चाचा-भतीजे में कहा-सुनी हो गई।

बनारस के मजिस्ट्रेट ज्वालासिंह ज्ञानशंकर के सहपाठी थे। उनके इजलास में अभी-अभी एक मुकदमा दायर हुआ था जिसमें प्रभाशंकर के पुत्र दयाशंकर पर अभियोग चलाया गया था। दयाशंकर पास ही के इलाके के दरोगा थे। ज्ञानशंकर से कहा गया कि वह अपने मित्र और सहपाठी ज्वालासिंह से कह कर दयाशंकर को बरी करा दें, परन्तु ज्ञानशंकर अपने चचेरे भाई के प्रति लेशमात्र भी सहानुभूति नहीं रखते थे। अभी-अभी वह अपने चाचा-चाची से झगड़ चुके थे। वह तो चाहते थे कि दयाशंकर मुकदमे में फँस जाएँ और उन्हें सजा मिल जाए। वह ज्वालासिंह के पास गए भी कि दयाशंकर के विरुद्ध उनके कान भर दें, परन्तु ज्वालासिंह ने दयाशंकर को छोड़ने का निश्चय कर लिया था। ज्ञानशंकर ने अब अपने चाचा से अलग होने का निश्चय कर लिया। उन्हें यह सह्य न था कि चाचा का इतना बड़ा कुनबा सम्मिलित जायदाद का उपभोग करे। अपने कुनबे में वह अकेले थे। चाचा के कुनबे में बड़ा परिवार था। ज्ञानशंकर को यह बात खटकती थी, इसीलिए उन्होंने बँटवारा कराया था।

डिप्टी ज्वालासिंह इन दिनों लखनपुर के दौरे पर आए थे। उनका कैम्प गाँव के बाहर पड़ा था। डिप्टी साहब के चपरासी गाँव से बेगार वसूल कर रहे थे। मनोहर के लड़के बलराज ने बेगार करने से इनकार कर दिया। उसे लोग पकड़कर ज्वालासिंह के पास ले गए। बलराज एक हृष्ट-पुष्ट युवक है, वह किसी से दबना नहीं जानता। अपने पिता मनोहर से भी ज्यादा निर्भीक है। ज्वालासिंह बलराज के व्यवहार से मन-ही-मन सन्तुष्ट हैं, परन्तु गाँव के किसानों में इतना साहस न था कि वे बलराज का पक्ष-समर्थन करते। वह हृदय से किसानों के हमदर्द थे, पर किसानों में इतना आत्मबल न था कि अपने दुख-दारिद्र्य का सच्चा चित्र भी उनके सामने रख सकते।

ज्ञानशंकर की पत्नी विद्या रायबहादुर कमलानन्द की छोटी पुत्री थी। उनकी बड़ी लड़की गायत्री गोरखपुर के एक बड़े जमींदार के यहाँ ब्याही गई थी। रायबहादुर के एक ही लड़का था। उसका अचानक देहान्त हो गया। यह दुखद समाचार पाकर विद्यावती और ज्ञानशंकर लखनऊ पहुँचे। कमलानन्द की कोठी लखनऊ में ही थी। वहीं अपने भाई का निधन-समाचार सुनकर गायत्री भी पहुँची। गायत्री विधवा हो चुकी थी। वह

अब एक बड़ी जमींदारी की मालकिन थी। रायबहादुर कमलानन्द बड़े रसिक पुरुष हैं। वह साहित्य, संगीत, राजनीति आदि अनेक विषयों में निष्णात हैं। उनके व्यक्तित्व के आगे ज्ञानशंकर छोटे लगते थे। इसीलिए उन्हें अपने ससुर से ईर्ष्या होती थी।

ज्ञानशंकर सरला गायत्री पर डोरे डालने लगे। वह आरम्भ में इनके गर्हित आशय को समझ न पाई। एक दिन ज्ञानशंकर गायत्री के साथ थिएटर देखने गए। गायत्री अपनी बहन विद्या को भी साथ ले जाना चाहती थी, पर ज्ञानशंकर ने कौशल से विद्या को टरका दिया था। उन्होंने गायत्री से अकेले में अपनी दुर्भावना का संकेत किया। गायत्री स्तब्ध रह गई। वह किसी प्रकार थिएटर से घर लौटी और दूसरे ही दिन वहाँ से गोरखपुर रवाना हो गई।

रायबहादुर कमलानन्द को अब कोई पुरुष संतान न थी। ज्ञानशंकर का लड़का मायाशंकर ही उनका उत्तराधिकारी हो सकता है, ज्ञानशंकर के मन में यह भावना भी घर कर गई थी। वह यह न चाहते थे कि कमलानन्द दूसरा विवाह करें परन्तु वह इस बात की चर्चा करने का साहस न बटोर पाते थे। दुविधा में दिन बीत रहे थे।

यद्यपि ज्वालासिंह ने बलराज के प्रति हमदर्दी जाहिर की थी, परन्तु उनके मुंशी ईजाद हुसैन और जमींदार के कारिन्दा गौस खाँ इससे सन्तुष्ट न थे। उन्होंने हर तरह से ज्वालासिंह को उलटा-सीधा समझाकर मना लिया और गाँव की पिछली घटना के सम्बन्ध में (बेकार वाली घटना) तहकीकात करने के लिए उन्हें राजी कर लिया। तहकीकात के लिए वही दरोगा दयाशंकर नियुक्त हुए। आरम्भ में ऐसा जान पड़ा कि किसान एक हो जाएँगे पर बाद को उनमें फूट पड़ गई। दयाशंकर भी घूस लेना सीखे हुए थे। उन्होंने गाँव के प्रत्येक परिवार से सौ-सौ रुपए मुचलका लिया। उस वर्ष फसल यों ही मारी गई थी, मुचलके ने गाँव वालों की रीढ़ ही तोड़ दी।

राय कमलानन्द लखनऊ से नैनीताल गए हुए थे। उच्चतम समाज से उनकी खूब रब्त-जब्त थी। ज्ञानशंकर भी उनके साथ आए थे। सत्ताधारी समाज का विलासमय चित्र देखकर ज्ञानशंकर को बहुत बुरा लगा। उन्होंने इस वर्ग की दुर्वृत्तियों पर एक कड़ा लेख लिखा। उनके इस लेख की सबल दलीलों और चुटीली शैली को पढ़कर वे लोग भी ज्ञानशंकर के प्रशंसक बन गए जिनके विरुद्ध यह लेख लिखा गया था। वास्तव में ज्ञानशंकर को उच्च वर्ग की फिजूलखर्चियों और दुर्वृत्तियों से कुछ लेना-देना न था। वह तो राय कमलानन्द के अपव्यय से ही चिढ़ रहे थे। उनका स्वार्थ इस फिजूलखर्ची को बरदाश्त नहीं कर पाता।

इसी समय एक महत्त्वपूर्ण घटना घटित हुई। ज्ञानशंकर के पास अमरीका से उनके भाई प्रेमशंकर का पत्र आया। उसमें प्रेमशंकर ने अपने भारत लौटने की बात लिखी थी। प्रेमशंकर भारत से अमरीका गए थे। वहाँ कृषिशास्त्र का ज्ञान प्राप्त कर हिन्दुस्तान लौट रहे थे। वर्षों से उन्होंने घर को कोई पत्र न लिखा था। ज्ञानशंकर समझने लगे थे कि अब प्रेमशंकर अमरीका से न लौटेंगे और भाई की जायदाद भी उन्हें ही मिल जाएगी। इसीलिए वह यह पत्र पाकर बड़े दुखी हुए।

प्रेमशंकर से मिलकर ज्ञानशंकर को कोई हर्ष न हुआ पर वह ऊपर से बड़ी प्रसन्नता प्रकट करते रहे। उन्होंने बिरादरी में प्रेमशंकर के विरुद्ध सामाजिक बहिष्कार की चर्चा भी चला दी थी और प्रेमशंकर की पत्नी श्रद्धा को भी धर्मभीरुता का पाठ पढ़ा दिया था। वह चाहते थे कि जाति वालों के विरोध और श्रद्धा की उपेक्षा से ऊबकर प्रेमशंकर फिर अमरीका लौट जाएँ। पर प्रेमशंकर दृढ़संकल्प के व्यक्ति थे। वह भारत में रहकर किसानों की सेवा करना चाहते थे। आरम्भ में उन्हें कुछ कठिनाई दिखाई देती थी और वह अपने भविष्य के विषय में सलाह लेने कमलानन्द के पास भी गए थे परन्तु शीघ्र ही उन्हें मालूम हो गया कि ऐसे कार्य में उच्च वर्गों का सहयोग या सरकारी सहायता नहीं मिल सकती। उन्हें पूर्णतः आत्मनिर्भर होकर आगे बढ़ना होगा।

बनारस में इन्हीं दिनों बाढ़ आ गई थी। आसपास के गाँव पानी में डूब गए थे। प्रेमशंकर ने गाँववालों की सहायता करने का निश्चय किया। वह सेवा-कार्य में जुट गए। बाढ़ धीरे-धीरे उतर गई। उन्होंने गाँववालों की सहायता से एक बाँध बाँधने का निश्चय किया। कई महीनों में बाँध बँधकर तैयार हो गया। अब इस गाँव पर बाढ़ का कोई असर नहीं हो सकता था। प्रेमशंकर भी उसी गाँव के किसानों के बीच रहने लगे थे। गाँववालों ने मिलकर उनके लिए एक छोटा सा मकान भी बना दिया था। इस गाँव का नाम हाजीपुर था।

ज्ञानशंकर को यह चिन्ता सताती रहती थी कि उनके बड़े भाई प्रेमशंकर सम्मिलित जायदाद के आधे हिस्से के हकदार न हो जाएँ। वह अक्सर प्रेमशंकर के पास जाकर उनका मन लिया करते थे। प्रेमशंकर ने उन्हें साफ बता दिया कि उन्हें पैतृक सम्पत्ति से कोई वास्ता नहीं है। ज्ञानशंकर इस आश्वासन से बड़े प्रसन्न हुए। इसी समय उन्होंने गाँववालों पर लगान-इजाफा का दावा कर दिया।

इसी समय गायत्री देवी का एक पत्र ज्ञानशंकर को मिला जिसमें उसने उन्हें अपनी जमींदारी का प्रबंधक बनाकर गोरखपुर बुलाया था। इधर ज्ञानशंकर गोरखपुर गए, उधर गाँववालों की दशा देखने और समझने के लिए प्रेमशंकर लखनपुर पहुँचे। ज्वालासिंह भी उनके साथ ही लखनपुर गए थे। दोनों ने जाकर देखा कि किसानों की दशा शोचनीय है। लगान बढ़ाने के लिए कोई भी आधार नहीं है। उन्होंने ज्ञानशंकर का मुकदमा खारिज कर दिया। इस घटना से ज्ञानशंकर का क्रोध उबल पड़ा, और उन्होंने ज्वालासिंह के विरुद्ध पत्रों में लेख लिखे, साथ ही ज्ञानशंकर ने मुकदमे की अपील भी दायर कर दी, किन्तु अपील भी खारिज हो गई।

सब ओर से निराश होकर ज्ञानशंकर गोरखपुर चले गए और गायत्री की जमींदारी देखने लगे। आरम्भ में उन्हें गायत्री का वेतनभोगी कर्मचारी होने में बड़ी शर्म लगी, पर जब आमदनी बढ़ने लगी तब उन्हें काम में मजा आने लगा। वह अब खूब जी लगाकर जमींदारी का प्रबन्ध करते। गायत्री भी उनके प्रबन्ध से प्रसन्न थी। सरकारी अफसर भी ज्ञानशंकर के व्यवहार से सन्तुष्ट थे। सरकार की ओर से गायत्री को रानी की उपाधि देने का प्रस्ताव किया गया। इस अवसर पर एक बड़ा समारोह हुआ, जिसका सफल

संगठन ज्ञानशंकर ने किया। अब तो गायत्री की कृपादृष्टि से ज्ञानशंकर की दिन-दूनी उन्नति होने लगी। उन्होंने काशी में नया बँगला बना लिया और कई हजार रुपए भी जमा कर लिए। बीच-बीच में ज्ञानशंकर बनारस भी जाया करते और अपनी जमींदारी की व्यवस्था करते रहते थे। कारिन्दा गौस खाँ भी अपने मालिक की ही प्रकृति को अपनाकर चल रहा था। वह गाँववालों से बिना बदला लिए न रह सका। उसने लखनपुर गाँव के तालाब का पानी रुकवा दिया। तालाब गाँव के जमींदार का कहा जाता था। वर्षों से गाँव के समस्त पशु वहीं पानी पीते थे। अब अचानक पानी रोक दिए जाने से गाँव भर में खलबली मच गई। अदालत में मुकदमा गया। एक बार फिर गौस खाँ को नीचा देखना पड़ा। इस प्रकार गौस खाँ और गाँववालों में बराबर चोटें चलती रहीं। प्रेमशंकर बराबर गाँववालों का साथ देते रहते।

इसी समय एक दुर्घटना घटित हुई। गौस खाँ ने मनोहर की स्त्री विलासी की गायों को, जिन्हें वह चरा रही थी, घिरा लिया। विलासी ने कड़ककर गाय घेरनेवालों को डाँटा। गौस खाँ और विलासी में कहासुनी हो गई। गौस खाँ ने विलासी को अपमानजनक शब्द कहे। मनोहर और बलराज को जब यह समाचार मिला तो वे अपने को न सँभाल पाए। उन्होंने बदला लेने का निश्चय किया। एक दिन छिपे-छिपे जाकर बलराज ने गौस खाँ का गला काट डाला। इसके पश्चात बलराज फरार हो गया।

इस दुर्घटना ने समस्त गाँव पर विपत्ति के बादल छा दिए। गाँव भर के विरुद्ध मुकदमा दायर हो गया। गवाहियाँ गुजरने लगीं। वकील इरफान अली किसानों की ओर से पैरवी कर रहे थे किन्तु उन्हें तो अपनी फीस से मतलब था। डॉक्टर प्रियानाथ भी उसी ओर झुकते थे जिधर पैसों का पलड़ा भारी होता था। उन्होंने इस मुकदमे में स्पेशलिस्ट का काम किया था। उन्हीं के बयान पर मजिस्ट्रेट ने किसानों के विरुद्ध फैसला कर दिया। लखनपुर के सारे किसान सेशन सुपुर्द कर दिए गए।

ज्ञानशंकर को आशा हो गई थी कि उन्होंने किसानों को पराजित कर दिया। अब वह बड़े मनोयोग से गायत्री की जमींदारी का निरीक्षण किया करते। गायत्री के मन पर भी अधिकार जमाने का उद्योग वह कर रहे थे, किन्तु इस बार उनकी शैली धार्मिक थी। रामलीला और रासलीला आदि कराने में अब वह संलग्न रहते। गायत्री भी इन बातों में बड़ी दिलचस्पी लेती। कभी-कभी ज्ञानशंकर और गायत्री देवी रासलीला में पात्र बनते।

सेशन की अदालत में किसानों का मामला पेश था। मनोहर के हृदय में घोर आत्मग्लानि हो रही थी। सारे गाँव को विपत्ति में डालने का एकमात्र कारण वही था। उसने इजलास में सच-सच बयान दिया पर उसके मन को किसी प्रकार चैन न थी। इसी कशमकश और अन्तरंग दुश्चिंता में उसने एक दिन जेल के भीतर आत्महत्या कर ली। किसानों के वकील इरफान अली ने देखा, मुकदमा बढ़ता जा रहा है और जो फीस उन्होंने ली थी वह उन्हें कम जँचने लगी। जिस दिन उन्हें सरकारी वकील के तर्कों पर बहस करनी थी, वह किसी दूसरे मुकदमे में कहीं और चले गए। परिणाम यह हुआ कि

फैसला गाँववालों के विरुद्ध कर दिया गया। सभी अभियुक्तों को लम्बी सजाएँ सुनाई गईं।

ज्ञानशंकर की भक्ति-भावना बढ़ती जा रही थी। वह संसार से विरक्त दीखते थे। वे अब कुर्सी-टेबुल के बदले जमीन पर आसन लगाते थे। भक्ति के गीत गाते और सितार बजाया करते थे। गायत्री इन बातों से बहुत प्रभावित थी। उसने इस बार एक वृहत धार्मिक समारोह का आयोजन किया। ज्ञानशंकर ने गायत्री को इस अधिवेशन का सभापति बनाया। हजारों रुपए खर्च हुए। रानी गायत्री का व्याख्यान देशभर के पत्रों में छपा; उसे ज्ञानशंकर ने स्वयं लिखा था। गायत्री की प्रसन्नता का ठिकाना न रहा। अब वह ज्ञानशंकर को देवतुल्य समझने लगी।

राय कमलानन्द ने इस बीच एक वृहत संगीत सम्मेलन की योजना की थी। उन्होंने उसमें सम्मिलित होने के लिए गायत्री और ज्ञानशंकर को भी बुलाया था। विद्यावती भी अपने पिता के पास लखनऊ गई थी। इस अवसर पर ज्ञानशंकर और रायबहादुर में कहासुनी हो गई। ज्ञानशंकर उन्हें मितव्ययिता का पाठ पढ़ाना चाहते थे, किन्तु रायबहादुर इस सम्बन्ध में कोई बात सुनने को तैयार न थे। उन्हें यह भी पता था कि ज्ञानशंकर भक्ति की आड़ में विलासिता का खेल खेल रहे हैं और वह गायत्री को अपने पाखंड-पाश में बाँध रहे हैं। रायबहादुर ने ज्ञानशंकर से उनका सारा भेद खुलवा लिया। ज्ञानशंकर लज्जा और ग्लानि से अभिभूत हो उठे। उन्होंने गोमती में डूबकर प्राण-विसर्जन कर देने का निश्चय किया, परन्तु उनकी कूटबुद्धि उनकी भीरु भावना पर विजयिनी हुई। वह स्नान करके घर लौट आए।

इन्हीं दिनों ज्ञानशंकर रायबहादुर को विष देकर समाप्त कर डालने का षड्यन्त्र भी रच रहे थे। एक दिन रायबहादुर भोजन करते समय जान गए कि इसमें विष पड़ा है। उन्होंने यह जानते हुए भी कई कौर खा लिए। उन्हें अपने योगबल पर विश्वास था। रायबहादुर पर विष का भयानक प्रभाव पड़ा, किन्तु वह योगबल से विष के मारक प्रभावों से बच गए। उन्होंने तय किया कि वह अब ज्ञानशंकर का मुँह नहीं देखेंगे। ज्ञानशंकर भी इस घटना से भयभीत होकर लखनऊ से नौ-दो ग्यारह हो गए।

ज्ञानशंकर लखनऊ से काशी आए और गायत्री भी उनका पत्र पाकर बनारस पहुँची। ज्ञानशंकर ने एक नाटक का आयोजन कर रखा था, गायत्री भी इसमें भाग ले रही थी। इसी समय विद्यावती लखनऊ से पिता को देखकर काशी लौटी थी। उसने अपने पिता से ज्ञानशंकर और गायत्री के विषय में बहुत कुछ सुना था। उसे गायत्री का काशी आना और नाटक में भाग लेना अच्छा न लगा, पर वह प्रत्यक्ष रूप से कुछ न कह सकी। नाटक समाप्त होने पर रात्रि के एक बजे ज्ञानशंकर गायत्री के कमरे में पहुँचे। दोनों में भक्ति-सम्बन्धी चर्चा होने लगी। गायत्री अब अपने को राधा और ज्ञानशंकर को कृष्ण मानने लगी थी। वह भक्तिपूर्वक उनके चरणों में गिर पड़ी। ज्ञानशंकर ने उसे उठाकर उसका आलिंगन किया, इतने में विद्यावती उसी कमरे में आ पहुँची। ज्ञानशंकर स्तब्ध हो रहे, परन्तु तत्काल ही क्रुद्ध होकर उन्होंने विद्यावती को वहाँ

से निकल जाने को कहा। विद्यावती को देखकर गायत्री भी अत्यन्त लज्जित हुई किन्तु गायत्री की 'भक्तिभावना' उसके नैतिक विवेक को समाप्त कर बैठी थी। अब वह ज्ञानशंकर पर अडिग विश्वास करने लगी थी। किन्तु ज्ञानशंकर तो अब भी उसके प्रेम की अपेक्षा उसके धन के ही ग्राहक थे। उनकी एकमात्र इच्छा यह थी कि गायत्री अपनी जायदाद उसके पुत्र मायाशंकर के नाम लिख दे। शीघ्र ही ज्ञानशंकर की अभिलाषा पूरी हुई और मायाशंकर गायत्री की समस्त सम्पत्ति का उत्तराधिकारी बना दिया गया। विद्यावती घटनाओं के इस भीषण संघात को सहन न कर पाई। उसका हृदय विदीर्ण हो चुका था। प्रेमशंकर की पत्नी श्रद्धा ने गायत्री के सम्बन्ध में विद्यावती की धारणा को पुष्ट कर दिया था। उसने ज्ञानशंकर और गायत्री के छिछोरे सम्बन्ध की बात उससे कह दी थी। वह अब अधिक समय संसार में न रह सकी। बीमार पड़कर उसने शीघ्र ही इहलीला समाप्त कर दी।

क्रमशः गायत्री पर भी आत्मग्लानि ने अधिकार करना आरम्भ किया। वह अब ज्ञानशंकर के सारे कारनामे समझ गई थी। मायाशंकर अब उसका उत्तराधिकारी बन चुका था। उसने माया को प्रेमशंकर के हाथों में सौंप दिया और यह आदेश दिया कि वह ज्ञानशंकर से कोई सम्बन्ध न रखे और यह व्यवस्था करने के पश्चात वह तीर्थाटन को चल पड़ी।

इस समय ज्ञानशंकर को दो पत्र मिले : एक गायत्री का, दूसरा राय कमलानन्द का। गायत्री ने लिखा था : 'वह अब अपनी अन्तिम तीर्थयात्रा में जा रही है।' कमलानन्द के पत्र में लिखा था कि वह अपनी पूरी जायदाद मायाशंकर को लिख रहे हैं।

गायत्री तीर्थाटन को निकली थी, किन्तु उसके मन में अब भी शान्ति न थी। वह बद्रीनारायण तक जाना चाहती थी, पर बीच से ही लौट आई और चित्रकूट की ओर चल पड़ी। वहाँ उसने एक महात्माजी की चर्चा सुनी थी। स्वामीजी की कुटी एक पहाड़ी पर थी। गायत्री उस कुटी की ओर बढ़ी। उसके मन में आशा-निराशा के अनेक संघर्ष चल रहे थे। अचानक पर्वत पर चढ़ती हुई वह फिसलकर गिर पड़ी और पर्वत तल के गहन गर्त में विलीन हो गई।

ज्ञानशंकर के चरित्र में अभूतपूर्व परिवर्तन हो गया। वह कभी लखनऊ और कभी बनारस आते-जाते रहते। उन्होंने गायत्री के आदेशानुसार मायाशंकर के लिए दो हजार रुपए मासिक बाँध रखे थे। यह रकम प्रेमशंकर के परामर्श से व्यय होती थी। कुछ ही दिनों में मायाशंकर के तिलकोत्सव का मुहूर्त आया। लखनऊ, काशी और गोरखपुर के प्रमुख व्यक्ति इस उत्सव में सम्मिलित होने काशी आए थे। गवर्नर द्वारा इस उत्सव का उद्घाटन हो रहा था। कई प्रमुख व्यक्तियों की वक्तृता के पश्चात मायाशंकर ने भी कुछ चुने हुए शब्दों में अपने भाव व्यक्त किए। उसने जमींदारी प्रथा का आमूल सुधार करने का प्रस्ताव उपस्थित किया। सब लोग इस प्रस्ताव से प्रसन्न थे, परन्तु ज्ञानशंकर ने समझा कि यह उनके जीवन भर के उद्योगों की अन्तिम और पूर्ण असफलता है। उन्होंने गंगा में डूबकर अपने प्राण दे दिए।

कथा-समीक्षा

जैसा कि ऊपर वस्तु-परिचय से ज्ञात होता है प्रेमचन्द ने इस उपन्यास में बहुमुखी कथा-योजना की है। इस उपन्यास में उनकी साहित्यिक प्रौढ़ता के साथ उनकी कलात्मक महत्त्वाकांक्षा का भी आभास मिलता है। भूमि-समस्या से सम्बन्ध रखने वाले सभी सम्भावित प्रश्नों को उपन्यास में स्थान दिया गया है। इसलिए उपन्यास की कथा-योजना को पूरी तरह सँभाल पाना सरल कार्य नहीं रहा। फिर भी प्रेमचन्द ने इसके निर्माण में अधिकारी लेखनी से कार्य लिया है।

मुख्य कथा किसानों और जमींदार के संघर्ष से सम्बन्ध रखती है, अतएव उसकी धारा अव्याहत है। दूसरा मुख्य आख्यान गायत्री और ज्ञानशंकर के सम्बन्ध का है। इसको भी लेखक ने प्रशंसनीय कौशल के साथ निबाहा है : रायबहादुर कमलानन्द का आख्यान प्रासंगिक कथा-योजना के रूप में जोड़ा गया है। इन तीनों कथानकों का सम्यक विन्यास करने में लेखक को सन्तोषजनक सफलता मिली है, यद्यपि बीच-बीच में ऐसा प्रतीत होता है कि इनमें से एक कथानक चलते-चलते रुक जाता है, दूसरा आरम्भ होता है, फिर तीसरा चलने लगता है और अन्त में फिर पहले कथानक की कड़ी लेखक को पकड़नी पड़ी है। कदाचित किसी प्रौढ़तर कलाकार के हाथ में पड़कर बीच-बीच में आने वाले ये व्यवधान मिट सकते थे, परन्तु प्रेमचन्द 'प्रेमाश्रम' में पूर्ण विकसित अवस्था पर अपनी कला को नहीं पहुँचा सके हैं।

किन्तु सबसे अधिक कठिनाई की स्थिति तब आई है जब उन्हें प्रेमशंकर के आख्यान को मुख्य कथा के साथ जोड़ना पड़ा है। प्रेमशंकर को उपन्यास का आदर्शवादी पात्र बनाकर प्रेमचन्द उसे महत्त्व देते हैं, परन्तु कथानक में वह ज्ञानशंकर की अपेक्षा गौण स्थिति में ही बना रहता है। कदाचित कथा-निर्माण की इस नैसर्गिक त्रुटि से प्रेमचन्द इस उपन्यास को नहीं बचा सके हैं। उनके कथानक-निर्माण की यह त्रुटि श्रद्धा और प्रेमशंकर की कथा-योजना में और भी स्पष्ट हो गई है। श्रद्धा और प्रेमशंकर मिलकर भी नहीं मिलते; मिलने की इच्छा रखकर भी नहीं मिल पाते। श्रद्धा की जो उदात्तरेखा इस उपन्यास में आई है, वह कथानक की कमजोरी के कारण पूरी तरह उभर नहीं पाई। श्रद्धा एक पार्श्ववर्ती पात्र बनकर रह गई है।

प्रभाशंकर के दोनों पुत्र तेजशंकर और पद्मशंकर की अन्तर्कथा को प्रेमचन्द ने ठीक ढंग से सजा दिया है। ये दोनों पात्र उपन्यास में बहुत दूर तक चलते हैं और अपनी विशिष्ट रूपरेखा के साथ बराबर दिखाई देते हैं। इनका अन्त भी उचित स्थान पर हुआ है।

इस उपन्यास में भी अनेक पात्रों की मृत्यु होती है। मनोहर की आत्महत्या तो बहुत कुछ स्वाभाविक है, और विद्यावती की मृत्यु भी उसकी जैसी परिस्थिति में अस्वाभाविक नहीं कही जा सकती। परन्तु ज्ञानशंकर और गायत्री दोनों का अन्त लेखक ने कथानक के विन्यास के प्रयोजन से ही करा दिया है। कथानक की आवश्यकता के आधार पर पात्रों की इस प्रकार मृत्यु कराना किसी प्रौढ़ कलाकृति के उपयुक्त नहीं होता, परन्तु

प्रेमचन्द ने जिस प्रकार एक विशद कथानक की उद्भावना की है और फिर उसे अपनी आदर्शवादी साहित्य-साधना का उपादान बनाया है, उसमें गायत्री और ज्ञानशंकर की मृत्यु अनिवार्य हो जाती है। यह भी एक विचारणीय विषय है कि कथानक में ज्ञानशंकर को प्राधान्य देने के बाद उसे उपन्यास के अन्त तक क्यों नहीं पहुँचाया गया ? प्रेमाश्रम की स्थापना की वेदी पर उसका क्यों बलिदान कर दिया गया ? यही समस्या किसी अंश में गायत्री की मृत्यु के सम्बन्ध में भी उठती है।

चरित्र-विवेचन

इस विशाल उपन्यास में यों तो अनेक पात्र आए हैं, पर चरित्र की दृष्टि से प्रभाशंकर, ज्ञानशंकर, गायत्री, विद्यावती, कमलानन्द और प्रेमशंकर के चरित्र विशेष रूप से उल्लेखनीय हैं। दूसरे वर्ग में से कादिर और गौस खाँ की चरित्र-रेखाएँ भी महत्त्व रखती हैं। श्रद्धा का चरित्र भी उल्लेखनीय हुआ है।

ज्ञानशंकर : सबसे अधिक महत्त्वपूर्ण चरित्र निश्चय ही ज्ञानशंकर का है। उपन्यासकार ने इस चरित्र को बड़ी प्रमुखता दी है। ज्ञानशंकर का विरोध उपन्यास के प्रायः सभी प्रमुख पात्रों के साथ किसी न किसी अवसर पर अवश्य होता है। अपने चाचा प्रभाशंकर से स्वार्थवश विरोध करने में ज्ञानशंकर पाठकों की निगाह में गिर जाते हैं। ज्ञानशंकर कभी-कभी ऊँचे आदर्शों का भी दम्भ करते हैं, जैसाकि उन्होंने अपने चचेरे भाई दयाशंकर के लिए सिफारिश करने से इनकार करने के मौके पर किया है। किन्तु उपन्यासकार उनके इस दम्भ का उद्घाटन करने में नहीं चूकता।

ज्ञानशंकर एक नृशंस व्यक्ति भी हैं। मानव सहानुभूति का भाव उनके बाँटे नहीं पड़ा। अपने मातहत किसानों को वह भाँति-भाँति से सताते हैं। उन पर हर तरह की कड़ाई करते हैं; यहाँ तक कि उनकी यह नृशंसता द्वेष में परिणत हो जाती है और वह जीवन भर इसी द्वेष-बुद्धि से काम लेते रहते हैं।

अपने ससुर कमलानन्द की विशाल सम्पत्ति पर भी उनकी आँख है और वह गायत्री की रियासत के भी हकदार बनना चाहते हैं। अपने पुत्र मायाशंकर के लिए वे ये दोनों रियासतें चाहते हैं और इस निमित्त अपने ससुर को विष देने में भी नहीं चूकते।

ज्ञानशंकर और गायत्री का सम्बन्ध लेखक ने मनोवैज्ञानिक दक्षता के साथ अंकित किया है। आरम्भ में वह सम्बन्ध स्पष्टतः वासनात्मक भूमि पर था, पर आगे चलकर ज्ञानशंकर की कपट-बुद्धि ने उसे भक्ति का रूप दिया। सतह पर की वस्तु नीचे चली गई, पर वहाँ से वह और भी कुटिल होकर निकली। ज्ञानशंकर के चरित्र का यह पहलू मनोवैज्ञानिक दृष्टि से चमत्कारपूर्ण और चारित्रिक पतन की दृष्टि से सीमा पर पहुँचा हुआ है।

ज्ञानशंकर में कतिपय गुण भी हैं। वह एक पढ़े-लिखे, व्यवहारकुशल व्यक्ति हैं। अपने भावों और विचारों को अच्छे से अच्छे ढंग से प्रकट कर सकते हैं और चतुरता के साथ छिपा भी सकते हैं। आरम्भ में ज्ञानशंकर की महत्त्वाकांक्षा उनसे छोटे-छोटे

अपराध भी करा लेती थी, पर जब वह खूब सम्पन्न हो गए तब उनमें एक प्रकार की उदारता भी आ गई। फिर भी उनकी मूलवर्ती दुर्वृत्तियाँ उनका पीछा नहीं छोड़तीं और वह अन्त में गंगा में डूबकर ही अपनी इहलीला समाप्त करते हैं।

अपने बड़े भाई प्रेमशंकर के प्रति ज्ञानशंकर का भाव संदिग्ध और स्वार्थप्रेरित ही रहा है। प्रेमशंकर का सामाजिक बहिष्कार कराने में उनका प्रच्छन्न हाथ था और श्रद्धा को बहकाए रखने में भी वह सदैव उद्योगशील रहे हैं। इस प्रकार उनका चरित्र एक हृदयहीन, स्वार्थी, दम्भी, विलासी और हिंसक व्यक्ति का चरित्र ही बन पाया है।

गायत्री : गायत्री का चरित्र एक भोली-भाली धर्मपरायण नारी का चरित्र है, जो अपने पति की स्मृति को सँजोए हुए अपना वैधव्य बिता रही है। स्वाभाविक सरलता, जिज्ञासा वृत्ति और विनोद-भावना का भी उसमें विकास हुआ है और अपने इन्हीं गुणों के कारण वह ज्ञानशंकर के जाल में पड़ जाती है। कभी-कभी सरल और निष्कपट गुणों के भी दुर्दिन आते हैं !

गायत्री नैतिकता के गुण को कितना महत्त्व देती है, इसका परिचय इस बात से लग जाता है कि वह अपने प्रति दुर्व्यवहार करने वाले ज्ञानशंकर को क्षमा कर उसे फिर अपने पास बुला लेती है। उसमें नैतिकता का संस्कार भर है, किन्तु सक्रिय नैतिकता नहीं। वह भावुक और उदार रमणी भी है और थोड़े से उपकार में बहुत अधिक कृतज्ञ हो जाती है। यह गुण कदाचित अपने पिता से पाया था।

गायत्री का शेष चरित्र उसकी उस भ्रान्ति को स्पष्ट करता है जिसके द्वारा वह भक्ति-भावना में लीन होकर भी ज्ञानशंकर के आलिंगनपाश में बँध जाती है। यह घटना एक बार नहीं, कई बार घटित हुई है, किन्तु गायत्री प्रत्येक अवसर पर अपनी भूल को स्वीकार कर भी उससे बाज नहीं आती। उसकी विलासवृत्ति उसके व्यक्तित्व के अन्तरंग में बैठकर अपनी लीला दिखाती रहती है।

प्रभाशंकर : प्रभाशंकर पुराने रईस और जमींदार हैं। सम्मिलित परिवार के वातावरण में पले हैं और उसके पूरी तरह हामी हैं। स्वयं अच्छी-अच्छी चीजें खाना और दूसरों को खिलाना उनकी आदत है। वह पुरानी चाल पर चलते जाना चाहते हैं।

ज्ञानशंकर और प्रेमशंकर के प्रति उनका समान सा अनुराग है, यद्यपि ज्ञानशंकर उनका अहित भी कर चुका है। वह इन दोनों विरोधी स्वभाव के व्यक्तियों को एक दृष्टि से देखते हैं। दोनों ही उनके भतीजे हैं। उनमें विभेद करने की वृत्ति है ही नहीं।

प्रभाशंकर मर्यादावादी हैं। वह अपने परिवार के किसी व्यक्ति का अपमान नहीं देखना चाहते। उनकी इच्छा रहती है कि जो प्रतिष्ठा पहले से बनी आई है, वह उनके जीवन काल तक बनी रहे। इसी उद्देश्य से वह अपने परिवार के सभी लोगों को अवसर अवसर पर सहयोग देते हैं और विशेषकर जब किसी पर कठिनाई आती है तब उसकी मदद में लग जाते हैं। उनकी मुख्य भावना पारिवारिक हितैषिता की है।

प्रेमशंकर : प्रेमशंकर स्पष्टतः आदर्शवादी पात्र हैं। अमरीका से लौटने पर वह अपना सारा जीवन किसानों की सेवा में लगा देते हैं। अविरत उद्योग और साधना के

वह प्रतीक हैं। उनकी प्रतिष्ठा क्रमशः बढ़ती जाती है और वह उपन्यास के अन्त में एक महापुरुष के रूप में उपस्थित होते हैं।

प्रेमशंकर के समक्ष कृषकों के जीवन-सुधार का पूरा कार्यक्रम है और वह उसे नियमित रूप से पूरा करते हैं। उनकी सच्चाई, उनकी लगन, उनका स्वार्थत्याग और उनका अध्यवसाय ग्रामीणों ही को नहीं, नागरिकों को भी आकृष्ट करता है। देहाती तो उनके बिना दाम के गुलाम बन जाते हैं, पर शहरवाले भी क्रम-क्रम से उनके आदर्शों को स्वीकार कर लेते हैं। एक व्यक्ति अपने चरित्र-बल से समस्त नगर और प्रान्त को किस प्रकार कुछ से कुछ बना सकता है—इसका उदाहरण प्रेमशंकर का चरित्र है।

इस चरित्र की एक ही अस्पष्ट रेखा अपनी पत्नी श्रद्धा के प्रति उसके व्यवहार में दिखाई देती है। हृदय से तो वह श्रद्धा को अपनाना चाहते हैं पर उसके संस्कारों पर आघात पहुँचाकर नहीं। वह उसे आत्मनिर्णय का पूरा अवसर देते हैं, परन्तु पूरा उपन्यास पढ़ जाने पर ऐसा नहीं प्रतीत होता है कि श्रद्धा के प्रति उन्हें अपनी जिम्मेदारी का पर्याप्त बोध था। दोनों के सम्बन्ध बहुत कुछ उपेक्षा की भूमिका पर चलते रहते हैं जो प्रेमशंकर के चरित्र को उत्कर्ष नहीं देता। कदाचित प्रेमचन्द को प्रेमशंकर के चरित्र की यह अस्पष्टता खटकी नहीं, अन्यथा वह इसमें सुधार अवश्य करते।

कमलानन्द : रायबहादुर कमलानन्द का चरित्र प्रेमचन्द ने बड़े समारोह के साथ अंकित किया है। वह असाधारण और अलौकिक गुणों से सम्पन्न हैं। उनके विलास में भी एक दिव्यता दिखाई गई है। वह विष खा लेते हैं, पर उसका असर उन पर नहीं होता है। बड़े-बड़े नृत्य और संगीत सम्मेलन करते रहते हैं, जिसमें लाखों का दान देते हैं। प्रेमचन्द ने इस वृत्ति को भी उनकी उदारता ही माना है। ज्ञानशंकर के दुर्गुणों को एक ही निगाह में जान लेते हैं और एक ही शब्द में उससे स्वीकार भी करा लेते हैं। ज्ञानशंकर के समस्त दोषों को क्षमा कर देने में भी वह नहीं हिचकते और अन्त में सारी जायदाद ज्ञानशंकर के पुत्र मायाशंकर को लिख जाते हैं।

इस चरित्र को जिस ढंग से प्रेमचन्द ने प्रस्तुत किया है, उसमें बड़ी विलक्षणता दिखाई देती है। प्रेमचन्द उसे पाठकों की निगाह में बहुत ऊँचा उठाते हैं और उसके प्रति एक संभ्रम और आतंक सा पैदा कर देते हैं। कमलानन्द के चरित्र में दिखाए गए इन गुणों का उद्गम कहाँ है, और हम क्यों उन्हें एक महच्चरित्र व्यक्ति मानें, इसका कोई स्पष्ट उत्तर उपन्यास नहीं देता।

कादिर : कादिर किसान-वर्ग का एक प्रतिनिधि पात्र है। प्रेमचन्द ने अपनी हिन्दू-मुस्लिम एकता की भावना को इस पात्र की अवतारणा कर तृप्ति प्रदान की है। यह गाँव के हिन्दू किसानों के साथ इतना मिल-जुल गया है कि उनसे अलग नहीं किया जा सकता। यही नहीं अपनी समझदारी और आत्मीयता की भावना के कारण गाँववालों का अभिभावक और मार्गनिर्देशक भी बन गया है। सुख में, दुख में, विपत्ति में और आह्लाद में गाँववाले इसी के पास जाते हैं और यह भी अपने वशभर इन सबके जीवन में घुला-मिला रहता है।

कादिर न तो मनोहर और बलराज की भाँति उग्र है, और न सुक्खू और दुखहरन की भाँति भीरु है। किसानों का और मजदूरों का औसत प्रतिनिधि होने के कारण उसका चरित्र बहुत अच्छा बन पड़ा है। इसे लेकर प्रेमचन्द ने किसानों के सबल और निर्बल जीवन पक्षों को पूरी तरह उद्घाटित किया है।

विचार-विवेचन

यद्यपि समस्त उपन्यास में किसानों और जमींदारों के पारस्परिक सम्बन्ध और उससे उत्पन्न होने वाली समस्याओं पर प्रेमचन्द अपने विचार व्यक्त करते गए हैं, परन्तु वहाँ अधिकतर कथानक और चरित्र-चित्रण का अंग बनकर ही वे विचार उपस्थित हुए हैं। यहाँ हम प्रेमचन्द के उन विचारों का उल्लेख कर रहे हैं जिन्हें उन्होंने लम्बी वक्तृताओं में, कचहरी के फैसलों में, वकीलों की दलीलों में व्यक्त किया है। इस उपन्यास में प्रेमचन्द का यह विचार-पक्ष प्रौढ़ और प्रगतिवादी है। विशेषकर उपन्यास के अन्त में मायाशंकर द्वारा व्यक्त किए गए जमींदारी प्रथा के भविष्य के सम्बन्ध में प्रेमशंकर के विचार काफी प्रगतिशील हैं, यद्यपि वे उस सीमा तक नहीं जाते, जिस पर पहुँचकर जमींदारी प्रथा ही त्याज्य और गर्हित हो जाती है। ऐसे ही भाव और विचार गायत्री की वक्तृताओं में भी व्यक्त हुए हैं। ज्ञानशंकर ने पत्रों में उच्चवर्ग के जीवनक्रम पर जो टिप्पणी की है, वह भी उदार प्रगतिशीलता की भावना से सम्पन्न है। परन्तु इस सम्बन्ध में सबसे अधिक ध्यान देने योग्य विचार प्रेमशंकर के हैं, जो पाश्चात्य शिक्षा प्राप्त अनुभवी और विद्वान व्यक्ति हैं। प्रेमचन्द के ये विचार उपन्यास में यत्र-तत्र बिखरे हुए हैं। उनके समस्त विचारों का प्रतीक हाजीपुर ग्राम और वहाँ का प्रेमाश्रम है जो नवयुग के सुधारकों का तीर्थस्थल भी कहा जा सकता है। प्रेमशंकर के विचारों में मध्यवर्ग के संस्कारों का पूरा हाथ है। वह मायाशंकर को उच्च शिक्षा के लिए विदेश भेजना चाहते हैं और उसे साधारण विद्यार्थियों की संगति में नहीं रहने देना चाहते। इन सीमाओं के होते हुए भी समस्त उपन्यास किसान आन्दोलन की क्रमिक सफलता में परिणत होता गया है। उपन्यास के विरोधी वातावरण से क्रमशः विकसित होने वाली यह विचारधारा बादलों से घिरे हुए आकाश के क्रमशः स्वच्छ होने की भाँति बड़ी मार्मिक और आशाप्रद बन गई है। ऐसा जान पड़ता है कि उपन्यास के अन्त में प्रेमचन्द ने 'सत्यमेव जयते' का सिद्धान्त चरितार्थ करा दिया है, जो कला की दृष्टि से बहुत प्रभावशाली नहीं बन पाया।

कला-विवेचन

औपन्यासिक कला की दृष्टि से 'प्रेमाश्रम' प्रौढ़तर कृति है, परन्तु इसमें भी वे दोष रह गए हैं जो 'सेवासदन' में हैं। 'सेवासदन' की अपेक्षा 'प्रेमाश्रम' अधिक व्यापक है। इसमें पात्रों की संख्या भी 'सेवासदन' से कहीं अधिक है। कदाचित इसी कारण प्रेमचन्द इतने बड़े संभार को पूरी तरह सँभाल नहीं सके हैं। इसके अधिकांश पात्र अपने-अपने वर्ग

और पेशे के प्रतिनिधि पात्र हैं। प्रतीकात्मक या प्रतिनिधिमूलक आधार पर चरित्र-चित्रण करने के जो भी सम्भव गुण या दोष हैं वे सब इस उपन्यास में मौजूद हैं। प्रतिनिधि पात्रों के रहने से उपन्यास का आकर्षण घट जाता है। इसमें मार्मिक परिस्थितियाँ और सूक्ष्म मानसिक तथ्यों आदि का चित्रण नहीं हो पाता। केवल मोटे-मोटे चारित्रिक पहलू ही उभर पाते हैं।

'सेवासदन' की भाँति ही 'प्रेमाश्रम' का उत्तरार्ध भी एक ओर सुधारों के बाहुल्य से और दूसरी ओर मृत्यु और आत्महत्याओं के आधिक्य से भर गया है। बड़े-बड़े गुरुघंटाल भी, जो जीवनभर शोषण का व्यापार करते रहे हैं, अपने पुराने पापों को छोड़ बैठते हैं।

कला की दृष्टि से इस उपन्यास में अन्तर्कथाओं का निरूपण करने में प्रेमचन्द को अधिक सफलता मिली है। इसमें 'सेवासदन' की भाँति सुमन और शान्ता के आख्यान अलग-अलग नहीं चलते, यद्यपि पूर्ण औपन्यासिक सन्तुलन इसमें भी स्थापित नहीं हो पाया। तेजशंकर और पद्मशंकर के प्रेतसाधना सम्बन्धी प्रासंगिक कथानक को जोड़कर प्रेमचन्द ने उपन्यास के चामत्कारिक प्रभाव को बढ़ा दिया है।

रंगभूमि

'रंगभूमि' प्रेमचन्द का तीसरा मुख्य उपन्यास है। इसका प्रकाशन सन् 1924-25 में हुआ। जिस प्रकार 'प्रेमाश्रम' में भूमि-समस्या को प्रमुखता दी गई है, उसी प्रकार 'रंगभूमि' में औद्योगिक विकास का प्रश्न मुख्य हो गया है। प्रेमचन्द औद्योगिक सभ्यता के दुर्गुणों की ओर इस उपन्यास में विशेष रूप से ध्यान आकृष्ट कराते हैं। ग्रामीण जीवन की सरलता और स्वच्छता के स्थान पर औद्योगिक सभ्यता की जटिलता, पूँजी का केन्द्रीकरण, मजदूरों के नैतिक पतन आदि दुर्गुणों का उल्लेख किया गया है। ग्राम्यजीवन और कृषि के व्यवसाय को प्रेमचन्द ने औद्योगिकता की अपेक्षा श्रेष्ठ स्थान देना चाहा है। आकार की दृष्टि से 'रंगभूमि' प्रेमचन्द का सबसे बड़ा उपन्यास है। यह दो भागों में लिखा गया है और प्रायः आठ सौ पृष्ठों में समाप्त हुआ है।

कथानक

बनारस के पास कुछ दूरी पर स्थित पांडेपुर ग्राम में कुछ परती जमीन पड़ी थी। यह पशुओं के चरने और विश्राम करने के काम आती थी। इसका मालिक सूरदास नामक एक अन्धा व्यक्ति है जो भीख माँग कर अपनी जीविका चलाता है। जानसेवक नामक एक क्रिश्चियन सज्जन इस जमीन को खरीदकर इस पर एक सिगरेट का कारखाना खोलना चाहते हैं। आरम्भ में उन्हें विश्वास था कि जमीन सूरदास से आसानी से मिल जाएगी, परन्तु सूरदास जमीन बेचने से इनकार कर देता है। उसका तर्क यह है कि यह उसके पुरखों की जमीन है और सदा से गाँववालों के काम आ रही है, अब वह उसे बेचकर अपने ग्रामीण भाइयों को असुविधा नहीं पहुँचाना चाहता। सूरदास सैद्धान्तिक दृष्टि से भी कारखाना खोलने के पक्ष में नहीं है। उसे ऐसा प्रतीत होता है कि औद्योगिक विकास होने पर लोगों के सद्गुण और सद्वृत्तियाँ नष्ट हो जाएँगी; गाँव में अनाचार फैल जाएगा।

जानसेवक को जब सूरदास की अस्वीकृति का परिचय मिला तब उन्होंने दूसरे उपायों से काम लिया। उस समय बनारस म्युनिसिपल बोर्ड के प्रधान राजा महेन्द्रकुमार नामक एक सज्जन थे। उनकी पत्नी का नाम इन्दु था, जो कुँवर भरतसिंह की पुत्री थीं। इन्दु की माता का नाम जाह्नवी था। ये दोनों ही काशी के समृद्ध और सम्पन्न परिवार थे। संयोगवश जानसेवक की पुत्री सोफिया इन्दु की अत्यन्त घनिष्ठ सखी हो गई थी।

सोफिया ने एक अवसर पर इन्दु के परिवार का बड़ा उपकार किया था। इन्दु के घर में आग लग गई थी, उस समय सोफिया ने उन लोगों की रक्षा की थी। तब से सोफिया इन्दु के परिवार में ही रहने लगी थी।

सोफिया और इन्दु की इस मैत्री के फलस्वरूप महेन्द्रकुमार जानसेवक को पांडेपुर की जमीन दिला देने को तैयार हो गए थे, यद्यपि यह कार्य उन्हें अन्यायपूर्ण प्रतीत होता था। परन्तु सोफिया को जब यह पता लगा कि उसके पिता अन्यायपूर्वक सूरदास की जमीन पर कब्जा करना चाहते हैं, तब उसने अपने पिता की इस नीति का विरोध किया। इसी समय बनारस में मिस्टर क्लार्क नामक जिला अफसर आए थे। सोफिया ने क्लार्क से मैत्री कर ली और उनसे कहकर उस आज्ञा को भंग कराना चाहा, जिसके द्वारा सूरदास की जमीन छीनी जा रही थी। महेन्द्रकुमार को जब यह पता चला, तब वह इसे अपने आत्म-सम्मान का प्रश्न बनाकर और ऊँचे अफसरों तक—गवर्नर साहब तक पहुँचे। अन्त में विजय महेन्द्रकुमार की ही रही और मिस्टर क्लार्क का तबादला बनारस से उदयपुर को कर दिया गया।

सोफिया अब भी कुँवर भरतसिंह के ही यहाँ रह रही थी। उसे अपने पिता और माता का व्यवहार बिल्कुल ही पसन्द न था। वह बड़े कोमल स्वभाव की, आदर्शों और कल्पनाओं में जीवित रहने वाली लड़की थी, जबकि उसकी माँ अत्यन्त कठोर स्वभाव की स्वार्थी और कर्कश नारी थी। जानसेवक की स्वार्थ-बुद्धि भी सोफिया को प्रिय न थी। इसीलिए वह अपना घर छोड़कर भरतसिंह के घर रहा करती थी। भरतसिंह उसे अपनी पुत्री की तरह मानते थे। उनकी पत्नी जाह्नवी का व्यवहार भी आरम्भ में सोफिया के प्रति बड़ा सुन्दर था, पर इसी बीच जाह्नवी को यह ज्ञात हुआ कि उसका एकमात्र पुत्र विनय, जिसे वह एक आदर्श जनसेवक बनाना चाहती थी, सोफिया के प्रेमाकर्षण में पड़ रहा है। जाह्नवी यह नहीं चाहती थी कि सोफिया से विनय का सम्बन्ध हो। एक तो जातीयता की दृष्टि से दोनों भिन्न जाति के थे, दूसरे विनय उच्च खानदान का था और तीसरे विनय को जाह्नवी देशसेवा के कार्य में लगाना चाहती थी और इस कार्य में सोफिया की प्रेमलीला को एक बहुत बड़ा विघ्न मानती थी। उसने विनय का बनारस रहना भी उचित नहीं समझा और जनसेवा के कार्य में उसे उदयपुर भेज दिया। उदयपुर में विनय भीलों के बीच लोकसेवा का कार्य करने लगा।

विनय और मिस्टर क्लार्क दोनों ही उदयपुर पहुँच गए थे और दोनों का कार्य दो विरोधी क्षेत्रों में हो रहा था। क्लार्क अंग्रेजी साम्राज्यवाद के प्रतिनिधि ओर पोषक थे; विनय लोकतन्त्रवाद की प्रतिष्ठा के लिए प्रयत्नशील था। उसे न केवल अंग्रेजी साम्राज्यवाद के प्रतिनिधि से, बल्कि भारतीय सामन्तवादी राजतन्त्र से भी लोहा लेना पड़ा। इस संघर्ष में विनय को जेल भी जाना पड़ा। उसका स्वास्थ्य जेल में क्रमशः खराब होने लगा।

इसी समय सोफिया भी उदयपुर आई और मिस्टर क्लार्क के साथ रहने लगी। क्लार्क और सोफिया दोनों ही अविवाहित थे, परन्तु बाहरवालों की दृष्टि में वे पति-पत्नी समझे जाते थे। सोफिया क्लार्क से केवल इसीलिए सम्बन्ध रखे हुए थी कि वह इस

उपाय से विनय का कुछ उपकार कर सकेगी। वस्तुतः वह हृदय में विनय को प्रेम करती थी, उसके गुणों पर मुग्ध थी। क्लार्क से उसकी प्रकृति और उसके आदर्शों का कोई मेल न था। क्लार्क उदयपुर में पोलिटिकल एजेंट के पद पर नियुक्त थे। सोफिया उस अधिकार का प्रयोग कर विनय से दो बार मिली और तीसरी बार मिलने का वादा कर चली आई।

इसी बीच कुँवर भरतसिंह भी अपने पुत्र विनय के लिए अतिशय चिन्तित हो उठे। उन्होंने नायकराम नामक अपने एक परिचित पंडाजी को विनय को लिवा लाने के लिए उदयपुर भेजा। नायकराम ऐसे कार्यों में दक्ष थे। उन्होंने उदयपुर पहुँचते ही वहाँ के अनेक अधिकारियों से मेलमिलाप कर लिया और एक रात जेल में जाकर वहाँ से विनय को निकाल भी लाए। किन्तु संयोगवश उसी दिन उदयपुर में एक बड़ा दंगा हो गया। मिस्टर क्लार्क की नीति के विरोध में प्रदर्शन किया जा रहा था। शहर में हड़ताल हो गई थी। विनय भी इस घटना का संवाद सुनकर क्लार्क के बँगले पर पहुँचा। जनता ने समझा कि विनय अधिकारियों से मिल गया है और वह विनय के विरोध में भी नारे लगाने लगी। वीरपालसिंह नामक राजद्रोही, जो डाकू के वेश में रहा करता था, घटनास्थल पर आ पहुँचा। गोलियाँ चलने लगीं। वीरपालसिंह घायल सोफिया को वहाँ से उठा ले गया और वहाँ से भागकर घने जंगल में, जहाँ वह रहा करता था, चला आया। सोफिया के क्लार्कभवन से लुप्त होने की घटना से बड़ी सनसनी फैल गई। विनय और नायकराम दोनों ही सोफिया को ढूँढ़ने निकले। इन्द्रदत्त नामक एक स्वयंसेवक द्वारा सोफिया का पता लगा। घने जंगल में जाकर विनय की सोफिया और वीरपालसिंह से भेंट हुई। सोफिया की यह धारणा हो गई थी कि विनय जनता का पक्ष छोड़कर अधिकारियों से मिल गया है, इसलिए उसने विनय को खूब फटकारा। विनय लज्जित होकर वहाँ से वापस आया।

इसी बीच विनय को जाह्नवी का एक पत्र मिला, जिसे पाकर वह बनारस रवाना हो गया। संयोगवश सोफिया भी उसी गाड़ी पर सवार हुई थी। विनय और सोफिया की ट्रेन में ही दुबारा भेंट हो गई। सोफिया ने सच्ची स्थिति का परिचय पा लिया था। उसे विनय के प्रति अपने पिछले व्यवहार का बड़ा खेद हुआ। उसने विनय से क्षमा माँगी। दोनों ही सलाह कर अगले स्टेशन पर उतर पड़े, केवल नायकराम पंडा, जो दूसरे डिब्बे में बैठा था, गाड़ी में ही बैठा रहा।

एक वर्ष तक सोफिया और विनय उस एकान्त स्थान में निवास करते रहे। दोनों एक-दूसरे के प्रेम से आकृष्ट थे, पर सोफिया का प्रेम अधिक आदर्शोन्मुख था। वह विनय के गुणों पर आकृष्ट थी, जीवन भर उसी के साथ रहना चाहती थी, परन्तु वह शारीरिक सम्बन्ध के पक्ष में न थी। जाह्नवी की इच्छा का वह उल्लंघन नहीं करना चाहती थी। बिना जाह्नवी की अनुमति के वह विनय से विवाह करने को तैयार न थी।

एक वर्ष तक ऐकांतिक जीवन व्यतीत करने के बाद विनय और सोफिया बनारस पहुँचे। सोफिया स्टेशन से उतरकर सीधे जाह्नवी के घर पहुँची। जाह्नवी उसे सहसा वहाँ

पाकर अत्यन्त प्रसन्न हुई। रानी जाह्नवी ने उसका हृदय से स्वागत किया। दूसरे दिन विनय भी अपनी माँ से मिला। कुँवर भरतसिंह और जाह्नवी विनय के आगमन से अत्यन्त आह्लादित थे।

जैसाकि सूरदास ने कहा था, सिगरेट का कारखाना खुल जाने पर पांडेपुर का वातावरण बिल्कुल ही बदल गया। वह आत्मीयता और वह आचार-व्यवहार, जो गाँव की विशेषता थी, समाप्त हो गया। गाँव की सुभागी नाम की एक स्त्री पर वहाँ के नवयुवक छोकरे बुरी दृष्टि रखने लगे। आयु में सुभागी उन लड़कों से बहुत बड़ी थी और गाँव के नाते उनकी चाची थी, परन्तु बदले हुए वातावरण में सारा दृष्टिकोण बदल गया था। घीसू और विद्याधर के साथ सूरदास का भतीजा मिट्ठू भी इस कांड में सम्मिलित था। सूरदास को जब यह पता चला तो उसने इस घटना की पुलिस में रिपोर्ट कर दी। गाँववाले इस घटना को दबा देना चाहते थे, पर सूरदास को यह अनैतिकता पसन्द न थी। सूरदास की इस खरी नीति से गाँववाले रुष्ट हो गए, परन्तु यह कोई नई बात न थी। इसके पहले भी कई अवसरों पर सूरदास को गाँववालों के विरोध का सामना करना पड़ा था, किन्तु वह सत्य और औचित्य को ऊँचा स्थान देता था। सारे गाँव के विरोध करने पर भी उसने सुभागी को अपने घर में आश्रय दिया था। सुभागी भैरव की स्त्री थी, जो उसके द्वारा सताए जाने पर घर से भाग आई थी। गाँव में कोई दूसरा व्यक्ति उसकी रक्षा करने को तैयार न था। सूरदास ने परिणाम की चिन्ता न कर उसको आश्रय दिया था। इसी प्रकार के और भी कई कार्य सूरदास कर चुका था, जिससे उसकी ख्याति बढ़ती जाती थी।

सूरदास ने बहुत चेष्टा की थी कि उसकी जमीन गाँववालों के काम आती रहे और जब राजा महेन्द्रकुमार की आज्ञा से वह जमीन ले ली गई तब उसने शहर भर में घूम-घूमकर अपने सत्यपक्ष का प्रचार किया था। वह सामयिक गीत बनाकर गाया करता, जिसे सब लोग बहुत पसन्द करते थे। अब एक नई समस्या उपस्थित हुई। जानसेवक ने यह प्रस्ताव किया कि उसके कारखाने के मजदूरों के लिए पांडेपुर की बस्ती खाली करा दी जाए। वहाँ वह श्रमिकों के लिए नए घर बनाएगा। उसकी इस योजना को लेकर फिर एक तहलका मच गया। सूरदास ने प्रतिज्ञा की कि वह सत्याग्रह करेगा और अपनी झोपड़ी को किसी प्रकार जानसेवक के हाथ न जाने देगा।

शहर-भर में जोरों की सनसनी फैल गई। विनय, सोफिया और इन्द्रदत्त स्वयंसेवकों का नया संघटन करने में तत्पर हुए। इसी बीच विनय ने अपने पिता और उसकी रियासत को सरकारी खतरे से बचाने के लिए यह निश्चय किया कि वह पिता की सारी सम्पत्ति से अपना त्यागपत्र दे देगा। इसी बीच कुँवर भरतसिंह ने अपनी जायदाद को कोर्ट-ऑफ-वार्ड्स के सिपुर्द कर दिया।

नई स्वयंसेवक संस्था को पैसों की भी आवश्यकता थी। उसी दिन सोफिया के भाई प्रभुसेवक का एक पत्र मिला, जिसमें दस हजार का एक चेक था। यह चेक उसने विनय के नाम भेजा था। प्रभुसेवक अत्यन्त उच्च्व विचारों का सहृदय कवि था। काव्य-रचना

और काव्य-चर्चा में ही उसका अधिकांश समय बीतता था। उसके पिता जानसेवक उसे एक सफल उद्योगपति बनाना चाहते थे। सिगरेट का कारखाना भी उन्होंने उसी के लिए स्थापित किया था, पर प्रभुसेवक को यह व्यावसायिकता पसन्द न थी। वह भी सोफिया की भाँति कल्पनाजीवी और आदर्शवादी था। उसकी काव्यरचना का विदेशों में बड़ा सत्कार हुआ था और अभी-अभी उसे चालीस हजार रुपए काव्य-पुरस्कार मिले थे। दस हजार का चेक पाकर स्वयंसेवक दल अपने कार्य में संलग्न हो गया। पांडेपुर के गाँववालों में भी हलचल शुरू हुई। उनमें आपस में आरम्भ से ही फूट थी। किसी एक निर्णय पर पहुँचना और उस पर एकमत होना वे जानते ही न थे। परन्तु सूरदास ने यह निश्चय किया कि यदि सारा गाँव भी उसके विरोध में आ जाए, यही नहीं यदि सारी विदेशी सल्तनत ही उसको उखाड़ फेंकना चाहे तो भी वह डिगेगा नहीं। राजा महेन्द्रकुमार सूरदास से यों ही चिढ़े हुए थे, इस बार उसकी दृढ़ता देखकर वह और भी भड़क गए। यद्यपि सरकार ने गिराए जाने वाले मकानों का मुआवजा देने का निश्चय किया था, परन्तु राजा महेन्द्रकुमार ने तुरन्त ही मकानों को गिरा देने का आदेश जारी करा दिया। वह सूरदास से चिढ़ गए थे।

पांडेपुर के सभी मकान गिराए जा चुके थे, केवल सूरदास का झोपड़ा ही रह गया था। सूरदास अपने झोपड़े के पास चुपचाप खड़ा रहता। हजारों की भीड़ इस दृश्य को देखने आती। स्वयंसेवकों के जत्थे शान्ति बनाए रखने की चेष्टा करते थे, परन्तु उत्तेजना बढ़ती जाती। जब सूरदास ने स्थिति को काबू से बाहर जाते देखा, तब उसने अपने एक ग्रामीण साथी के कन्धे पर बैठकर एक छोटा सा भाषण दे डाला। उसने सबको शान्तिपूर्वक घर जाने की सलाह दी। पर यहाँ तो सरकार की ओर से कुछ और ही तैयारी की जा रही थी। अचानक एक गोली सूरदास को आकर लगी। वह निश्चेष्ट होकर गिर पड़ा। इसके पश्चात घटनाएँ तीव्र गति से घटित होने लगीं। हिन्दुस्तानी फौज की टुकड़ी ने निहत्थी जनता पर कुछ देर तक गोली चलाई, परन्तु कुछ समय बाद उसने गोली चलाना अस्वीकार कर दिया। दूसरे दिन गोरखा फौज ने हिन्दुस्तानी फौज का स्थान ग्रहण किया। आज विनय और इन्द्रदत्त आदि स्वयंसेवक-प्रधान सत्याग्रह का संचालन कर रहे थे। विनय के सम्बन्ध में जनता पूरी तरह विश्वस्त न थी। वह जब रंगमंच पर आया, तब भीड़ के लोग उसे फब्तियाँ सुनाने लगे। विनय को यह सह्य न था। उसने अपनी ईमानदारी और देशप्रेम को सिद्ध करने के लिए पिस्तौल चलाकर आत्महत्या कर ली ! भीड़ में तहलका मच गया। सब ओर से विनय के गुणगान सुनाई देने लगे। इन्द्रदत्त सैनिकों की गोली का शिकार हुआ।

सन्ध्या होते ही हजारों-लाखों की भीड़ विनय, इन्द्रदत्त तथा अन्य शहीदों के शव लेकर गंगातट पर पहुँची। सबने एक अपूर्व आत्मगौरव का अनुभव किया। शवदाह करके सारी जनता अपने घरों को लौटी।

सूरदास को यद्यपि गोली गहरी लगी थी, पर उसमें असाधारण जीवट था। इसलिए वह मरा नहीं। अस्पताल में उसकी चिकित्सा होती रही। सोफिया, जाह्नवी, इन्दु,

भरतसिंह सभी उसकी शुश्रूषा कर रहे थे। यहाँ तक कि राजा महेन्द्रकुमार और जानसेवक भी उसे देखने आए थे।

सोफिया विनय के निधन से अत्यन्त संतप्त थी। अब उसे जीवन में कोई आकर्षण न रह गया था उसकी माँ, जो जीवनभर उसके विरोध में रही और जिसके व्यवहार से सोफी सदैव दुखी रहती थी, इसी समय यह प्रस्ताव लाई कि यह अवसर बहुत अच्छा है, सोफी अब मिस्टर क्लार्क से विवाह कर ले। मिस्टर क्लार्क भी यह सुनकर बड़े आह्लादित हुए, किन्तु सोफिया के हृदय पर क्या बीत रही थी, यह वही जानती थी। सोफिया ने अपनी माँ के इस प्रस्ताव का विरोध नहीं किया, हामी भर दी, परन्तु दूसरे ही दिन लोगों ने सुना कि सोफिया गंगा में डूबकर विनय के चरणों के समीप चली गई है।

वस्तु-विवेचन

कथा के जिन मुख्य तन्तुओं का ऊपर उल्लेख किया गया है, उन्हें उपन्यास में प्रेमचन्द ने बड़े विस्तार से उपस्थित किया है। छोटी-छोटी घटनाओं को लेकर लम्बे-लम्बे अध्याय लिखे गए हैं जिससे कथावस्तु आवश्यकता से अधिक लम्बी हो गई है। समस्त मुख्य घटनाओं को लेकर प्रस्तुत आकार से आधे में सारा उपन्यास लिखा जा सकता था। ऊपर जिन पात्रों की चर्चा की गई है, उनके अतिरिक्त दर्जनों दूसरे पात्र प्रेमचन्द ने उपन्यास में रखे हैं। सूरदास के साथ पांडेपुर के ग्रामवासियों की, उनके आपसी झगड़ों की लम्बी चौड़ी कथा इस उपन्यास में कही गई है, जो बहुत अधिक प्रासंगिक नहीं कहीं जा सकती। सूरदास के चरित्र को स्पष्ट करने के लिए अथवा ग्रामीण जीवन की तुलना में औद्योगिक सभ्यता और श्रमिकों के रहन-सहन का हवाला देने के लिए कुछ थोड़े से चुने हुए दृश्य ही पर्याप्त होते। किन्तु प्रेमचन्द ने कथा-चयन करते हुए इस संयमशीलता को ध्यान में नहीं रखा। वह अति अनावश्यक रीति से ग्रामीण घटनाओं का वर्णन करते गए हैं।

ताहिरअली और उनके समस्त परिवार की कथा जो उपन्यास में भिन्न-भिन्न अवसरों पर आती रही है, कथानक की दृष्टि से उपन्यास को बोझीला बना देती है। यदि ताहिरअली का आख्यान 'रंगभूमि' में न होता तो कोई हानि न थी; बल्कि कथा अधिक व्यवस्थित और गतिशील हो सकती थी।

'रंगभूमि' में सूरदास और उसकी ग्रामीण परिस्थिति के अतिरिक्त नगर की परिस्थिति का वर्णन दो-तीन परिवारों के माध्यम से किया गया है। एक तो जानसेवक का परिवार है, जिसमें से पाँच पात्र चुने गए हैं—जानसेवक, उनकी पत्नी, उनके पिता, उनकी पुत्री और उनका पुत्र। दूसरा परिवार कुँवर भरतसिंह का है, जिसमें तीन पात्र भरतसिंह, जाह्नवी और विनय मुख्य रूप से आए हैं। तीसरा परिवार महेन्द्रकुमार और उनकी पत्नी इन्दु का है।

इस मुख्य कथा के साथ प्रेमचन्द ने उदयपुर में घटित होने वाली देशी राज्यों की

घटना को भी उपन्यास में सम्मिलित कर लिया है। इस प्रकार बनारस, उदयपुर तथा पांडेपुर उपन्यास के मुख्य घटनास्थल हैं। इनके द्वारा प्रेमचन्द ने उन राजनीतिक परिस्थितियों का चित्रण किया है, जो देश में सन् 1920 के आसपास से घटित होती रही हैं। कुल मिलाकर समस्त उपन्यास राजनीतिक घटनावली से ही परिपूर्ण है, यद्यपि प्रेमचन्द औद्योगिक विकास के प्रश्न को ही केन्द्रीय प्रश्न बनाकर चले हैं। यदि इन दो उद्देश्यों—राजनीतिक आन्दोलनों तथा औद्योगिक विकास की परिस्थितियों के चित्रण—के स्थान पर प्रेमचन्द ने किसी एक को ही मुख्य रूप से चुना होता, तो कदाचित उपन्यास में अधिक गम्भीरता आ जाती। जिस रूप में यह है, उन दोनों उद्देश्यों का सुन्दर समीकरण उपन्यास में नहीं हो पाया है।

इस समस्त कथानक के बीच सोफिया और विनय की प्रेमकथा भी चलती रहती है और सच पूछिए तो उपन्यास का मुख्य आकर्षण सोफिया और विनय की प्रेमकथा में ही है। इन दो पात्रों को केन्द्र बनाकर मुख्य प्रेमकथा के आसपास जो समस्त घटनावली ग्रथित हो गई है, वह प्रेमचन्द की विकसित औपन्यासिक कला का प्रमाण है। परन्तु यहाँ एक विचारणीय वस्तु यह है कि विनय और सोफिया की मुख्यकथा के साथ सूरदास के नायकत्व की रक्षा किस प्रकार हो सकी है ? विनय और सोफिया के आख्यान से सूरदास के आख्यान को जिन सूत्रों के साथ प्रेमचन्द ने सन्निहित किया है, वे बहुत अधिक समाधानकारक नहीं हैं। इन दोनों कथानकों को जोड़ने के लिए अधिक समृद्ध कला आवश्यक थी।

चरित्र-चित्रण

उपन्यास में यद्यपि सोफिया और विनय के चरित्र मुख्य रूप से विकसित हुए हैं, किन्तु सूरदास का चरित्र कुछ कम प्रमुख नहीं है और कदाचित प्रेमचन्द की दृष्टि से प्रधान पात्र वही है। चरित्र-चित्रण की दृष्टि से चौथा मुख्य पात्र प्रभुसेवक है यद्यपि कथा में वह विशेष योग नहीं देता। प्रभुसेवक के चरित्र को इतने सुन्दर रूप में चित्रित करना, और फिर भी उसे उपन्यास की कथा में गौण स्थान पर रखना कदाचित कला की दृष्टि से एक त्रुटि है। जानसेवक और उनकी पत्नी मिलकर एक पूरा चरित्र बनते हैं। दोनों ही खलपात्र की भूमिका में रखे गए हैं। इनके पिता ईश्वरसेवक का उपयोग विनोदात्मक अनुरंजन के लिए किया गया है। इनके मुख से एक ही प्रकार के कुछ वाक्य भिन्न-भिन्न अवसरों पर सुनाई देते हैं।

प्रमुखता की दृष्टि से जाह्नवी और इन्दु विनय और सोफिया के कुछ ही नीचे आते हैं, परन्तु इनका चित्रण छिटपुट ही हो पाया है। उपन्यासकार इनकी चरित्र-रेखाओं को कुछ और विस्तार देता तो अधिक अच्छा होता। महेन्द्रकुमार और भरतसिंह के चरित्र जितने हैं, पार्श्ववर्ती पात्र की भूमिका में ही आ पाए हैं। उनका चित्रण अपनी सीमा में पर्याप्त है। मिस्टर क्लार्क एक जातिगत प्रतिनिधि पात्र के रूप में चित्रित किए गए हैं। शेष पात्रों का यहाँ उल्लेख करने की आवश्यकता नहीं है।

सोफिया : चित्रण की दृष्टि से उपन्यास का सर्वप्रमुख पात्र सोफिया है। उसका भाई प्रभुसेवक भी उसी का छाया प्रतिरूप है और दोनों मिलकर ही उचित प्रमुखता प्राप्त करते हैं। सोफिया और प्रभुसेवक में यह अन्तर है कि सोफिया अपने आदर्शों को कार्यरूप में भी पूरा करती है, जबकि प्रभुसेवक कोरी सद्‌भावना और आदर्शात्मकता का प्रतीक है। परन्तु यह अन्तर होते हुए भी दोनों पात्रों का विकास एक सी ही भावनाओं और प्रवृत्तियों को लेकर हुआ है। दोनों ही कल्पनाजीवी और कवि हैं। सोफिया की प्रेम-कल्पना प्रायः वैसी ही है जैसी प्रभुसेवक की जीवन-कल्पना। सोफिया प्रेम को एक वायवीय स्तर पर ही देखती है और प्रभुसेवक भी जीवन को आकाशीय वस्तु ही मानता है। दोनों की प्रकृति और जीवन-दृष्टि में साम्य का यह अंश उल्लेखनीय है। सोफिया अत्यन्त भावुक होते हुए भी अत्यन्त क्रियाशील है। वह एक बार जाह्नवी की इच्छा से परिचित होकर जीवनभर उसका अनुसरण करती है। वह विनय को अपना जीवन-संगी मानती है, परन्तु उसके साथ विवाह करने को तैयार नहीं होती। उसका सारा जीवन साहसिक कार्यों में व्यतीत होता है। उसका जन्म क्रिश्चियन परिवार में हुआ है, पर वह धार्मिक कट्टरता से बहुत दूर है। हिन्दुओं की मूर्ति-पूजा में भी वह श्रद्धा रखती है। कृष्ण के चरित्र को आदर्श मानकर उनकी उपासना करती है। उसका जीवन सम्बन्धी दृष्टिकोण सच्चे अर्थों में मानवतावादी है। वह चाहती तो मिस्टर क्लार्क की परिणीता बनकर यथेच्छ अधिकारों का उपभोग करती, पर वह उसका पथ नहीं है। उसके जीवन की भूमिका व्यथा, जनसेवा और निष्कपट प्रेम पर आधारित है।

विनय : विनय का चरित्र आरम्भ में एक आज्ञाकारी पुत्र का चरित्र है। वह अपनी वीर माता की छत्रछाया में ही बड़ा हुआ है और वीरत्व के सभी संस्कारों को आत्मसात कर चुका है। प्रेम उसके यौवन का स्वाभाविक उद्रेक है, परन्तु वह प्रेम माता की आज्ञा द्वारा नियन्त्रित है। उदयपुर में राष्ट्रीय संघटन सम्बन्धी विनय के कार्य उसे सामाजिक महत्त्व देते हैं। वह एक ही बार अपने उच्च आदर्शों से नीचे उतरता है, जब नायकराम के कहने से जेल की दीवार फाँदकर बाहर निकल आता है। वह जनता का सेवक है किन्तु जनता की उच्छृंखलता और उसकी हिंसावृत्ति का कठोर विरोधी भी। इसी कारण उसके सम्बन्ध में अनेक प्रकार के भ्रम फैल जाते हैं। सोफिया के साथ विनय का एक वर्ष का जीवन आदर्श प्रेमी का ही जीवन कहा जाएगा। वह अपनी इच्छाओं का दमन करना जानता है। संयम की शिक्षा उसे जीवनभर मिली है। बनारस लौटकर उसने पैतृक सम्पत्ति से इस्तीफा दे दिया, यह उसके त्याग का उदाहरण है। विनय का प्राणांत अद्‌भुत परिस्थितियों में होता है। वह अपने विरोध में उठी हुई लोक-लांछना को सहन नहीं कर पाता और आत्महत्या द्वारा अपने जीवनोद्‌देश्य की सच्चाई और ईमानदारी सिद्ध करता है। वास्तव में उसका यह कार्य उसके महत्त्व के अनुरूप नहीं है। कदाचित यह उसके चरित्र की सबसे दुर्बल रेखा है। प्रेमचन्द ने इस रेखा द्वारा उसके चरित्र के साथ अन्याय किया है।

सूरदास : सूरदास यद्यपि कथा विकास के भीतर प्रथम पात्र के रूप में नहीं उपस्थित

होता, परन्तु चरित्र के रूप में उपन्यास का सबसे अधिक गौरवशाली पात्र माना जाएगा। वह अपनी धुन का पक्का तो है ही, कतिपय सिद्धान्तों का अनुयायी भी है और कहीं भी उनसे विचलित नहीं होता। उसकी चारित्रिक विशेषता को उसके गाँव वाले नहीं समझते। वे उसकी हँसी उड़ाते और उस पर झूठे-सच्चे आरोप लगाते तथा उसकी उपेक्षा करते हैं। परन्तु सूरदास उनकी कुछ भी चिन्ता न कर अपने मार्ग पर अटल विश्वास के साथ चलता जाता है। वह अपने प्रति किए गए दुर्व्यवहारों को मन में नहीं लाता, पर जो जितना बड़ा विरोधी है, उसके प्रति उतनी ही अधिक सद्‌भावना से काम लेता है। इस पद्धति द्वारा वह हृदय-परिवर्तन की आशा रखता है और वास्तव में उसकी आशा एक अंश तक सफल भी होती है।

अपना घर जला दिए जाने पर सूरदास को किसी के प्रति अमर्ष नहीं होता। उसकी सारी संचित पूँजी, पाँच सौ रुपए की पोटली, भैरव चुरा ले जाता है पर वह कभी किसी से इसका जिक्र भी नहीं करता। अब उसे ये रुपए भैरव की पत्नी सुभागी द्वारा मिलते हैं, तब वह उन्हें फिर भैरव को दे आता है। बेचारी सुभागी बड़े संकट में पड़ जाती है। जब सुभागी को भैरव घर से निकाल देता है, तब सूरदास लोकापवाद की चिन्ता न कर उसे अपने पास बहन की भाँति रखता है। इस प्रकार वह गाँव वालों के प्रति एक महान संस्कारक का कार्य सम्पन्न करता है।

ग्रामीण क्षेत्र के आगे बढ़कर पूरे सामाजिक क्षेत्र में भी सूरदास का प्रवेश हुआ है और यहाँ हम उसे औद्योगिक सभ्यता और उसके दुष्परिणामों से सशंक व्यक्ति के रूप में देखते हैं। क्रमशः सूरदास पांडेपुर में उठने वाले राजनीतिक संघर्ष के नेता के रूप में उपस्थित होता है। यहाँ भी उसके समस्त कार्य सहिष्णुता, संयम और दूरदृष्टि से सम्पन्न होते हैं। वह एक प्रकार से गाँधीजी द्वारा चलाए गए अहिंसात्मक आन्दोलन का नायक और गाँधी सिद्धान्त का प्रतिनिधि है। उसके चरित्र में जो अनुपम गौरव सन्निहित है उसका मुख्य आधार उसकी चारित्रिक निष्ठा ही है। सूरदास के चित्रण द्वारा प्रेमचन्द ने गाँधी युग के अहिंसात्मक आदर्शों का एक स्मारक सा खड़ा किया है। विशुद्ध कला और चित्रण की दृष्टि से सूरदास की चरित्र-रेखाएँ सन्तुलित नहीं हैं। कहीं उनमें अनावश्यक हलकापन और कहीं अतिरिक्त गरिमा भर दी गई है।

जाह्नवी और इन्दु : ये दोनों ही माता-पुत्री बहुत कुछ समानता रखती हैं, अन्तर केवल परिस्थितियों का है। इन्दु एक ऐसे व्यक्ति की पत्नी है जो उस पर पूरा शासन रखना चाहता है। जाह्नवी ऐसे किसी बन्धन से बँधी नहीं है। इन्दु के चरित्र का विकास महेन्द्रकुमार के चरित्र की छाया में होता है, जबकि जाह्नवी का चरित्र पूरे आकाश में खिला और प्रस्फुटित हुआ है। जाह्नवी भारतीय आदर्श क्षत्रिय नारी की प्रतिनिधि है। वह विनय को असाधारण त्यागी और कर्त्तव्यनिष्ठ बनाना चाहती है और इस कार्य में अंशतः सफल भी होती है। इन्दु को भी वह पुराने आदर्शों के अनुसार पति की आज्ञाकारिणी बनने का आदेश देती है। इन्दु भरसक माता की आज्ञा पूरी करती है। महेन्द्रकुमार के साथ इन्दु के विचारों का मेल नहीं बैठता। इन्दु का चरित्र दो विरोधी

आदर्शों के बीच बढ़ा है, किन्तु पूरी तरह निखर नहीं पाया। एक ओर वह पति की सारी बातों को स्वीकार करना चाहती है और दूसरी ओर वह देश-सेवा के क्षेत्र में कदम बढ़ाना चाहती है। महेन्द्रकुमार इसकी छूट नहीं देते, फलतः इन्दु एक वैषम्य से घिरी हुई दिखाई देती है। इस वैषम्य को काटकर वह निकल नहीं पाती। जाह्नवी के चरित्र में इस प्रकार का कोई वैषम्य नहीं है।

जानसेवक और मिसेज सेवक : ये दोनों पात्र प्रेमचन्द द्वारा व्यंग्यपात्रों के रूप में चित्रित किए गए हैं। ईसाई धर्म के अनुसार कतिपय जीवनादर्श सर्वस्वीकृत हैं। जान और मिसेज सेवक ईसाई धर्म के कट्टर अनुयायी हैं। रोज गिरजाघर जाते हैं, परन्तु ईसाई धर्म के उच्च आदर्शों को कभी भी व्यवहार में नहीं लाते। इन दोनों का चरित्र द्विमुखी व्यक्तित्व का परिचायक है। एक ओर से समस्त विश्वास, विधियाँ और क्रियाएँ जो उन्हें कट्टर ईसाई सिद्ध करती हैं, उनके चरित्र में व्याप्त हैं; दूसरी ओर अर्थोपार्जन सम्बन्धी वे सारी विधियाँ और प्रयोग हैं जो ईसाई धर्म से किसी प्रकार मेल नहीं खाते। पुरुष होने के नाते जानसेवक में फिर भी थोड़ी सी उदारता या सहृदयता शेष है, पर मिसेज सेवक पूरी तरह इनका बहिष्कार कर चुकी हैं। मिस्टर सेवक तो अपने पुत्र को अपने मार्ग पर लाने की भरसक चेष्टा करते हैं, और जब असफल होकर थक जाते हैं तब उसका पीछा छोड़ देते हैं, परन्तु मिसेज सेवक जीवनभर सोफिया को क्षमा नहीं कर पातीं। एक बार घर छोड़ देने पर दुबारा जीवनभर सोफिया अपनी माँ द्वारा त्यक्त ही बनी रहती है। जब घर के व्यक्तियों के प्रति ऐसा व्यवहार है, तब बाहर वालों के प्रति कैसा होगा, यह सहज ही अनुमेय है। जानसेवक और उनकी पत्नी की सारी जीवनचर्या ऐसे ही उदारहणों से भरी पड़ी है जिनमें मानव सुलभ सद्वृत्तियाँ सदैव अपमानित ही होती रही हैं। यहाँ भी यही देखा जाता है कि जानसेवक में सद्वृद्धि न सही, शिष्टाचार की थोड़ी मात्रा शेष रही है; परन्तु मिसेज सेवक पूरी तरह आत्मकेन्द्रित व्यक्ति के रूप में रह गई हैं। अपने बाहर वह किसी ओर कुछ भी नहीं देख पातीं।

विचार-विवेचन

'रंगभूमि' में यद्यपि घटनाओं और पात्रों के वर्णन और चित्रण ही मुख्य हैं, परन्तु कुछ स्थानों पर स्वतन्त्र रूप से कतिपय विषयों का भी विवेचन किया गया है। मुख्य रूप से यह विवेचन औद्योगिक और कृषि-जीवन की तुलनात्मक विशेषताओं से सम्बन्धित है। इस विषय की चर्चा मुख्यतः सूरदास के द्वारा की गई है। प्रेमचन्द ने सूरदास के मुख से औद्योगिकता के दूषणों को स्पष्ट रूप से कहलाया है। स्मरण रखना चाहिए कि प्रेमचन्द गाँधी-आदर्शों के अनुयायी थे और पूँजी-केन्द्रीकरण के पक्षपाती नहीं थे। इसके साथ ही वह स्वयं गाँव के रहने वाले थे और ग्रामीण जीवन की कतिपय विशेषताओं के पृष्ठपोषक थे। इसके अतिरिक्त वह परम्परागत नैतिक आदर्शों के भी समर्थक थे और औद्योगिक सभ्यता से उत्पन्न होने वाली नैतिक उच्छृंखलता से सशंक रहा करते थे। मुख्यतः वह कृषि-प्रधान देश की आवश्यकताओं को ध्यान में रखकर औद्योगिकता

का विरोध करते हैं। यद्यपि प्रेमचन्द के इस सम्बन्ध के विचार सर्वसम्मत नहीं हैं और भारतीय उद्योगीकरण की अपनी उपयोगिताएँ भी हैं ही, साथ ही नए औद्योगिक जीवन के कतिपय अनिवार्य दोषों के रहते हुए उसके कुछ आवश्यक गुण भी हैं; तथापि प्रेमचन्द ने उसकी त्रुटियों और कमजोरियों की ओर भी ध्यान आकृष्ट किया है। प्रेमचन्द ने इस प्रश्न पर इस दृष्टि से भी विचार किया है कि व्यक्ति के अधिकारों को उसकी इच्छा के विरुद्ध छीना नहीं जा सकता। किसी भी शासन-तन्त्र को यह अधिकार नहीं है कि वह व्यक्तिगत सम्पत्ति का अपहरण करे। ऐसे ही विचारों ने 'रंगभूमि' में स्थान पाया है और यद्यपि ये विचार अकाट्य नहीं है, तथापि तत्कालीन प्रगतिशील चेतना के परिचायक हैं।

'रंगभूमि' में धार्मिक स्वातन्त्र्य और स्वच्छन्द धार्मिकता का भी प्रचार किया गया है। विशेषकर सोफिया और विनय के सम्बन्ध को लेकर ये विचार उपस्थित किए गए हैं। जबकि जानसेवक और उसकी पत्नी तथा पिता ईसाई धर्म की वैधानिक पद्धतियों के कट्टर अनुयायी हैं, तब सोफिया और उसका भाई प्रभुसेवक धर्म-सम्बन्धी उदार भावनाओं और आदर्शों की हिमायत करते हैं। दूसरे पक्ष में जाह्नवी हिन्दू धर्म की जातीय कट्टरता का प्रतिनिधित्व करती है। वह अपने पुत्र विनय का विवाह सोफिया से करने में हिचकती है, परन्तु आगे चलकर जाह्नवी के विचार बहुत-कुछ बदल जाते हैं और वह इन दोनों के परिणय-सम्बन्ध को स्वीकार कर लेती है।

राजनीतिक क्षेत्र में नरम विचारों के प्रतिनिधि राजा महेन्द्रकुमार और राष्ट्रीय स्वातन्त्र्य के लिए जन-आन्दोलन चलाने वाले विनय और सूरदास आदि के बीच भी विचार-विनिमय होता रहा है। महेन्द्रकुमार सरकार और जनता के बीच समझौते के मार्ग का अनुसरण करते हैं। वह सामूहिक आन्दोलन के विरुद्ध हैं, परन्तु प्रेमचन्द ने उनके नरम विचारों का समर्थन नहीं किया है।

देशी राज्यों की राजनीति के सम्बन्ध में भी विचार-विमर्श किया गया है। उदयपुर के दीवान साहब, वहाँ के महाराज, पोलिटिकल एजेंट क्लार्क और लोकनेता विनय के बीच समय-समय पर जो वार्ताएँ हुई हैं, वे इस विषय की प्रेमचन्द की विचारणा को स्पष्ट कर देती हैं। वीरपाल सिंह अराजकतावादी और उग्र विचारों के प्रचारक हैं। विनय राजनीति में इस प्रकार की उग्रता और हिंसा के प्रयोग को अनुचित बतलाते हैं। इस कारण उन्हें कुछ समय तक जनता का क्रोधभाजन भी बनना पड़ा है, किन्तु प्रेमचन्द विनय की ही नीति के पक्षपाती प्रतीत होते हैं।

उपन्यास में प्रेमचन्द की वह मर्मग्राहिणी विचार-दृष्टि भी देखी जाती है जो राजनीतिक गतिविधियों का उचित विश्लेषण कर देती है। प्रेमचन्द ने अंग्रेजी साम्राज्यवाद की नकली आदर्शोन्मुखता का ही उद्घाटन नहीं किया, उस द्वन्द्व का भी यथार्थ स्वरूप दिखा दिया है जिसके एक ओर बड़े पूँजीपति, उद्योग-संचालक, जमींदार, ऊँचे पेशोंवाले लोग हैं और दूसरी ओर है निरवलम्ब जनता और उसका पक्ष लेकर विपत्तियाँ उठाने वाले कुछ त्यागी पुरुष।

कला-विवेचन

पिछले उपन्यासों की अपेक्षा 'रंगभूमि' में कला की दृष्टि से प्रेमचन्द बहुत-कुछ आगे बढ़े हैं। उन्होंने पहली बार चरित्र-प्रधान उपन्यास लिखने में सफलता प्राप्त की है। केवल राजनीतिक और सामाजिक समस्याओं और प्रश्नों में ही संलग्न न रहकर प्रेमचन्द ने इस उपन्यास में कतिपय सजीव और मानवीय पात्रों की भी सृष्टि की है। यदि हम 'प्रेमाश्रम' के प्रेमशंकर की तुलना 'रंगभूमि' के विनय से करें, जो दोनों ही आदर्शवादी चरित्र हैं, तो यह स्पष्ट हो जाएगा कि विनय का चरित्र अधिक स्वाभाविक और मानवीय अंकित किया गया है। इसी प्रकार गायत्री और सोफिया के चरित्रों की तुलना भी की जा सकती है। यहाँ भी सोफिया की चरित्र-रेखाएँ अधिक सूक्ष्म और स्वाभाविक कला की सूचना देंगी। यही नहीं, यदि हम एक ही परिवार के भीतर सोफिया और प्रभुसेवक, जान और मिसेज सेवक तथा ईश्वरसेवक की चरित्र-रेखा पर दृष्टिपात करें, तो प्रेमचन्द का चरित्र-चित्रण-कौशल स्पष्ट हो जाएगा। इसी प्रकार जाह्नवी और इन्दु आदि के चरित्र भी काफी स्वतन्त्र और व्यक्तित्व-सम्पन्न हैं। प्रेमचन्द के चरित्र-चित्रण-कौशल की जो विशेषता 'रंगभूमि' में प्रस्फुटित हुई है, वह यह है कि वह एक साथ ही प्रतिनिधि चरित्रों या 'टाइप्स' की सृष्टि करते हैं और उन चरित्रों में व्यक्तित्व लाने का भी पूरा प्रयत्न दिखाते हैं। कहीं-कहीं ऐसा करते हुए प्रेमचन्द दोनों उद्देश्यों की पूर्ति में असफल भी हो जाते हैं। न वह वर्ग-प्रतिनिधि पात्र ही रच पाते हैं और न व्यक्तित्व-सम्पन्न स्वतन्त्र पात्र ही। परन्तु कुछ अवसरों पर वह सफल भी हुए हैं। कम-से-कम 'रंगभूमि' में उन्होंने इस प्रकार के चरित्रांकन का प्रथम बार प्रयत्न किया है और सोफिया तथा विनय के चित्रणों में उन्हें पर्याप्त सफलता मिली है।

हम ऊपर उल्लेख कर चुके हैं कि 'रंगभूमि' में अनावश्यक घटनाओं और पात्रों की भी कमी नहीं है। उपन्यास का आकार इतना बड़ा इसी कारण हो गया है कि उसमें इस प्रकार के अतिरिक्त वर्णन आ गए हैं। इस दृष्टि से देखने पर 'रंगभूमि' प्रेमचन्द के पूर्ववर्ती उपन्यास 'सेवासदन' और 'प्रेमाश्रम' की अपेक्षा अधिक जटिल और बोझीला हो गया है, किन्तु यदि कथासूत्र के संग्रथन की दृष्टि से विचार करें तो 'रंगभूमि' उक्त दोनों कृतियों की अपेक्षा अधिक व्यवस्थित रचना सिद्ध होगी। जबकि 'सेवासदन' में सुमन और शान्ता की कहानियाँ उपन्यास को दो टुकड़ों में बाँट देती हैं और जबकि 'प्रेमाश्रम' में भी प्रेमशंकर और ज्ञानशंकर के आधार पर चलनेवाले कथासूत्रों का समीकरण नहीं हो पाया, तब 'रंगभूमि' में कथा-शृंखला आदि से अन्त तक समरस अवश्य दीखती है। अतिरिक्त पात्र और घटनाएँ हैं, किन्तु यदि उन्हें निकाल दिया जाए, तो शेष उपन्यास वस्तु-संगठन की दृष्टि से प्रेमचन्द की पूर्ववर्ती कृतियों से अधिक प्रौढ़ और परिपुष्ट दिखाई देगी।

कायाकल्प

'कायाकल्प' प्रेमचन्द का अन्य सामाजिक उपन्यास है। इसका प्रकाशन 1928 में हुआ। इसमें उपन्यासकार ने सामाजिक, साम्प्रदायिक तथा राजनीतिक समस्याओं को उठाया है और उनका समाधान भी प्रस्तुत किया है।

कथानक

उपन्यास के आरम्भ में ही चक्रधर नामक सुशिक्षित नवयुवक का परिचय प्राप्त होता है। उसके आदर्श ऊँचे हैं और वह अपने पिता मुंशी वज्रधर की इच्छा के विरुद्ध देश और समाज की सेवा करता है। वह जगदीशपुर के दीवान ठाकुर हरिसेवकसिंह की कन्या मनोरमा को ट्यूशन पढ़ाता है।

आगरा के वकील यशोदानन्दन अपनी कन्या अहल्या के विवाह की बातचीत करने आए। चक्रधर को उनके साथ ही आगरा जाना पड़ा। उसे अहल्या पसन्द आई। इसी समय आगरा में एक साम्प्रदायिक दंगा हो गया। चक्रधर ने अपनी अहिंसात्मक वीरता का परिचय दिया और उसने दंगे को रोक लिया। उसने महमूद से कहा कि 'मैं एक खुदा का कायल हूँ।' चक्रधर को बाद में बातों ही बातों में यह भी मालूम हो गया कि अहल्या यशोदानन्दन की वास्तविक पुत्री नहीं है। उन्होंने उसे एक मेले में पाया था।

जगदीशपुर राज्य की विधवा रानी देवप्रिया का जीवन अत्यन्त विलासमय है। एक दिन अनायास ही एक राजकुमार आया और उसने अपने को इसके पूर्व जन्म का पति बताया। उसने अनेक अलौकिक बातों की चर्चा की। रानी देवप्रिया विशालसिंह को राज्य देकर उसी राजकुमार के साथ चली गई।

राजा विशालसिंह के तीन पत्नियाँ थीं : 'रोहिणी, वसुमती और रामप्रिया। इन तीनों के ही स्वभाव अलग-अलग हैं। रोहिणी कृष्ण की उपासना करती है, वसुमती रामनवमी का उत्सव मनाती है, और रामप्रिया पूजन को पाखंड कहती है। रोहिणी सभी रानियों में सबसे अधिक तेज मिजाज की है। एक दिन जब वह रूठकर चली गई, तो चक्रधर उसे मनाकर लाया। राजा साहब किसी प्रकार रानियों को समझा-बुझाकर मना लेते थे।

मुंशी वज्रधर और ठाकुर हरिसेवकसिंह भी राजा साहब के दरबार में अधिक आने-जाने लगे। चक्रधर भी कभी-कभी मिलने चला आता था।

इधर अनायास ही चक्रधर से मुंशीजी को ज्ञात हुआ कि अहल्या यशोदानन्दन की

वास्तविक पुत्री नहीं है। उन्होंने यह सम्बन्ध करना अस्वीकार कर दिया, किन्तु चक्रधर दृढ़प्रतिज्ञ था। उसने निश्चय कर लिया कि मैं और कहीं विवाह न करूँगा। इसी के साथ मनोरमा और चक्रधर में भी घनिष्ठता बढ़ती गई। बातचीत के सिलसिले में एक दिन मनोरमा बोल उठी, 'मैं मरकर भी आपको नहीं भूल सकती।'

राजा विशालसिंह के तिलकोत्सव की तैयारियाँ बड़े जोर-शोर से होने लगीं। राजा साहब असामियों पर किसी प्रकार का अत्याचार न चाहते थे किन्तु मुंशी वज्रधर और दीवान ठाकुर हरिसेवकसिंह ने प्रजा से जबर्दस्ती पैसा वसूल किया। चक्रधर ने राजा साहब से शिकायत भी की, किन्तु कोई विशेष परिणाम न निकला। तिलकोत्सव के दिन ही दीवान ने चमारों को गालियाँ दीं और बूढ़े चौधरी को पीट दिया। स्थिति बड़ी भयानक हो गई, और सम्पूर्ण उत्सव दुर्घटना में परिणत हो गया। अंग्रेजों ने खूब गोलियाँ चलाईं और चक्रधर को राजा साहब के ही हाथों चोट लगी। चक्रधर ने किसी प्रकार मजदूरों-किसानों को शान्त किया। मनोरमा इस उपद्रव का समाचार पाते ही स्वयं राजा साहब से मिलने गई और उसने उन्हें समझाया। मिस्टर जिम ने चक्रधर को गिरफ्तार कर लिया था। मनोरमा ने किसी प्रकार उन्हें छुड़ा लेने की चेष्टा की।

चक्रधर ने पिता के अनेक अनुरोधों पर भी क्षमा माँगना स्वीकार न किया। राजा साहब ने जिम से अनुनय की कि चक्रधर को यदि छोड़ा न जाए, तो किसी बड़े अस्पताल में रख दिया जाए, ताकि उनकी औषध आदि की उचित व्यवस्था हो सके। पहले तो मिस्टर जिम राजी न हुए किन्तु राजा साहब से अँधेरे में मार खाकर उन्होंने स्वीकृति दे दी। पर इस सबसे कोई विशेष लाभ न हुआ और चक्रधर ने जेल से बाहर जाना स्वीकार न किया। मनोरमा के भाई गुरुसेवक की अदालत में यह मुकदमा पहुँचा। उन्होंने बहन के कहने से चक्रधर को बरी कर दिया।

राजा साहब और मनोरमा की मित्रता भी बढ़ती जा रही थी। यहाँ तक कि उन्होंने विवाह का प्रस्ताव भी कर दिया। दीवानजी की पत्नी लौंगी इस सम्बन्ध का बराबर विरोध करती रही, किन्तु जब मनोरमा ने स्वयं अपनी इच्छा प्रकट की, तब वह कुछ न कर सकी। राजा विशालसिंह और मनोरमा का विवाह हो गया। मनोरमा राजा साहब के नाम पर राज्य करने लगी।

चक्रधर को यद्यपि गुरुसेवक ने बरी कर दिया था, तथापि पुराने अभियोग में उन्हें सजा मिली। वह आगरा जेल भेज दिए गए। यहीं यशोदानन्दन और अहल्या से भी उनकी भेंट हुई। उन्हीं से बाहर का समाचार ज्ञात हुआ। चक्रधर ने अपनी कोमल भावनाओं का प्रदर्शन भी अहल्या के सम्मुख किया। जब चक्रधर जेल से लौटकर आए तब मनोरमा ने राज्य की ओर से उनका बड़ा स्वागत किया। चक्रधर ने राजा से विवाह हो जाने के कारण मनोरमा के विषय में अनुचित धारणा बना ली थी। जब मनोरमा स्वयं उनसे मिली और उसने सारी परिस्थिति स्पष्ट की; तो चक्रधर को अपना ही दोष प्रतीत हुआ। मनोरमा ने कहा, "मैं हृदय से आपकी उपासना करती हूँ।"

अभी चक्रधर को जेल से लौटे कुछ ही दिन हुए थे कि आगरा में साम्प्रदायिक दंगा

हो गया। उन्हें बाबू यशोदानन्दन की हत्या और अहल्या के अपहरण का भी शोक-समाचार प्राप्त हुआ। चक्रधर पिता की इच्छा के विरुद्ध आगरा के लिए चल दिए। ख्वाजा महमूद यशोदानन्दन की हत्या के बाद ही पश्चात्ताप करने लगे। उन्हें बड़ा दुख हुआ और उन्होंने ही अहल्या का पता लगाया। चक्रधर ने किसी विरोध की चिन्ता न करते हुए अहल्या से आगरा में ही विवाह कर लिया। वह मन-ही-मन डर रहे थे, पर जब वह घर आए तो मुंशीजी, मनोरमा आदि सभी ने उनका स्वागत किया।

राजा विशालसिंह मनोरमा के साथ प्रसन्न थे। उन्होंने जगदीशपुर इलाके का सारा काम ठाकुर गुरुसेवक सिंह को सौंप दिया था। पहली तीनों रानियाँ भी वहीं रहती थीं। गुरुसेवक सिंह को रामप्रिया के विषय में थोड़ी सी गलतफहमी हो गई, सोचने लगे कि मुझ पर आकृष्ट हो गई। प्रेम-परीक्षा लेने के लिए उन्होंने ज्वर को आमन्त्रित कर लिया। उन्हें देखने राजासाहब, मनोरमा, ठाकुर हरिसेवक आदि सभी व्यक्ति आए। इसी अवसर पर रोहिणी ने मनोरमा को कुछ कटुवचन कह दिए, जिससे उसे बहुत दुख हुआ। राजा साहब ने किसी प्रकार झगड़ा शान्त किया, पर मनोरमा वहीं रुक गई।

कुछ दिन तो अच्छी तरह बीते पर मुंशीजी के बहू के हाथ का खाना अस्वीकार कर देने के कारण चक्रधर ने अहल्या के साथ प्रयाग जाने का निश्चय किया। मुंशीजी दौड़े-दौड़े मनोरमा के पास जगदीशपुर आए। पहले तो वह तैयार न हुई पर अन्त में उसका मन स्वयं न माना। वह प्रातःकाल चक्रधर के पास गई। उसके लाख कहने पर भी चक्रधर किसी प्रकार रुकने को तैयार न हुए। मनोरमा के अनेक अनुरोध करने पर उन्होंने उसके भेंट के पाँच हजार रुपए स्वीकार कर लिए।

प्रयाग में लेख आदि लिखकर चक्रधर किसी प्रकार जीविकोपार्जन करते रहे। अहल्या ने भी अपने पति को सहयोग दिया। 'आर्य जगत' में उसने लेख लिखे। उसे पुरस्कार के तीन रुपए मिले और उसने एक कम्बल खरीद लिया। चक्रधर को जब यह ज्ञात हुआ, तब उन्हें बड़ी प्रसन्नता हुई। एक दिन अनायास ही समाचार मिला कि मनोरमा की तबीयत बहुत खराब है। चक्रधर अहल्या और मुन्नू के साथ जगदीशपुर के लिए चल पड़े।

चक्रधर के आते ही मनोरमा कुछ ही क्षणों में स्वस्थ हो गई। इसी समय राजा साहब को बात ही बात में पता चला कि अहल्या उन्हीं की पुत्री है, जो त्रिवेणी के मेले में खो गई थी। उन्होंने उसे पहचान लिया। राजा साहब को अपार प्रसन्नता हुई। अब अहल्या, चक्रधर और उनका पुत्र शंखधर वहीं रहने लगे।

अहल्या राज्य के सुख-वैभव में मग्न थी, पर चक्रधर को इससे सन्तोष न था। वह जनता की सेवा करना चाहते थे। एक दिन उन्होंने बाहर जाने की इच्छा मनोरमा और अहल्या से भी प्रकट की। अनायास ही वह एक रात अहल्या और शंखधर को छोड़कर चल दिए।

पाँच वर्ष हो गए चक्रधर का कोई समाचार न मिला। बालक शंखधर अब तरुण होने लगा था। वह अपने पिता के विषय में अत्यन्त चिन्तित था। जगदीशपुर के

ठाकुरद्वारे में अनेक साधु-महात्मा आते थे। शंखधर उनसे अनेक प्रश्न किया करता। एक दिन वह भी पिता की खोज में चल पड़ा। इसी बीच हरिसेवक की भी मृत्यु हो गई और रोहिणी ने आत्महत्या कर ली।

शंखधर वन, पर्वत, ग्राम खोजता फिरा, पर कहीं पिता का पता न चला। एक दिन अनायास ही एक वृद्धा से उसे ज्ञात हुआ कि अभी कुछ दिन पूर्व एक महात्मा यहाँ आकर ठहरे थे, जिनकी सूरत उससे मिलती थी। शंखधर पिता को खोजने फिर चल पड़ा। मार्ग में वह भटक गया, पर रात्रि के सघन अन्धकार में भी आगे बढ़ता ही रहा। साईंगंज के मन्दिर में शंखधर ने पिता चक्रधर को पा लिया।

इधर अहल्या पति-पुत्र दोनों को खोकर दुखी थी। राजा विशालसिंह भी निराश होकर प्रजा पर अत्याचार करने लगे। मनोरमा की भी दशा अत्यन्त शोचनीय थी। अहल्या मुंशी वज्रधर के यहाँ चली आई। वहाँ से अपनी माता वागीश्वरी के पास जाकर रहने लगी।

आरम्भ में शंखधर ने चक्रधर को अपना वास्तविक परिचय नहीं दिया था। इस समय चक्रधर महात्मा भगवानदास के नाम से प्रसिद्ध थे। शंखधर ने कहा कि मैं आपके दर्शनार्थ आया हूँ। किन्तु कुछ ही समय में शंखधर ने अपना पूर्ण परिचय दे दिया। चक्रधर अब भी अपना रहस्य छिपाए हुए थे। शंखधर सब कुछ जानकर भी इस भय से कुछ न कहता था कि कहीं पिताजी उसे छोड़कर चले न जाएँ। उसने माँ को पत्र लिखा, पर कोई उत्तर न आया। वह चाहता था कि वह यहाँ आ जाए तो पिताजी को हम दोनों घर ले चलें। एक दिन समाचार मिला कि अहल्या एक महीने से रोगशय्या पर पड़ी है। वह उन्हें देखने चल पड़ा।

कथानक की मुख्य धारा के साथ ही रानी देवप्रिया की प्रासंगिक कथा भी चलती रहती है। राज्य छोड़कर चले जाने के अनन्तर वह राजा महेन्द्र के साथ पर्वत की गुफा में रहने लगीं। महेन्द्र ने उन्हें पूर्वजन्म की बातें बताकर अलौकिक घटनाओं की चर्चा की। एक दिन महेन्द्र ने सात वर्ष के अनवरत परिश्रम से बनाए हुए वायुयान पर देवप्रिया को बैठाकर आकाश का भ्रमण कराया। वायुयान से महेन्द्र अत्यन्त चमत्कारी रीति से विलीन हो गए।

शंखधर आगरा के लिए चला था, पर न जाने क्यों हर्षपुर पर ही उतर पड़ा। वह राजभवन के भीतर भी चला गया। देवप्रिया ही रानी कमला के रूप में वहाँ रह रही थीं। उन्हें ध्यान आया कि आज से बीस वर्ष पूर्व प्राणाधार चले गए थे, कहीं वह ही तो नवीन स्वरूप धरकर नहीं चले आए ? शंखधर ने राजा महेन्द्र के साथ होने वाले समस्त क्रियाकलापों की चर्चा की। रानी कमला और शंखधर का मिलन भी अद्भुत था।

राज्य की दशा खराब होती जाती थी। राजा विशालसिंह की विलासिता बढ़ती गई। उन्होंने मनोरमा का भी साथ छोड़ दिया था और एक और विवाह करने का निश्चय किया। बरात निकलने के अवसर पर ही शंखधर आ पहुँचा। उसके साथ ही रानी कमला

भी थी, जिन्हें उसने दक्षिण के एक राजा की कुमारी बताया। अहल्या भी अपने पुत्र को पाकर आह्लादित हो उठी।

शंखधर ने मुंशी वज्रधर से अपनी यात्रा का सारा वृत्तान्त कह सुनाया। राजा विशालसिंह शंखधर को पाकर पुनः निश्चिन्त हो गए। वह अपना अधिकांश समय पूजन-अर्चन में लगाने लगे। मनोरमा से भी क्षमायाचना की। मनोरमा से ही उन्हें यह भी पता लगा कि रानी कमला रानी देवप्रिया का ही नवीन जन्म लेकर आई हैं। राजा साहब भय और आशंका से काँप उठे। उन्होंने मुंशीजी से भी कह दिया कि कोई विपत्ति आने वाली है। स्वयं शंखधर कमला से दूर ही दूर रहता था। एक रात रानी कमला (देवप्रिया) उन्मत्त हो उठी। अनायास ही शंखधर के प्राण पखेरू उड़ गए। उसने कहा, ''प्रिये ! फिर मिलेंगे ! यह लीला उस दिन समाप्त होगी, जब प्रेम में वासना न रहेगी।'' यह दृश्य देखते ही राजा विशालसिंह का भी प्राणांत हो गया।

चक्रधर का भी मन शंखधर के चले आने के पश्चात किसी कार्य में न लगता था। एक दिन उन्होंने काशी के लिए प्रस्थान किया। अहल्या, मनोरमा, मुंशीजी आदि चक्रधर को देखकर आश्चर्यचकित हो गए पर अहल्या तो सम्भवतः केवल दर्शन-भर की प्रतीक्षा कर रही थी। उसने उसी समय आँखें मूँद लीं।

कथानक-विवेचन

'कायाकल्प' के कथानक में अनेक अलौकिक घटनाओं का समावेश है। देवप्रिया का कई बार अपने पति को नवीन रूप में प्राप्त करना वैचित्र्य की सृष्टि करता है। राजा महेन्द्र अनायास ही विलीन हो जाते हैं और देवप्रिया शंखधर को पुनर्जन्म के द्वारा प्राप्त अपना पति स्वीकार कर लेती है। राजा महेन्द्र पुनर्जन्म आदि की जिन अलौकिक घटनाओं का वर्णन करते हैं वे भी सब रहस्य से भरी प्रतीत होती हैं। वह अपनी तपस्या आदि की भी चर्चा करते हैं। सात वर्ष के अनवरत परिश्रम द्वारा बनाए गए वायुयान पर राजा महेन्द्र देवप्रिया को बैठाकर अदृश्य हो जाते हैं। देवप्रिया से शंखधर का मिलन और वियोग भी अलौकिक है। देवप्रिया के जीवन से सम्बन्धित समस्त घटनाएँ किसी तिलस्मी उपन्यास की भाँति प्रतीत होती हैं।

उपन्यास की मुख्य कथाधारा चक्रधर, विशालसिंह, मनोरमा, अहल्या आदि को प्रमुख पात्र बनाकर चलती है। आरम्भ की घटनाओं को लेखक ने कुशलता से प्रस्तुत किया है। परिस्थिति-योजना में उपन्यासकार को अनेक असाधारण और आकस्मिक घटनाओं का भी निर्माण करना पड़ा है। कथा संयोगों द्वारा आगे बढ़ती है फिर भी उसमें शिथिलता बनी रहती है। प्रेमचन्द कुछ घटनाओं को हटाकर कथानक सुन्दर बना सकते थे।

चरित्र-योजना

'कायाकल्प' के प्रमुख पात्र चक्रधर, मनोरमा, विशालसिंह और अहल्या ही हैं। राजनीतिक

क्षेत्र में दो विभिन्न सम्प्रदायों के प्रतिनिधि बनकर यशोदानन्दन और ख्वाजा महमूद भी आते हैं।

चक्रधर : यह उपन्यास का एक ऐसा पात्र है जो समय और परिस्थिति के वात्याचक्र में उलझ जाता है और जिसका व्यक्तित्व अधिक स्पष्ट नहीं हो पाता। आरम्भ में वह हिन्दू-मुसलमानों की साम्प्रदायिक खाई को आत्मोत्सर्ग द्वारा पाटता है। सभी उसकी प्रशंसा करते हैं। किन्तु परिस्थितियों में उसे इतना अधिक फँसा दिया गया कि उपन्यास के अन्त में सभी व्यक्ति उसे दोषी समझने लगते हैं। कोई भी उससे बात नहीं करता और न उसे पहचानता है। ऐसा प्रतीत होता है कि शंखधर आदि की मृत्यु का कारण स्वयं चक्रधर है। उपन्यास के सभी पात्रों को उसके वियोग में दुख होता है। इस प्रकार अवान्तर घटनाचक्रों में पड़कर चक्रधर का चरित्र-चित्रण ठीक न हो पाया।

मनोरमा : नारी-चरित्रों में मनोरमा एक विशिष्ट स्थान की अधिकारिणी है। चक्रधर को आदर और स्नेह देती हुई वह राजा विशालसिंह को सँभालती है। वह अत्यन्त उदार और सहिष्णु नारी है, जो सदा अपने अंचल में प्रत्येक को प्रश्रय देने के लिए तत्पर रहती है। परिस्थितियों ने उसका साथ दिया, और वह 'कायाकल्प' का सर्वप्रमुख चरित्र प्रतीत होती है।

राजा विशालसिंह : इनका भी रूप अनेक बार परिवर्तित होता है। आरम्भ में वे किंचित कठोर हैं। मनोरमा उनके जीवन में मधुमास लाती है। अहल्या और शंखधर उसे और भी विकसित करते हैं। किन्तु शंखधर के जाते ही राजा साहब पुनः निर्मम और अत्याचारी हो जाते हैं। शंखधर पुनः घर लौटकर उनकी स्थिति में परिवर्तन कर देता है। इस प्रकार राजा विशालसिंह से भी परिस्थिति क्रीड़ा करती रह जाती है।

अहल्या : यह एक आदर्श भारतीय बालिका की भाँति पति का साथ देती है। इसका अधिकांश जीवन वियोग में ही व्यतीत होता है।

मुंशी वज्रधर, ठाकुर हरिसेवक, लौंगी, शंखधर आदि पात्रों का व्यक्तित्व सरल रेखाओं से निर्मित है। 'कायाकल्प' के कथानक की शिथिलता और अलौकिकता के कारण चरित्र-चित्रण अधिक सफल नहीं हो पाया है।

विचार-विवेचन

'कायाकल्प' में वर्णन की प्रधानता के कारण अधिक समस्याओं का समावेश न हो सका। अधिकांश कथा घटनाओं में ही समाप्त हो जाती है। फिर भी प्रेमचन्द एक सजग कलाकार थे और उन्होंने कुछ प्रश्नों को इस उपन्यास में भी उठाया है। आरम्भ में ही महमूद और यशोदानन्दन मजहब के बारे में टीका-टिप्पणी करते हैं। मजहबी जोश का यही रूप अधिक विकसित होकर आगरा के साम्प्रदायिक दंगे में परिणत होता है। यशोदानन्दन और ख्वाजा महमूद अपनी-अपनी जातियों के प्रतिनिधि बनकर आते हैं। इस अवसर पर प्रेमचन्द ने चक्रधर को प्रस्तुत कर समस्या को सुलझाया है। मुसलमान और हिन्दू दोनों ही उसके त्याग के सम्मुख झुक जाते हैं, पर अन्त में यशोदानन्दन की

हत्या की जाती है। इस घटना से स्वयं महमूद लज्जित है, और वह अहल्या को अपनी बेटी मानता है।

राजनीतिक समस्याओं का संचालन भी चक्रधर के द्वारा ही होता है। राजा विशालसिंह के राज्याभिषेक के अवसर पर मजदूर पीटे जाते हैं। जिम चक्रधर को बन्दी बना लेता है। जेल में भी चक्रधर सारा अत्याचार सहन करता है। राजा साहब के अत्याचार से जब प्रजा ऊब उठती है, तब वह विद्रोह तक करने को तैयार हो जाती है। मनोरमा और चक्रधर दोनों ही जनता के हित का ध्यान रखते हैं। गाँवों में भटकते हुए चक्रधर एक साधु रूप में ही रहता है। 'कर्मभूमि' के अमरकान्त की भाँति वह अधिक सामाजिक, राजनीतिक सुधारक नहीं बनता। प्रेमचन्द ने यथावसर कई छोटे प्रश्नों को लेकर भी विचार किया है। अहल्या सर्वगुणसम्पन्न होते हुए भी ब्याह के योग्य नहीं है, क्योंकि उसके माता-पिता का कोई पता नहीं। अपहरण के अनन्तर तो सुधारवादी चक्रधर ही उससे विवाह करता है। इस प्रकार छिटपुट विचारों के होते हुए भी 'कायाकल्प' में प्रेमचन्द की वास्तविक विचारधारा का अधिक विकास नहीं दिखाई देता।

कला-विवेचन

'कायाकल्प' प्रेमचन्द की एक प्रयोगवादी रचना सी प्रतीत होती है। अलौकिकता और रहस्य के नवीन तत्त्व इसमें उन्होंने रखे हैं, और नायक को भी धार्मिकता अथवा साधुता की ओर उन्मुख किया है। घर छोड़कर चले जाने वाला चक्रधर एक प्रकार का वैराग्य ही ग्रहण कर लेता है। आरम्भ में प्रेमचन्द बड़ी स्वाभाविक रीति से बढ़ते प्रतीत होते हैं, किन्तु अनायास ही चक्रधर के चले जाने पर कथा विशृंखल सी हो उठती है। लेखक घटनाओं और पात्रों को भली-भाँति सँभाल नहीं पाता और संयोग तथा परिस्थिति पर अवलम्बित कथानक गिरता-पड़ता आगे बढ़ता है। प्रेमचन्द को 'कायाकल्प' के प्रयोग में सफलता नहीं प्राप्त हुई।

कर्मभूमि

'कर्मभूमि' का प्रकाशन 1932 में हुआ था। उपन्यासकार प्रेमचन्द में अब प्रौढ़ता आ गई थी, और 'कर्मभूमि' उनकी प्रतिनिधि रचनाओं में से एक कही जा सकती है। प्रेमचन्द ने मुख्यतः इसमें राजनीतिक समस्याओं को ही उठाया है। देश की तत्कालीन परिस्थिति से प्रभावित लेखक ने राजनीतिक आन्दोलनों के अतिरिक्त अछूतोद्धार, जमींदार-किसान संघर्ष, सूदखोरी आदि विषयों का भी उल्लेख किया है।

कथानक

उपन्यास के आरम्भ में ही नायक अमरकान्त का परिचय प्राप्त होता है। अमरकान्त अपने मित्र सलीम की सहायता से फीस जमा करता है। स्वयं उसके पिता लाला समरकान्त शहर के अत्यन्त धनी व्यक्ति हैं किन्तु लोभी बहुत हैं। अमर की माता का देहान्त उसके शैशव में ही हो गया था। विमाता की पुत्री नैना अपने भाई से बहुत प्रेम करती है।

लाला समरकान्त ने अमरकान्त का विवाह लखनऊ के एक धनी परिवार में कर दिया। अमरकान्त की पत्नी सुखदा अपनी माता की एकमात्र सन्तान थी। धन के लोभ में ही लालाजी ने यह सम्बन्ध स्थापित किया था। पति-पत्नी में स्नेह का आदान-प्रदान न हो सका। वे निकट रहकर भी एक-दूसरे से दूर थे। अमर सुखदा के सम्मुख अपना कोई भी रहस्य खोलने में हिचकता था और सुखदा भी उसे समझने में असमर्थ थी।

किसी प्रकार जीवन के दिन कटते रहे। अमरकान्त मैट्रिकुलेशन की परीक्षा में प्रान्तभर में सर्वप्रथम आया। उसने व्यवसाय का कुछ काम भी सीखना आरम्भ कर दिया। सुखदा भी उसे बारम्बार समझाती रहती कि दुकान पर बैठकर पिताजी की सहायता करना आवश्यक है। वह इधर वर्षभर से अपनी विधवा माता के पास भी न जा सकी थी। सन्तान प्रेम में वृद्धा रेणुका स्वयं काशी चली आईं और मकान लेकर रहने लगीं। अमरकान्त को मानो अपनी ही माँ मिल गई।

अमरकान्त निरन्तर विकास और प्रगति की ओर बढ़ने लगा। उसका मित्र सलीम और अध्यापक डॉ. शान्तिकुमार का अधिक साथ रहता था। वह अपने नगर की काँग्रेस कमेटी का सदस्य हो गया और राजनीति में सक्रिय रूप से भाग लेने लगा। एक दिन गाँवों में घूमते हुए इन तीन व्यक्तियों की मंडली ने अपनी आँखों से कुछ गोरों को एक

नारी पर अत्याचार करते देखा। इस घटना से अमर को बड़ा आघात लगा।

अब अमर राजनीतिक जागृति के लिए जनता का संगठन करने लगा। पुलिस की उस पर कड़ी निगाह हो गई। लाला समरकान्त तक उसकी शिकायत आई, पर अमर देश की पराधीनता और दरिद्रता को नष्ट कर देने के लिए उतावला हो रहा था। घर में सुखदा और अमर के सम्बन्ध अब पहले की अपेक्षा बहुत अच्छे हो गए थे। सुखदा के कहने से अमर कुछ दिनों के लिए शान्त भी हो गया। वह पिता की भी सहायता करने लगा। किन्तु दुकान पर बैठने के कुछ ही समय में उसे मालूम हो गया कि व्यवसाय छल-कपट से भरा हुआ है। उसकी आत्मा यह सब सहन न कर सकती थी। एक दिन बूढ़ी पठानिन दुकान पर अपनी माहवार तलब लेने आई। अमर उसे घर तक पहुँचाने गया। वहीं उसने वृद्धा की एकमात्र पुत्री सकीना को देखा।

एक दिन लाला समरकान्त की दुकान के सामने ही भारी दुर्घटना हो गई। एक भिखारिन ने एक गोरे को छुरी से आहत कर दिया। अमरकान्त को इसी समय ज्ञात हुआ कि यह वही युवती है जिस पर कुछ समय पूर्व गोरे सैनिकों ने अत्याचार किया था। आज उसने अपना बदला लिया। अमरकान्त ने इस मुकदमे में बड़ी दौड़-धूप की। डॉ. शान्तिकुमार, सलीम, रेणुकादेवी, सभी प्रयत्नशील थे कि यह युवती मुक्त कर दी जाए। समस्त जनता इस मुकदमे में दिलचस्पी ले रही थी। अन्त में परिश्रम सफल हुआ और वह युवती, मुन्नी, मुक्त कर दी गई।

अमरकान्त पुत्र-जन्म से काफी प्रसन्न हुआ। इधर वह सकीना के घर भी कई बार गया और अनायास ही उसकी ओर अधिक आकृष्ट होने लगा। उसने एक दिन उससे अपना प्रेम भी प्रकट कर दिया। अमर के मन में सकीना बस गई थी और उसे वह सरलता से बाहर न निकाल सकता था। एक दिन सकीना का विवाह तय हो जाने की बात सुनते ही उसे बड़ा दुख हुआ। वह सकीना से मिलने गया। एक-दूसरे को प्रेम करते हुए भी वे समाज के बन्धनों के कारण विवाह करने में असमर्थ थे। सकीना ने विवाह न करने का निश्चय कर लिया।

अमरकान्त का अधिकांश समय डॉ. शान्तिकुमार के सेवाश्रम में व्यतीत होने लगा। वह बालकों को देर तक पढ़ाया करता। कांग्रेस और म्युनिसिपैलिटी का भी वह सदस्य था। लाला समरकान्त लड़के के इस रवैये से बहुत तंग आ गए थे। उन्होंने किसी समय क्रोध में उससे घर छोड़ने को कह दिया। पत्नी और पुत्र को लेकर अमर अलग किराए के मकान में रहने लगा। उसने खादी बेचकर जीविकोपार्जन किया। इसी बीच वह एक दिन सकीना के यहाँ गया। दोनों प्रेमी अभी बात कर ही रहे थे कि बूढ़ी पठानिन आ पहुँची। उसने अमर को बहुत गालियाँ दीं और घर से निकाल दिया। अमर को इस घटना से बड़ा धक्का लगा।

उपन्यास के द्वितीय भाग में अमरकान्त नगर से भागकर देहात में चला आता है। यहीं मुन्नी से उसकी भेंट हो जाती है। सलोनी, चौधरी आदि व्यक्तियों से भी उसकी घनिष्ठता होती है। वह गाँव की अशिक्षित जनता में सामाजिक सुधार और राजनीतिक

चेतना लाने का प्रयास करता रहता है। अत्यन्त व्यस्त रहने पर भी उसके मन की कोमल भावनाएँ समाप्त नहीं हो जातीं और वह एक दिन अपना प्रेम मुन्नी पर प्रकट कर देता है, पर मुन्नी उसे समझा देती है। वह केवल मौन पुजारिन बनकर रहना चाहती है।

गाँवों में अमरकान्त के कारण एक नवीन जागृति फैल रही थी। छोटे-छोटे बालकों को शिक्षा मिलने लगी थी। अनेक पाठशालाएँ खुल गईं। लोगों ने शराब पीना और मांस खाना छोड़ दिया। वे महन्तजी और सरकार से लगान के लिए भी लड़ गए। अमर ने स्वयं महन्तजी के पास जाकर लगान छोड़ देने की प्रार्थना की।

इधर नगर की दशा भी परिवर्तित हो रही थी। डॉ. शान्तिकुमार का सेवाश्रम जोर-शोर से कार्य कर रहा था। सुखदा और नैना भी उसमें सहयोग देती थीं। एक दिन मन्दिर में चमारों को पीट देने से बड़ा झगड़ा हो गया, अन्त में जनता की ही विजय हुई और धर्म के ठेकेदारों को मुँह की खानी पड़ी। अछूतों को मन्दिर-प्रवेश का अधिकार मिला। इसी बीच रेणुका अपने दान से एक ट्रस्ट भी बना देती है, जिससे आश्रम भली-भाँति चलने लगता है।

नैना का विवाह नगर के ही प्रतिष्ठित सेठ धनीराम के पुत्र मनीराम से हो जाता है। मनीराम एक दम्भी व्यक्ति है। वह अपनी पत्नी की चिन्ता नहीं करता। एक दिन उसने सुखदा का भी अपमान किया। सुखदा अपना समस्त जीवन सामाजिक कार्यों को समर्पित कर चुकी है। मजदूरों के लिए मकान बनवाने के लिए सेवाश्रम के कार्यकर्ता म्युनिसिपैलिटी से जमीन माँगते हैं, पर वह उन्हें नहीं मिलती। सुखदा बड़ी भारी हड़ताल कराती है और उसी के बाद गिरफ्तार हो जाती है।

सलीम एक आई.सी.एस. अफसर हो जाता है। उसने अपने लिए वही स्थान चुना, जहाँ अमरकान्त रह रहा था। उन दोनों में कभी-कभी मुलाकात भी हो जाती। अमर ने लगान छुड़ा देने के लिए महन्तजी से जो प्रार्थना की थी, वह अधिक सफल न हो सकी। महन्तजी यद्यपि किंचित उदार हुए पर कारिन्दे बकाया वसूल करने में किसानों को बहुत तंग करने लगे। कुछ दिन तक तो लोगों ने सहन किया, पर अन्त में स्थिति बिगड़ गई। स्वामी आत्मानन्द क्रान्तिकारी विचारों के उग्रवादी व्यक्ति थे। उन्होंने जनता में और भी आग भर दी।

गाँवों की हालत बिगड़ती जा रही थी। गाँववाले किसी प्रकार लगान देने को तैयार न थे। उनके घरों में खाने तक को अनाज नहीं था। वे स्वराज्य की इच्छा करने लगे। सलीम और उसके आई.सी.एस. मित्र गजनवी को बड़ी चिन्ता होने लगी कि कहीं विद्रोह न हो जाए। अन्त में विवश होकर सलीम को चालाकी से अपने मित्र अमरकान्त को गिरफ्तार करना पड़ा पर उसकी आत्मा ग्लानि से भर गई। केवल नौकरी के कारण उसे अपनी इच्छा के विरुद्ध कार्य करना पड़ रहा था। अन्त में एक दिन अन्य पुलिस अफसर मिस्टर घोष से उसकी मुठभेड़ हो गई। सलीम गाँववालों पर अत्याचार न देखना चाहता था। उसने मना किया और आखिरकार उसे भी विद्रोह की सजा में जेल जाना पड़ा।

इसके अनन्तर सभी व्यक्तियों के जेल जाने की बारी आती गई। क्रान्ति एक

सार्वजनिक स्वरूप धारण कर लेती है। सुखदा, अमरकान्त, सलीम जेल पहुँच चुके थे। पठानिन, लाला समरकान्त, रेणुकादेवी, डॉ. शान्तिकुमार, सकीना आदि भी विद्रोह के अपराध में जेल भेज दिए जाते हैं। नैना को भाषण देते देखकर उसके पति सेठ मनीराम उसे गोली मार देते हैं। नैना का बलिदान सफल हो जाता है और म्युनिसिपैलिटी मजदूरों के मकान बनवाने के लिए जमीन दे देती है।

उपन्यास की परिसमाप्ति के अवसर पर सभी प्रमुख पात्र जेल के बाहर आ जाते हैं, और राजनीतिक तथा सामाजिक क्रान्ति सफल होती है। सरकार पाँच आदमियों की एक कमेटी बना देती है, जो सार्वजनिक सुधार की योजना बनाएगी।

कथा-विवेचन

'कर्मभूमि' के कथानक का मूल आधार राजनीतिक समस्याओं से सम्बन्ध रखता है। नायक अमरकान्त स्वयं कांग्रेस का सदस्य है। राजनीतिक चेतना के अन्तर्गत ही लेखक ने सामाजिक प्रश्नों को भी ले लिया है। साधारण रूप से आरम्भ होने वाली क्रान्ति अन्त में एक विशाल स्वरूप धारण कर लेती है। उपन्यास के अन्तिम भाग में सभी पात्रों का जेल में जाना यद्यपि अस्वाभाविक प्रतीत होता है, किन्तु प्रेमचन्द इसी योजना के द्वारा सार्वजनिक क्रान्ति को प्रस्तुत करते हैं। जनता के समस्त प्रतिनिधि कारा की दीवारों में बन्दी होकर ही क्रान्ति को सफल बनाते हैं। सरकार की दमनकारी नीति की पराजय होती है।

उपन्यास में अनेक समस्याओं का प्रतिपादन होने के कारण कथावस्तु कई स्थान बदलती है। शहर में एक क्रान्ति हो रही है, जिसका नेतृत्व डॉ. शान्तिकुमार तथा सुखदा आदि करते हैं। गाँवों के आन्दोलन का पथ-प्रदर्शन सुधारवादी अमरकान्त और क्रान्तिकारी आत्मानन्द के द्वारा होता है। एक ही उपन्यास में चलनेवाली दो भिन्न-भिन्न स्थलों की घटनाएँ अन्त में एक ही उद्देश्य पर आकर मिल जाती हैं, और एक समन्वित प्रभाव की सृष्टि होती है। नगर की क्रान्ति का राजनीति से और ग्राम आन्दोलन का सामाजिक विषमता से अधिक सम्बन्ध है। राजनीतिक और सामाजिक क्रान्ति भी अन्त में सफल होती है। विषय प्रतिपादन के कारण घटनाक्रम में प्रेमचन्द ने बड़ी सावधानी से काम लिया है। अधिकांश घटनाएँ क्रान्ति के ही चारों ओर केन्द्रित दिखाई देती हैं। उसमें हड़ताल, दमन आदि का अधिक समावेश है। किन्तु विभिन्न पक्षों पर जोर देने वाले प्रेमचन्द इस उपन्यास में थोड़ा सा बहक जाते हैं। मुन्नी मुकदमे से छूटने के बाद की सारी घटना अमर को सुनाती है। इस घटना का उपन्यास की मुख्य कथाधारा से विशेष सम्बन्ध नहीं है, किन्तु लेखक अपनी वर्णनलोलुपता में ही उसे कहता प्रतीत होता है। इसी प्रकार सकीना की कथा में भी एक-दो स्थलों पर अधिक खींचतान की गई है।

'कर्मभूमि' के कथानक की मुख्य विशेषता उसके समस्या प्रतिपादन में है। लेखक ने कथा की धारा को इस प्रकार रखा है कि सभी मुख्य प्रश्न उसमें आ जाते हैं। जब कोई बात इस धारा से अलग दिखाई देती है, तभी वह अपने पथ से कुछ दूर हट जाता

है, अन्यथा मुख्य धारा में ही सबका समावेश कर लेता है। मन्दिर में अछूतों का प्रवेश, महन्त का धार्मिक पाखंड, राजनीतिक जागृति, सरकारी दमन आदि विषय कथा की मुख्यधारा में ही आते हैं। अनेक विषयों के कारण घटना और पात्रों की संख्या अधिक है।

'कर्मभूमि' के कथानक-निर्माण में प्रेमचन्द को पर्याप्त सफलता प्राप्त हुई है। सभी नेतागण अपने स्वप्न को सत्य देखने के लिए उपन्यास के अन्त तक जीवित रहते हैं। हत्याओं की संख्या अन्य कृतियों की भाँति इसमें अधिक नहीं है। लेखक ने बड़ी कुशलता से कथानक की दो विभिन्न धाराओं को मिला दिया है। देश-सेवा के विशाल रंगमंच पर सभी पात्र मिल जाते हैं। इस प्रकार 'कर्मभूमि' में प्रेमचन्द ने कथानक को भली-भाँति सँभाला है।

चरित्र-विवेचन

'कर्मभूमि' के सामूहिक उद्‌देश्य के कारण इसमें पात्रों की संख्या अधिक है। सभी व्यक्ति लक्ष्यपूर्ति में अपना-अपना सहयोग प्रदान करते हैं, किन्तु क्रान्ति का बीजारोपण अमरकान्त और डॉ. शान्तिकुमार के द्वारा ही होता है। वे आदि से अन्त तक सामाजिक जागृति में प्रयत्नशील रहते हैं। इन दोनों देशसेवियों के अनन्तर ही सुखदा का नाम आता है, जो अपने कार्यों से 'नगर की देवी' बन जाती है। अमरकान्त के जाते ही उसके जीवन में आकस्मिक परिवर्तन आता है, और वह सबसे पहले जेल पहुँचती है। लाला समरकान्त का चरित्र पूँजीवादियों की विशेष मनोवृत्ति का परिचायक है, किन्तु वह भी समय के साथ बदलते हैं। सलीम में भी परिवर्तन होता है। सकीना के प्रेम की भी अवहेलना नहीं की जा सकती। इस प्रकार कर्मभूमि के अधिकांश पात्र अपना महत्त्व रखते हैं।

अमरकान्त : उपन्यास का नायक और प्रमुख पात्र है अमरकान्त। आदि से अन्त तक वह कथा में दिखाई देता है और जिस क्रान्ति का सूत्रपात्र उसके द्वारा हुआ था, उसकी परिणति भी वह देख लेता है। उसके जीवन का अधिकांश देशसेवा और राजनीति में व्यतीत होता है। अपने राजनीतिक विचारों में वह आत्मानन्द की भाँति उग्रवादी नहीं है। उसका दृष्टिकोण एक सुधारवादी राष्ट्रसेवा का सा है। अमरकान्त डॉ. शान्तिकुमार के आश्रम में बालकों को पढ़ाने और म्युनिसिपैलिटी और कांग्रेस की सदस्यता से अपने कार्य का आरम्भ करता है और क्रमशः एक सामूहिक संगठन का नेता बनता है। शहर में कुछ दिनों काम करने के अनन्तर वह गाँवों में चला जाता है। उसी के प्रयास से चमार मांस खाना छोड़ देते हैं, चौधरी शराब नहीं पीता। खेती अच्छी न होने से किसान लगान देने में असमर्थ हैं। इस अवसर पर भी अमरकान्त ही कई बार महन्तजी के पास जाकर अनुनय-विनय करता है।

देशप्रेमी होने के साथ ही अमरकान्त एक आदर्शवादी और सहिष्णु व्यक्ति है। दुकान पर बैठे हुए भी वह काले खाँ के चोरी के माल को स्वीकार नहीं करता और पिता से स्पष्ट कह देता है कि उससे यह घृणित व्यापार न हो सकेगा। विपत्ति के समय पीठ

पर लादकर खद्दर बेचता है, पर किसी से याचना नहीं करता। एक क्रियाशील परिश्रमी युवक के रूप में वह उपन्यास में कई बार सम्मुख आता है। 'कायाकल्प' के चक्रधर की भाँति उसकी नीति सहिष्णुता और उदारता से पूर्ण है। जब उपन्यास के अन्त में सभी पात्र जनता को उत्तेजित करने लगते हैं, तब वह काले खाँ की सेवा करता हुआ दिखाई देता है। वैधानिक रीति से स्वराज्य की प्राप्ति ही उसका प्रमुख लक्ष्य प्रतीत होता है। उसे यह सुनकर ही प्रसन्नता होती है कि सरकार ने पाँच सदस्यों की एक कमेटी बना दी है, जिसकी बात सरकार मान लिया करेगी।

अमर अपने व्यक्तिगत जीवन में भी पूर्णतया मानवतावादी है। आरम्भ में पत्नी सुखदा से उसका सम्बन्ध ठीक नहीं रहता किन्तु धीरे-धीरे वह अपने को सुधारता है। उसी के कहने से वह दुकान पर भी बैठने लगता है। सन्तानोत्पत्ति के समय तो उसका समस्त अनुराग ही उमड़ आता है। सुखदा के राजनीतिक कार्यों को सुनकर उसे आनन्द होता है। यद्यपि सुखदा के साथ वह एक जीवन-साथी बनकर न चल सका, किन्तु वह कभी भी निर्मम न हुआ। सुखदा से तृप्ति न होने के कारण ही वह सकीना की ओर आकृष्ट हो जाता है। सच्चे प्रेमी की भाँति अमरकान्त हृदय की समस्त कोमल भावनाएँ उसे समर्पित कर देता है। उसके सुख-दुख का साथी बन जाता है। जीवन के आपत्तिकाल में भी प्रेयसी को दो साड़ियाँ दे देने की इच्छा उसमें जागृत हो जाती है। तब सकीना अमरकान्त के साथ चलने का प्रस्ताव करती है, तब वह मना कर देता है। यहाँ भी उसका आदर्शवाद सम्मुख आ जाता है। वह प्रेमी है, नारी का अपहरण नहीं कर सकता। सकीना से अलग होकर अमरकान्त एक बार पुनः मुन्नी से प्रणय की भिक्षा माँगता है, परन्तु मुन्नी मौन उपासिका बनकर रहना चाहती है। वास्तव में अमरकान्त के आन्तरिक जीवन की अतृप्ति ही उसे अनेक स्थलों पर आत्मसमर्पण कर देने के लिए बाध्य करती है। अन्त में वह अपनी पत्नी सुखदा को अपना लेता है।

सुखदा : अमरकान्त के बाद ही सुखदा का स्थान महत्त्वपूर्ण है। उसका क्रान्ति में प्रमुख सहयोग है, और वह भी अपने पति की भाँति एक नगर का नेतृत्व करती है। क्रियाशीलता में तो यह नारी सभी व्यक्तियों को अपने पीछे छोड़ देती है। मन्दिर में अछूतों के प्रवेश की बात पर जब गोलियाँ चलने लगती हैं, तब भी वह निश्चल खड़ी रहती है। उसमें एक अद्भुत कर्मठता है, जिससे वह भारी से भारी हड़ताल की योजना कर लेती है और उसे सफल बनाती है। जब सब व्यक्ति निराश हो जाते हैं, तब वह अपने कार्य में तल्लीन रहती है और अन्त में उसे विजय प्राप्त होती है। अपने राजनीतिक विचारों में सुखदा अमर की भाँति अधिक सहिष्णु नहीं है। वह अपने उत्तेजक भाषणों से जनता में क्रान्ति की भावना भर देना जानती है। वह जनता को स्पष्ट बता देती है कि 'इन स्वार्थियों से इंसाफ की आशा छोड़ दो।' सुखदा के क्रियाशील व्यक्तित्व से स्वयं डॉ. शान्तिकुमार को भी ईर्ष्या सी होने लगती है। अपने राजनीतिक विचारों में सुखदा पूर्णतया दृढ़ है और वह किसी मूल्य पर भी उनसे विचलित नहीं होती। जनता की कायरता उसे एक पल के लिए निराश कर देती है, फिर भी वह कन्धा नहीं डालती।

नैना से स्पष्ट कह देती है कि अन्त में त्याग की विजय होगी। गिरफ्तारी के समय जब लाला समरकान्त जमानत करना चाहते हैं, तो वह मना कर देती है। उसे जेल जाना सहर्ष स्वीकार है। इस प्रकार अपने राजनीतिक जीवन में सुखदा किसी से पीछे नहीं है। उसका महत्त्वपूर्ण योग सामूहिक क्रान्ति में स्पष्ट है।

आरम्भ की सुखदा की विलासप्रियता संस्कारजन्य ही अधिक है। एक धनी परिवार में पली हुई युवती शीघ्र ही अपने को परिस्थिति के अनुकूल मोड़ लेती है। जब अमर उससे अलग चलकर रहने का प्रस्ताव करता है, तब वह सहर्ष स्वीकार कर लेती है। अमर के चले जाने के पश्चात उसे बहुत दुख होता है, पर कुछ ही समय में वह राजनीतिक कार्यों में लग जाती है। सुखदा की उदारता उस समय दिखाई देती है, जब वह सकीना के घर स्वयं आने-जाने लगती है। उसका विचार है कि उसमें अवश्य कोई कमी होगी, तभी अमर सकीना की ओर आकृष्ट हुआ। सार्वजनिक कार्यों में भाग लेने के साथ ही वह व्यक्ति का भी पूर्ण आदर करती है। जीवन के सम्पर्क में आने वाले प्रायः सभी व्यक्तियों को वह सहानुभूति देती है, किन्तु उसका सार्वजनिक महत्त्व ही अधिक है।

प्रेमचन्द ने सुखदा के चरित्र का निर्माण एक देशसेविका के रूप में अधिक किया है। अमरकान्त और सुखदा दो स्थलों पर कार्य करते हुए देशप्रेमी हैं, जो अन्त में एक ही केन्द्र पर मिल जाते हैं।

डॉ. शान्ति कुमार : राजनीतिक जीवन में डॉ. शान्तिकुमार अमरकान्त और सुखदा से पीछे हैं। यद्यपि सेवाश्रम का आरम्भ उन्होंने ही किया था, किन्तु अपने कार्य को उस सीमा तक नहीं ले जा पाते, जहाँ तक अमर और सुखदा गए हैं। डॉ. शान्ति कुमार किसी प्रकार का खतरा नहीं मोल लेना चाहते और साधारण सा अभाव भी उन्हें निराश कर देता है। रेणुका का ट्रस्ट बन जाने पर वह किंचित आशावान होते हैं। वह त्याग कर सकते हैं। देश के प्रति उनमें कर्त्तव्यपालन की इच्छा भी है, किन्तु वह अधिक संघर्ष नहीं कर पाते। प्रेमचन्द ने डॉ. शान्तिकुमार के व्यक्तित्व को पूर्ण विकसित नहीं किया, केवल साधारण रेखाएँ देकर छोड़ दिया।

समरकान्त : लाला समरकान्त का चरित्र पूँजीवादी मनोवृत्ति का परिचय देता है। वह किसी प्रकार धन संचय करना चाहते हैं। अपने पुत्र पर भी अधिक व्यय नहीं करते। किन्तु प्रेमचन्द ने उनके रूप परिवर्तन से पाठकों के मन में उनके प्रति सहानुभूति उत्पन्न कर दी है।

सलीम : सलीम भी अन्त में जनता का साथ देकर सहानुभूति का पात्र बन जाता है। मित्र अमर के प्रति वह प्रत्येक त्याग करने को तत्पर है, किन्तु परिस्थितियों से विवश होकर ही उसे गिरफ्तार करना पड़ता है। मूलतः सलीम एक सहृदय पात्र है।

अन्य प्रमुख पात्रों में आत्मानन्द जी उग्रवादी नीति के समर्थक हैं, और जनक्रान्ति से लक्ष्य प्राप्त करना चाहते हैं। महन्तजी, ब्रह्मचारीजी धार्मिक ठेकेदारों के रूप में आए हैं। इस प्रकार पुरुष पात्र उपन्यास के उद्देश्य में सहायता करते हैं।

नारी चरित्रों में नैना भी सुखदा की भाँति ही जनसेवा का कार्य करती है। अपने भाई अमर के प्रति उसका अत्यधिक अनुराग है। उनके चले जाने पर भाभी को यही आदर का स्थान देती है। प्रेमचन्द ने मनीराम के द्वारा नैना की हत्या कराके उसे स्वराज्य अथवा क्रान्ति की एक आहुति बना दिया है। एक ओर नैना का अन्त होता है, दूसरी ओर मजदूरों को जमीन मिल जाती है। सकीना एक भोली-भाली युवती है, जिसका अधिकांश जीवन स्नेह की सीमाओं में बन्दी है, पर वह भी क्रान्ति में सहयोग देती है। रेणुकादेवी का दान भी स्मरणीय है। पुरुषों की भाँति नारियाँ भी अपना कर्त्तव्य करती हैं।

विचार-विवेचन

'रंगभूमि' की ही भाँति 'कर्मभूमि' भी देश की राजनीतिक और सामाजिक परिस्थितियों से प्रभावित है और वैसी ही समस्याओं को लेकर चलता है। प्रेमचन्द का स्पष्ट मत है कि राजनीतिक आन्दोलन की सफलता के लिए सामाजिक सुधार अनिवार्य है। स्वराज्य-प्राप्ति के लिए सर्वप्रथम जनता में शक्ति उत्पन्न करनी होगी। 'सेवाश्रम' की स्थापना के मूल में यही उद्देश्य है। बालकों की शिक्षा और अछूतों का उद्धार करने के अनन्तर ही नेतागण जनता में संगठन करते हैं।

सामाजिक क्षेत्र में लेखक ने उसके विभिन्न पक्षों पर विचार किया है। मन्दिर में अछूतों के प्रवेश का निषेध है। इस कुप्रथा का अन्त होना चाहिए। मदिरा-सेवन और मृत पशु का मांस-भक्षण भी निन्दनीय है। सामाजिक जागृति के लिए प्रेमचन्द ने सभी कुरीतियों के अन्त पर जोर दिया है। इसके लिए सुधारवादी तरीका ही अधिक उचित बताया है। हड़ताल, सामाजिक संगठन आदि गाँधीवादी उपायों को लेखक ने 'कर्मभूमि' में स्थान दिया है। राजनीतिक समस्याएँ भी इनके द्वारा आसानी से हल हो सकती हैं। धर्म के ठेकेदारों का प्रतिरूप महन्तजी में प्राप्त हो जाता है। मन्दिर भोग-विलास का रंगस्थल सा दिखाई देता है। जब देश की अधिकांश जनता भूखों मरती है, तब ठाकुरजी दूध में स्नान करते हैं। धर्म के आडम्बर का अन्त होना आवश्यक है, अन्यथा जनता का अन्धविश्वास बढ़ता ही रहेगा। उपन्यास में स्थान-स्थान पर मजदूरों और किसानों की दशा का भी अंकन हुआ है। सरकार जनता के आन्दोलन को दबाने के लिए दमनकारी नीति काम में लाती है, किन्तु शिक्षित होने पर जनता उसे सहन नहीं करती।

प्रेमचन्द ने कर्मभूमि में स्वराज्य-प्राप्ति के लिए एक व्यापक आन्दोलन का समर्थन किया है। नगर और ग्राम दोनों ही स्थानों पर जागृति की आवश्यकता है। सुखदा और डॉ. शान्तिकुमार आदि नगर में कार्य करते हैं और अमरकान्त ग्रामों में चेतना फैलाता है। इस प्रकार प्रेमचन्द का दृष्टिकोण अधिक व्यापक दिखाई देता है। पराधीन देश की जनता के सम्मुख जो भी समस्याएँ थीं, उन्हें लेखक ने लिया है, और कुछ का समाधान भी प्रस्तुत किया है। आर्थिक क्षेत्र में प्रेमचन्द पूँजीवादी व्यवस्था के विरोधी हैं। समरकान्त, धनीराम जैसे धनी व्यक्ति ही जनता का शोषण करते हैं। उनकी पूँजी अन्त

में जनहित में लग जाती है। सामाजिक विषमता को समाप्त करने के लिए प्रेमचन्द ने जिस सुधारवादी नीति को अपनाया है, वह अपने समय की राष्ट्रीय विचारधारा से भी मेल खाती है। उस समय कांग्रेस भी सामाजिक और राजनीतिक सुधारों में व्यस्त थी।

'कर्मभूमि' का लेखक अनेक प्रश्नों को उठाता है, पर सभी का उत्तर देना उसके लिए सम्भव नहीं। वह अधिक योजनाएँ भी नहीं बना पाता और इस प्रकार आदर्श समाज की स्थापना में उसे पूर्णतया सफल नहीं कहा जा सकता। उपन्यास के अन्त में आकर प्रेमचन्द एक विचित्र असमंजस में पड़ गए हैं। पाँच आदमियों की कमेटी बन जाती है, जिसकी प्रत्येक बात सरकार मान लिया करेगी। यह कुछ-कुछ स्थानीय स्वराज्य की सी वस्तु है, जिस पर अधिक विश्वास नहीं किया जा सकता। लेखक की सुधारवादी, आदर्शवादी, नम्र नीति अन्त में इतनी उदार हो जाती है कि वह गवर्नर को भी निर्दोष कह देता है, जबकि वास्तव में समस्त व्यवस्था ही दूषित है। विचारों के द्वारा प्रेमचन्द ने समय का चित्रण तो सफलता से कर दिया, किन्तु पाठक के सम्मुख अधिक योजनाएँ नहीं आतीं, जिन्हें वह भावी आदर्श समाज की पृष्ठभूमि मान सके।

कला-विवेचन

'कर्मभूमि' प्रेमचन्द की एक परवर्ती कृति है। इस समय तक वे एक प्रौढ़ उपन्यास-लेखक का पद प्राप्त कर चुके थे। इस प्रौढ़ता के साथ ही उनकी शैली भी स्पष्ट हो गई थी। 'कर्मभूमि' की परिस्थिति-योजना में स्वाभाविकता और प्रवाहमयता अधिक है। कथा की धारा में विशृंखलता नहीं है और वह सम गति से बढ़ती चली जाती है। छोटी-छोटी घटनाएँ मार्ग में बाधा नहीं बन जातीं। उपन्यास के अन्त की सामूहिक क्रान्ति और उसकी विजय कला की दृष्टि से अधिक उत्कृष्ट भले ही न हो, किन्तु सामाजिक क्षेत्र में वह महत्त्वपूर्ण है। लेखक ने विचार-प्रदर्शन के लिए जहाँ कहीं भी भाषणों और वाद-विवादों का अवलम्ब ग्रहण किया है, उपन्यास किंचित बोझिल होने लगा है, अन्यथा विभिन्न घटनाएँ ही विचार प्रतिपादन कर देती हैं।

चरित्र-चित्रण के क्षेत्र में प्रेमचन्द की लेखनी सूक्ष्म स्थितियों का ग्रहण अधिक नहीं कर पाती। 'कर्मभूमि' में उन्होंने सकीना, मुन्नी आदि को लाकर आन्तरिक भावनाओं को स्पर्श करने का प्रयास किया है, किन्तु अधिक सफलता नहीं प्राप्त हुई। राजनीतिक स्थिति को लेकर चलते हुए भी 'कर्मभूमि', 'रंगभूमि' के विस्तार और कलात्मक पूर्णता तक नहीं पहुँच पाती। प्रेमचन्द की दृष्टि 'कर्मभूमि' में विचार-प्रतिपादन पर अधिक लगी रही है। रचना की ओर उन्होंने अधिक ध्यान नहीं दिया। किन्तु 'कर्मभूमि' प्रेमचन्द की एक औसत कृति है, जिसे अधिक शिथिल नहीं कहा जा सकता।

गबन

'गबन' प्रेमचन्द के प्रौढ़ काल का उपन्यास है। इसका निर्माण सन् 1931 के आसपास हुआ था। इसमें प्रेमचन्द ने सामाजिक और मनोवैज्ञानिक समस्याओं को साथ-साथ प्रदर्शित किया है।

कथानक

रमानाथ और जालपा नवविवाहित दम्पति हैं। रमानाथ जालपा से अत्यधिक प्रेम करता है पर वह उससे अपनी वास्तविक स्थिति को सदैव छिपाता रहता है। यह उपन्यास का मनोवैज्ञानिक प्रेरणा-सूत्र है। उसकी सामाजिक पृष्ठभूमि यह है कि रमानाथ अपनी पत्नी की मनस्तुष्टि के लिए अपनी सामर्थ्य से बाहर जाकर गहने लाता और ऐसे उपायों का आश्रय लेता है जो उसे अधिकाधिक कठिन परिस्थितियों में डाल देते हैं। आरम्भ में उसका विवाह ही कर्ज लेकर किया गया था। आगे चलकर उस कर्ज को चुकाने के लिए उसे अपने घर में ही गबन करना पड़ा। स्त्री के गहने चुराने पड़े और इस प्रकार महाजन का कर्ज अदा किया गया। परन्तु जालपा के लिए गहने लाने का कार्य जारी ही रहा और इस प्रसंग में रमानाथ को पहले तो सर्राफ से ही उधार गहने लेने पड़े, फिर पड़ोस के परिवार रतन और उसके पति को धोखा देना पड़ा और अन्ततः दफ्तर से रुपए गबन करने पड़े। क्रमशः परिस्थितियाँ रमानाथ के लिए विषम होती गईं और उसे एक दिन प्रयाग छोड़कर अज्ञात स्थान को चल देना पड़ा।

रमानाथ बिना टिकट के ही प्रयाग से चल पड़ा था परन्तु रेलगाड़ी में उसे देवीदीन नामक एक खटिक मिला, जिसने उसके प्रति दया दिखाई, टिकट के पैसे चुकाए और अपने साथ कलकत्ता ले गया। कलकत्ता में रमानाथ कुछ दिन तक गुप्त रूप से रहा, पर कुछ समय बाद उसने चाय की दुकान खोली और थोड़ी-बहुत आमदनी करने लगा। एक दिन जब वह राधेश्याम का एक नाटक देखने के लिए टिकट लेने निकला तो ऐसा विचित्र वेश बनाकर चला कि लोगों की दृष्टि उसकी ओर हठात पड़ने लगी। उसे देखकर सबको कौतूहल हो रहा था। इसी समय पुलिस के एक दल ने उसे देखा और शंका में उसे गिरफ्तार कर लिया। प्रश्न किए जाने पर उसने अपना नाम और पता गलत बताया। देवीदीन को जब इसकी सूचना मिली, वह पुलिस थाने में आया और रमानाथ को छुड़ाने की भरसक चेष्टा की। रमानाथ को यह भय था कि प्रयाग से उसके नाम

वारंट अवश्य निकला होगा, क्योंकि वह दफ्तर से रुपए लेकर भागा है; परन्तु वास्तविकता यह थी कि जालपा ने दफ्तर के रुपए दूसरे ही दिन जमा करा दिए थे, किन्तु रमानाथ को वह वृत्तान्त ज्ञात न था।

यहाँ से कहानी नई दिशा और नए क्षेत्र में प्रवेश करती है। पुलिस रमानाथ को गिरफ्तार करने के पश्चात एक राजनीतिक मुकदमे में उसका उपयोग करना चाहती है। यह राजनीतिक मुकदमा क्रान्तिकारियों से सम्बन्ध रखता था। आरोप लगाए गए थे, परन्तु प्रमाण न मिलता था। कोई गवाही देने को तैयार न था। रमानाथ को प्रलोभन दिया गया कि वह न केवल मुक्त कर दिया जाएगा, उसे सरकार कोई नौकरी भी दे सकेगी। साधारणतः रमानाथ इस प्रलोभन में न पड़ता, पर प्रयाग की घटनाओं ने उसे भयभीत रखा था और यह पुलिस के चंगुल में बुरी तरह पड़ गया।

अब वह ऐशो-आराम से एक बँगले में रहने लगा था, जो पुलिस की ओर से उसे दिया गया था। जोहरा नाम की एक स्त्री (वेश्या) उसका मनोरंजन करने के लिए नियुक्त की गई थी। रमानाथ धीरे-धीरे फिसलता जा रहा था। इसी बीच जालपा अपने पति की तलाश में प्रयाग से निकली और कलकत्ता पहुँची। समाचार पत्रों से उसने अनुमान कर लिया था कि रमानाथ देवीदीन के साथ कलकत्ता में रह रहा है। जालपा भी वहीं पहुँची परन्तु वहाँ आने पर उसे ज्ञात हुआ कि रमानाथ एक पुलिस केस में फँस गया है और वह क्रान्तिकारियों के विरुद्ध गवाही देने के लिए तैयार किया जा रहा है। परिस्थितियों का परिचय देकर रमनाथ को इस अनैतिक कार्य से विरत करने के लिए जालपा सचेष्ट हो उठी। उसने रमानाथ से मिलने का प्रयत्न किया। वह रमानाथ के पास तक तो नहीं पहुँच सकी, पर एक पत्र में आवश्यक विवरण लिखकर छोड़ आई। वह पत्र सहसा रमानाथ को मिल गया। किन्तु इसके पहले ही रमानाथ क्रान्तिकारियों के विरुद्ध गवाही दे चुका था। इस पत्र ने यद्यपि उसकी मनोभावना में आत्यंतिक परिवर्तन कर दिया पर अब वह जो कुछ कर चुका था उससे प्रत्यावर्तित होना सम्भव न था। फिर भी रमानाथ ने असाधारण पद्धति का अवलम्बन किया और सीधे जज साहब के पास पहुँचकर सारा वृत्तान्त कह सुनाया। जज को भी अपना निर्णय बदलने में अवैधानिकता की सीमा तक जाना पड़ा, पर उसे विश्वास हो गया था कि रमानाथ का पिछला वक्तव्य ही सत्य है और निरीह व्यक्तियों को अकारण ही बन्द किया गया है। उसने अपना निर्णय बदल दिया, जो एक आश्चर्यजनक घटना सिद्ध हुई। भारतीय न्याय के इतिहास में वह अभूतपूर्व थी !

इसके पश्चात कहानी परिसमाप्ति पर पहुँच जाती है। जोहरा वेश्यावृत्ति छोड़कर सेवा का जीवन व्यतीत करने लगती है। जालपा और रमानाथ भी लोकसेवा का व्रत धारण करते हैं। इसी बीच एक दिन गंगा के तट पर जोहरा, जालपा और रमानाथ खड़े थे। नदी खूब बढ़ी हुई थी। यात्रियों से भरी एक नाव डाँवाडोल हो रही थी, सहसा डूब गई। सभी यात्री निरीह दशा में बह गए। जोहरा समीप आते हुए एक व्यक्ति को बचाने के लिए गंगा में कूद पड़ी, पर वह स्वयं बह गई। जालपा और रमानाथ ने भी उन्हें बचाने

की चेष्टा की, पर वे पानी में बहुत दूर तक न जा सके। वे जोहरा के डूब जाने की घटना से व्यथित थे, पर कोई उपाय न था। दोनों दुखी हृदय से घर लौटे।

कथा-विवेचन

वस्तुतः यह उपन्यास एक सीमित घटनावली पर ही रचा गया है। इसमें विषय का विस्तार नहीं है। आरम्भ में यह एक पारिवारिक उपन्यास के रूप में चलता रहता है, परन्तु आगे चलकर एक दूसरी कथा भी इसके साथ जोड़ दी जाती है। प्रयाग और कलकत्ता की कथाएँ जुड़कर उपन्यास को विस्तार देती हैं, अन्यथा यह उपन्यास और भी शीघ्र समाप्त हो जाता। परिवार के भीतर युवक और युवती, पति-पत्नी के मनोविज्ञान को लेकर यह उपन्यास आगे बढ़ा है। मध्यवर्गीय दिखावा और अपनी पहुँच के बाहर जाने की प्रवृत्ति रमानाथ को संकटों में डालती है। वस्तुतः कहानी का मुख्य पहलू इतना ही है। यदि उपन्यासकार इतनी कथा को अन्तर्वर्ती वर्णनों से सजा देता तो यह अधिक प्रभावशाली कथा होती, परन्तु कदाचित प्रेमचन्द उस दिशा में अधिक दूर तक नहीं जा सके। उन्होंने देखा, कहानी बहुत शीघ्र समाप्त हो रही है। कदाचित इसीलिए कलकत्ता का सारा प्रकरण जोड़कर उसे विस्तार दिया है।

यद्यपि इन दोनों कहानियों को प्रेमचन्द ने एक स्वाभाविक क्रम से जोड़ने की चेष्टा की है, परन्तु उद्देश्य और प्रभाव की दृष्टि से वे कथा की एकात्मता की रक्षा नहीं कर सके हैं। यदि पूरा उपन्यास प्रयाग की घटनाओं से ही सम्बद्ध रहता तो उसमें रचना सम्बन्धी एक पूर्णता आ जाती। उसका प्रभाव भी अधिक तीव्र होता और कदाचित मध्यवर्ग की आर्थिक और सामाजिक समस्याओं पर तीखा प्रकाश पड़ता। इसी प्रकार यदि उपन्यास केवल कलकत्ता की घटनाओं से सी सम्बद्ध होता, तो वह पूर्णतः राजनीतिक उपन्यास बन जाता और न्याय के स्वरूप पर बहुत-कुछ प्रकाश डालता। वैसी स्थिति में एक उपन्यास के बदले दो बन सकते थे—एक मध्यवर्गीय पारिवारिक चित्रण के आधार पर और दूसरा पुलिस के हथकंडों और न्याय की विडम्बनाओं के आधार पर। परन्तु इन दोनों को एक में मिलाकर चमत्कारपूर्ण घटनाओं की योजना द्वारा ये दोनों कथासूत्र प्रेमचन्द ने जोड़ रखे हैं। कहानी के प्रवाह में कोई बड़ी बाधा नहीं उपस्थित होती, परन्तु जैसा कहा जा चुका है, उपन्यास के संकलन और प्रभाव की एकाग्रता में त्रुटि अवश्य आ गई है।

एक अन्य उद्देश्य जो इस घटनाक्रम से सिद्ध हुआ है, जालपा के चरित्र परिवर्तन का उद्देश्य है। यदि उपन्यास प्रयाग तक ही सीमित रहता तो कदाचित जालपा का यह परिवर्तन इतने विश्वसनीय रूप से न दिखाया जा सकता। दूर गए हुए पति की विपत्तियों ने जालपा को नए सिरे से सोचने और क्रियाशील होने का अवसर दिया। वह मूलतः अच्छी प्रेरणाओं की नारी है। परिस्थितियों ने उसे आभूषणप्रिय बना रखा है। वह अपने पति के सम्मुख एक प्रदर्शन की वस्तु बनकर उपस्थित होती है। उसका पति भी कदाचित उससे यही चाहता है, पर ज्यों ही स्थितियाँ बदलती हैं और जालपा को

अवसर मिलता है, वह अपनी इन संकीर्ण प्रवृत्तियों को छोड़कर उद्योगशीला और त्यागमयी नारी का रूप ग्रहण करती है। प्रेमचन्द ने उसके चरित्र परिवर्तन में कलकत्ता की कहानी का जो उपयोग किया है वह कथा की त्रुटियों को थोड़ा-बहुत कम कर देता है। जालपा ही वह सूत्र है, जो प्रयाग और कलकत्ता की कहानियों को संग्रहित करता है। इस दृष्टि से भी प्रेमचन्द को कथा-प्रणयन में आंशिक सफलता मिली है।

गबन में अनावश्यक विस्तार कहीं नहीं है। कहानी समगति से विकसित होती है। घटनाएँ स्वाभाविक क्रम से चलती हैं और विभिन्न पात्र व्यवस्थित रूप से कथा में समाहित दीखते हैं। इसमें 'रंगभूमि' की सी अतिशयता नहीं है। खूब सधा हुआ और संयमित कथानक रखा गया है।

चरित्र-विवेचन

'गबन' में मुख्य चरित्र रमानाथ और जालपा के ही हैं। रतन और जोहरा के चरित्र इनके बाद आते हैं। देवीदीन भी एक विशेष प्रकार का पात्र है, जिसको उपन्यासकार ने सहानुभूति के साथ अंकित किया है। शेष चरित्र गौण और नगण्य से हैं।

रमानाथ : रमानाथ लाड़-प्यार में पला, अपनी स्थिति का बोध न रखनेवाला, अपने को आवश्यकता से अधिक महत्त्व देनेवाला, नवयुवक है। उसकी सबसे बड़ी विशेषता यह है कि वह अपने निकटतम व्यक्ति को भी अपने हृदय की बात नहीं बताता। यह संकोच या गोपन की वृत्ति उसे अनेक संकटों में डालती है। प्रेमचन्द ने रमानाथ के द्वारा एक विशेष प्रकार का वैचित्र्यपूर्ण चरित्र उपस्थित किया है। विवाह होने पर रमानाथ की शौकीनी बढ़ने लगती है। वह अपने लिए तो फैशन की सामग्रियाँ लाता ही है, अपनी पत्नी के लिए भी नए-नए आभूषण लाने की चेष्टा में रहता है। वह हर बार ऐसी कठिन स्थिति में आ जाता है जिससे उसे सचेत हो जाना चाहिए। थोड़ी सी स्पष्टभाषिता ही उसके उद्धार के लिए पर्याप्त थी, पर वह ऐसे प्रत्येक अवसर को खो बैठता है। परिणाम यह होता है कि उसका बोझ बढ़कर उसकी सहनशक्ति के परे पहुँच जाता है और वह किसी प्रकार परिस्थिति से बचने के लिए घर से भाग खड़ा होता है।

रमानाथ के चरित्र की दूसरी विशेषता उसके नैतिक बन्धनों की शिथिलता है। वह प्रत्येक अवसर पर जीट हाँकने और झूठी बात कहकर काम चलाने का आदी हो गया है। अपने पिता और माता से तो वह झूठ बोलता ही है, रतन को भी धोखे में रखता है और अपनी पत्नी जालपा से भी सत्य को छिपाता है। वस्तुतः दूसरों के प्रति किया गया यह मिथ्या व्यवहार अपने ही प्रति किए गए मिथ्या व्यवहार का दूसरा रूप है। उसकी सारी प्रवंचना आत्मप्रवंचना मात्र है।

कलकत्ता में रमानाथ जो कुछ करता है, वह भी उसके व्यक्तित्व का एक स्वाभाविक पहलू है। उसे किसी भी प्रकार पुलिस के पंजे से छूटना है। वह पुलिस के प्रलोभनों में भी फँसता है और निरपराध व्यक्तियों के विरुद्ध झूठी गवाही भी देने को तैयार होता है। यह सारा उपक्रम रमानाथ के मूलहीन व्यक्तित्व के लिए कोई बड़ी बात नहीं।

प्रेमचन्द ने इस चरित्र की सारी रूपरेखा स्वाभाविक भूमि पर अंकित की है। बस केवल रमानाथ का अन्तिम सुधार आश्चर्यजनक अवश्य है। परन्तु यह तो प्रेमचन्द की उस आदर्शवादिता का परिणाम है, जिसकी झलक हम उनके सभी उपन्यासों में पाते हैं। इसके प्रति हमें आश्चर्य नहीं होता।

जालपा : जालपा उस धातु की बनी है जिसे किसी भी साँचे में ढाला जा सकता है। वह अपने परिवार से आभूषणप्रियता का संस्कार लेकर आई है, परन्तु रमानाथ चाहता तो उसकी इस वृत्ति का निवारण कर सकता था। जालपा जब कभी रमानाथ को चिन्तित देखती है, तभी उसकी चिन्ता का कारण पूछती है। उसे यह आभास मिल गया है कि रमानाथ उससे सारी बात नहीं कहता। जब कभी सत्य का कोई अंश रमानाथ से जालपा को मिल जाता है, वह तुरन्त रमानाथ का साथ देती है और उसे संकट से बचा लेती है। तात्पर्य यह कि जालपा के चरित्र में कोई मूलभूत विकृति नहीं है। रमानाथ और जालपा दोनों ही वास्तविकता से दूर हैं, परन्तु दोनों में अन्तर यह है कि जालपा वास्तविकता के समीप पहुँचने का निरन्तर प्रयत्न करती है जबकि रमानाथ सदैव उससे दूर ही भागता रहता है। इस दृष्टि से भी रमानाथ की अपेक्षा जालपा का चरित्र अधिक सम्भावनावान है। वह जब तक अँधेरे में है तब तक वह प्रकाश के लिए सदैव समुत्सुक है और एक बार जब परिस्थितियाँ उसे अच्छी तरह झकझोर कर वस्तुस्थिति का आभास दे देती हैं, तब वह अपने जीवन का नया अध्याय आरम्भ करती है। जालपा का चरित्र-परिवर्तन अस्वाभाविक नहीं प्रतीत होता। इतना अवश्य है कि प्रेमचन्द ने उसे एक दुर्बल मानवी से सहसा एक अलौकिक दिव्यता दे दी है, जो कुछ अतिरंजित प्रतीत होती है। यदि प्रेमचन्द उसकी दुर्बलताओं का निरसन कर उसे एक निर्दोष मानवी के रूप में ही अंकित करते, तो अधिक अच्छा होता।

अन्य पात्र : देवीदीन के चरित्रांकन में भी प्रेमचन्द ने एक वैचित्र्य की योजना की है। वह घर के काम से प्रायः विरक्त रहता है। सब कुछ उसकी पत्नी ही करती है। अत्यन्त स्वल्पशिक्षित और साधारण स्थिति का व्यक्ति होते हुए भी अपने दोनों पुत्रों को राष्ट्रीय सेवा के कार्य में लगा देता है। किसी भी परिचित-अपरिचित व्यक्ति के प्रति उसकी संवेदना सदैव जागृत रहती है और अपनी शक्ति-भर वह सबकी सहायता करना चाहता है। सीमा के बाहर उत्साह और असीम अकर्मण्यता दोनों उसके चरित्र के साथ-साथ व्यक्त हुए हैं। इसके अनोखे चरित्र के प्रति प्रेमचन्द ने बड़ी दिलचस्पी दिखाई है।

रतन विलासिता में पली एक वृद्ध पुरुष की युवती भार्या है। उसे हर काम के लिए पूरी छूट दी गई है, मानो इसी के बदले में वह भी अपने वृद्ध पति के प्रति अत्यधिक कर्त्तव्यपरायण बन गई है। स्वतन्त्रता और स्वच्छन्दता भी कर्त्तव्यनिष्ठा की प्रेरक होती हैं, यह उसके चरित्र में प्रदर्शित किया गया है। पति के बीमार होने और अन्त में उसकी मृत्यु हो जाने के पश्चात रतन के जीवन में वैराग्य और साधना की वृत्तियाँ जन्म लेती हैं। कुल मिलाकर यह चरित्र कतिपय स्पष्ट मनोवैज्ञानिक रेखाओं द्वारा अंकित है और

अन्त में प्रेमचन्द का व्यापक आदर्शवाद इसे भी अपने क्रोड़ में समाविष्ट कर लेता है।

जोहरा के चरित्र की बहुत थोड़ी रेखाएँ उपन्यास में अंकित हैं। वह आरम्भ में एक वारवनिता है किन्तु नारीत्व के चिह्न उसमें अवशिष्ट हैं। अनुकूल परिस्थितियाँ पाकर उसका नारीत्व सबल और सशक्त होने लगता है और वह ऐसे कार्य करने लगती है जो किसी भी नारी के लिए गौरवप्रद हो सकते हैं। इस चरित्र के द्वारा प्रेमचन्द ने कंदाचित यह दिखाया है कि विपरीत परिस्थितियों में भी नारी का नारीत्व पूर्णतः विलुप्त नहीं होता। आशा सदैव बनी रहती है, केवल अनुकूल अवसर की प्रतीक्षा रहा करती है। यह विशुद्ध मानवतावादी दृष्टिकोण प्रेमचन्द की एक प्रमुख विशेषता है।

विचार-विवेचन

'गबन' में किसी विषय को लेकर विस्तृत विचार व्यक्त नहीं किए गए हैं। कला की दृष्टि से यह एक विकसित स्थिति की सूचना है, क्योंकि चरित्र-चित्रण और वस्तु-विकास से भिन्न विचारों के ऊहापोह के लिए उपन्यासों में स्वतन्त्र स्थान निकालना उपयोगी नहीं होता। व्यंजना द्वारा प्रेमचन्द के कतिपय विचार यहाँ अवश्य व्यक्त हुए हैं। उनमें से एक प्रमुख यह है कि मध्यवर्ग में प्रदर्शन की अनिष्टकारी भावना कितनी भयावह हो सकती है। रमानाथ की भाँति ऊपर ही ऊपर तैरने वाले मनुष्य के विचार उसे कहाँ तक ले जा सकते हैं। इसके अतिरिक्त प्रेमचन्द ने उपन्यास के उत्तरार्ध में पुलिस के हथकंडों, न्यायालय के निर्णयों आदि के सम्बन्ध में कथा-प्रवाह के भीतर अप्रत्यक्ष रूप से जो विचार व्यक्त किए हैं, वे भारतवर्ष में विदेशी शासन के कारनामों का यथेष्ट उद्घाटन करते हैं।

कला-विवेचन

इस प्रौढ़ उपन्यास में कोई प्रासंगिक या पार्श्ववर्ती कथा नहीं रखी गई है। सभी पात्र सीधे औपन्यासिक व्यापार में भाग लेते हैं। इसमें वर्णनों का बाहुल्य भी नहीं है जो अक्सर पाठकों को उबा देता है। किसी प्रकार की इतिवृत्तात्मकता अथवा लम्बे-चौड़े प्रवचन उपन्यास को बोझिल नहीं बनाते। इसमें एकमात्र चिन्तनीय वस्तु है मुख्य कथानक के साथ कलकत्ता के कथानक की योजना। परन्तु इसके सम्बन्ध में हम ऊपर यह कह चुके हैं कि मूलतः त्रुटिपूर्ण होते हुए भी इस योजना को अधिक से अधिक आकर्षक और रोचक बनाने की चेष्टा प्रेमचन्द ने की है। विशेषतया जालपा के चारित्रिक विकास की दृष्टि से यह योजना अपना उपयोग भी रखती ही है। कुल मिलाकर यह उपन्यास-कला की दृष्टि से एक सफल और प्रौढ़ कृति है।

गोदान

'गोदान' प्रेमचन्द की अन्तिम और अन्यतम कृति है। इसका प्रकाशन 1936 में हुआ था। इस उपन्यास में लेखक की सम्पूर्ण चिन्तना की अभिव्यक्ति हुई और उसने प्रौढ़तम अनुभवों को एक सूत्र में बाँधने का प्रयत्न किया।

कथानक

उपन्यास की कथा ग्रामीण वातावरण से ही आरम्भ होती है। किसान होरीराम और उसकी स्त्री धनिया की बातचीत से पता चलता है कि होरी को रायसाहब से मिलने जाना है। पाँच बीघे का यह साधारण किसान किसी प्रकार जीवन से संघर्ष कर रहा है। मालिक के पास जाते हुए मार्ग में पड़ोस के ग्वाले भोला से भेंट हो जाती है। होरी के मन में बहुत दिनों से एक गाय पालने की साध बनी हुई थी। आज सम्मुख अनेक गायें देखकर उसकी लालसा जागृत हो उठी। बातचीत में ही वह विधुर भोला से उसका विवाह करा देने के लिए कहता है। भोला भी प्रसन्न मन से उसे गाय ले जाने के लिए कह देता है। होरी उस समय गाय नहीं ले जाता, किन्तु उसके मन में इच्छा बनी रहती है। वह रायसाहब से मिलकर लौटता है और घर में सबको वह शुभ समाचार सुनाता है। होरी का पुत्र गोबर और दो पुत्रियाँ सोना-रूपा सभी प्रसन्न हो उठते हैं।

एक दिन भोला होरी के घर भूसा लेने चला आता है, क्योंकि उस रोज होरी ने उसे आमन्त्रित किया था। होरी, गोबर और धनिया तीनों ही उसका बड़ा स्वागत करते हैं। पिता और पुत्र भोला के साथ भूसा लेकर उसके घर तक पहुँचाने जाते हैं। यहीं गोबर की भेंट भोला की पुत्री विधवा झुनिया से होती है। दूसरे दिन गोबर भोला के घर जाकर गाय ले आया। गाय आने पर सारा गाँव उसे देखने आया। सभी ने उसकी भूरि-भूरि प्रशंसा की।

गोबर जब गाय लेने गया तब झुनिया से प्रेम की बातें हुईं। दोनों ने जीवनभर एक-दूसरे का साथ देने का वचन दिया।

घर में गाय के आ जाने से होरी को प्रसन्नता अवश्य थी, किन्तु कृषक-जीवन की आपत्तियों ने अधिक समय तक उसे सुख का उपभोग न करने दिया। असाढ़ का पहला दौंगरा गिरते ही किसानों को खेत की धुन सवार हुई। इसी समय रायसाहब जमींदार अमरपालसिंह के कारकुन ने आदेश दिया कि बिना बाकी रुपया अदा किए खेतों को

नहीं जोता जा सकता। किसानों के सम्मुख एक बड़ी मुसीबत आ गई। सब लोगों ने इधर-उधर जाकर महाजनों से उधार लिया। बेचारे होरी पर पहले का ही ऋण लदा हुआ था। झिंगुरीसिंह, दातादीन, दुलारी सभी का वह कर्जदार था। आज किस मुँह से, किससे ऋण लेने जाए ? उसे बड़ी ग्लानि और लज्जा हो रही थी। झिंगुरीसिंह ने कहा कि गाय गिरवी रखकर रुपए ले जाओ। होरी ने जब घर आकर यह प्रस्ताव किया तब सभी उस पर बहुत नाराज हुए और कोई भी गाय को बेचने या गिरवी रख देने के लिए सहमत न हुआ। पर धनिया पति की दशा देखकर मान गई और आखिर यह तय हुआ कि जब दोनों लड़कियाँ रात को सो जाएँ तो गाय झिंगुरीसिंह के पास पहुँचा दी जाए।

उसी रात होरी अपने मँझले भाई शोभा को देखने चला गया। वह कई महीनों से बीमार था। ग्यारह बजे के लगभग जब होरी शोभा को देखकर लौटा तो उसे गाय के पास हीरा खड़ा मिला। उसने बताया कि वह कौड़े में आग लेने चला गया था। होरी अपने भाई का यह नया स्नेह देखकर प्रसन्न हुआ। थोड़ी देर बाद ही गोबर ने आकर कहा कि गाय तड़प रही है। किसी ने उसे विष दे दिया था। प्रातःकाल तक उसके प्राण-पखेरू उड़ चुके थे।

रात को ही होरी ने धनिया से बता दिया कि मैंने हीरा को गाय के पास खड़े देखा था। उसे भय था कि अब धनिया गाँव-भर में कुहराम मचा देगी, सबको यह बात मालूम हो जाएगी। होरी ने धनिया को मारा-पीटा, पर वह न मानी। तभी पता चला कि हीरा घर से भाग गया है। उसी दिन शाम को हलके के थानेदार आए। उन्होंने हीरा के घर की तलाशी लेने का विचार किया। होरी को कभी यह सह्य न था कि उसके जीते जी भाई के घर की तलाशी ली जाए। पटेश्वरी पटवारी ने होरी से तीस रुपए दरोगा को घूस देने के लिए कहा। होरी रुपए दारोगा के हाथ में देने ही जा रहा था कि धनिया ने उन्हें हाथ से छीनकर जमीन पर फेंक दिया। उसने अपनी स्पष्टवादिता से सभी को परास्त कर दिया। अन्त में दरोगा ने दातादीन, नोखेराम, पटेश्वरी और झिंगुरीसिंह से पचास रुपए वसूल किए।

इधर गोबर और धनिया का सम्बन्ध बढ़ता जाता था। एक रात झुनिया होरी के घर चली आई। धनिया पहले तो बिगड़ी, पर बाद में उसने उसे रख लिया। गाँव भर में हंगामा मच गया, पर धनिया ने कोई परवाह न की। उसका कहना था कि दातादीन के लड़के मातादीन के पास एक चमारिन है। सभी गरीबों का खून चूसते हैं, फिर भी उनका धर्म नहीं जाता। फिर उसी का धर्म कैसे जाएगा, पर गोबर कायरों की भाँति घर से भाग चुका था।

होरी की हालत बिगड़ती जा रही थी। जब खलिहान में अनाज तैयार हुआ तब उसे प्रसन्नता हुई कि कम-से-कम खानेभर को तो घर में हो जाएगा, बच्चे तो भूखों न मरेंगे। अनाज घर आने ही को था कि होरी के सभी महाजनों ने मिलकर पंचायत की ओर से फैसला किया कि होरी पर सौ रुपए नकद और तीस मन अनाज का जुर्माना किया जाता है। उस पर एक गैरबिरादरी की बहू ले आने का जुर्म था। होरी की कोई

प्रार्थना न सुनी गई। वह रात-भर अनाज ढोता रहा। धनिया भी केवल डेढ़-दो मन जौ रो-धोकर रख सकी। उसी रात झुनिया के लड़का हुआ। लाचार होकर होरी ने अस्सी रुपए पर अपना घर झिंगुरीसिंह के हाथ गिरवी रख दिया और इस प्रकार बिरादरी का जुर्माना अदा किया।

गोबर घर से भागकर अनिश्चित राह पर चल पड़ा। मार्ग में कोदई नामक एक व्यक्ति से उसकी भेंट हो गई। गाँव के मजदूरों के साथ आकर अमीनाबाद में उसे मजदूर का काम मिला। वह पन्द्रह रुपए का नौकर हो गया।

होरी के घर में खाने को एक दाना भी न था। गाँव के महाजनों ने उसे चूस लिया था। ऐसा मालूम होता था कि होरी अब इन महाजनों से पूर्णतः परास्त हो जाएगा। उसी दिन हीरा की पत्नी, पुनिया, ने खाने को अनाज दिया। हीरा के खेत भी अब होरी ही जोत देता था। इधर भोला भी अपने रुपयों के लिए बार-बार तकाजा करता। एक दिन आकर उसने होरी के बैल खोल लिए। होरी विवश था। दाताहीन आदि ने भोला को रोकना भी चाहा पर होरी ने मना कर दिया।

होरी दिन पर दिन दरिद्र होता जाता था। दातादीन ने आधे साझे पर उसके खेत जोते। होरी को अपनी ऊख का ही थोड़ा-बहुत भरोसा था। ऊख काटी ही जा रही थी कि सभी महाजन आ पहुँचे। आखिर झिंगुरीसिंह ने ऊख की सारी कमाई एक सौ बीस रुपए में सिर्फ पचीस होरी को वापस किए। वे भी नोखेराम ने ले लिए। होरी विवश था।

होरी अब किसानी से मजदूरी करने लगा। वह दातादीन का मजदूर था। धनिया, सोना, रूपा भी उसी के साथ मजदूरी करती थीं। एक दिन काम करते-करते ही होरी को लू लग गई। वह बीमार पड़ गया। उसी समय अनायास ही गोबर भी लौट आया। घर में एक बार फिर प्रसन्नता छा गई। गोबर ने भी गाँव-भर में अपना खूब रोब जमाया। वह भोला के घर जाकर अपनी बैल की जोड़ी भी वापस ले आया। इस बार उसने गाँव में होली भी बड़े उत्साह से मनाई। उसने सब महाजनों की नकल करवाई। पर घर की स्थिति सँभालने में वह असमर्थ था। पिता का सारल्य सीमा के बाहर था। गोबर चाहता था कि वह अपनी सिधाई छोड़ दें, पर होरी के लिए यह सम्भव न था। वह महाजनों के वश में था। आखिर परेशान होकर गोबर झुनिया और बच्चे को लेकर लखनऊ चला गया।

धनिया और होरी दोनों ही उदास थे, पर जीवन तो किसी प्रकार चलाना ही था। इधर सिलिया नामक एक चमार की पुत्री को भी होरी ने प्रश्रय दिया था। उसे सोना के विवाह की चिन्ता भी सता रही थी। वह बहुत परेशान था। आखिर दुलारी सहुआइन ने दो सौ रुपए देने का वादा किया। नोहरी ने भी इतने ही रुपए देने को कहा। होरी ने सोचा इससे सोना का विवाह खूब अच्छी तरह करेगा। सोना का विवाह मथुरा से हो गया, जो अच्छे किसान का बेटा था।

होरी के जीवन में अन्धकार बढ़ता ही जाता था। उसके सिर पर ऋण का भारी बोझ था। वह जमीन से युद्ध करते-करते पराजित सा हो चुका था। उसमें अब शक्ति

शेष न थी। अन्त में अपने बाप-दादों की डीह को भी उसने रेहन रख दिया और पूरी तरह मजदूर हो गया।

कथा की इस मूल धारा के साथ ही उपन्यास में एक अन्य लघुकथानक भी चलता रहता है। इसका सम्बन्ध नागरिक जीवन से है। इलाके के जमींदार रायसाहब अमरपालसिंह हैं। उनके मित्रों में पंडित ओंकारनाथ 'बिजली' पत्र के यशस्वी सम्पादक हैं, जो देश की सेवा करते हैं। श्यामबिहारी तंखा बीमा कम्पनी के दलाल हैं। मिस्टर बी. मेहता यूनिवर्सिटी में दर्शनशास्त्र के अध्यापक हैं। मिस मालती लेडी डॉक्टर हैं। रामलीला में धनुषयज्ञ के अवसर पर सभी व्यक्ति एक-दूसरे से परिचित होते हैं। वे अपने-अपने राजनीतिक और सामाजिक विचार प्रकट करते हैं। सभी अपने व्यवसाय के अनुरूप बात करते हुए देखे जाते हैं। मिर्जाजी एक बहुत जिन्दादिल आदमी हैं और लखनऊ में जूते की दुकान करते हैं। सन्ध्या समय भोजन के अवसर पर उनके आ जाने से वातावरण बड़ा मनोरंजक हो जाता। वे मिस मालती के नाम पर बहुत सा पैसा मिनटों में जमा कर लेते। अभी धनुषयज्ञ चल ही रहा था कि एक अफगान ने आकर कहा कि मेरे एक हजार रुपए गाँव के लोगों ने छीन लिए हैं। झगड़ा बढ़ रहा था कि होरी ने आकर खान को जमीन पर पटक दिया। खान की दाढ़ी उसके हाथ में आ गई। लोगों ने देखा कि वे मिस्टर मेहता थे। सभी उस अभिनय पर हँस पड़े।

नगर की यह मित्रमंडली प्रायः मिलती रहती है। एक दिन शिकार पार्टी में मेहता और मालती की घनिष्ठता भी हो गई। अविवाहित मित्रों में स्नेह का आदान-प्रदान भी आरम्भ हो गया किन्तु भावुक मेहता और बुद्धिजीवी मालती के विचारों में अधिक साम्य न था।

मिर्जाजी बड़े दिलचस्प आदमी हैं। वह हमेशा कोई न कोई तमाशा कराते रहते हैं। एक दिन उन्होंने मजदूरों की कबड्डी भी कराई। उसे देखने के लिए टिकट भी लगा था। रायसाहब, खन्न, मेहता, मालती सभी आए। इसी समय मेहता ने मिर्जा से कहा कि मालती एक आदर्श पत्नी नहीं बन सकतीं। गोबर को भी मिर्जा ने नौकर रख लिया।

मालती देश-विदेश घूमी हुई नई सामाजिक महिला है। एक दिन मेहता का भाषण सुनकर उन पर विचित्र प्रतिक्रिया होती है। मेहता का कथन था कि भारतीय आदर्श पर चलना चाहिए, पश्चिम का अनुकरण करना उचित नहीं। मालती को यह अच्छा नहीं लगा।

पंडित ओंकारनाथ रायसाहब से रुपया वसूल करना चाहते थे। पटेश्वरी का एक गुमनाम पत्र उन्हें एक दिन मिला। उसमें रायसाहब के अत्याचारों की चर्चा थी। उन्होंने होरी से तावान वसूल किया था। सम्पादकजी ने अवसर का लाभ उठाया। उन्होंने रायसाहब की ओर से अपने पत्र के सौ ग्राहक बना लिए।

खन्ना रसिक व्यक्ति हैं। उनकी अपनी स्त्री से नहीं पटती। खन्ना मिस मालती की ओर भी आकृष्ट हैं। मेहता मिसेज खन्ना को एक आदर्श स्त्री मानते हैं। एक ही दिन चारों की भेंट चिड़ियाघर में हो जाती है। गोविन्दी मेहता से स्नेह की भिक्षा चाहती

है, पर वे उससे सन्तान का लालन-पालन करने के लिए कहते हैं।

रायसाहब को मिस्टर तंखा काफी ठगा करते थे। चुनाव में भी वह रायसाहब से रुपया माँगते हैं। एक दिन रायसाहब तंखा को डाँट-फटकार कर खन्ना के यहाँ पहुँचे। उन्होंने खन्ना से कहा कि चुनाव और लड़की की शादी के लिए कुछ रुपए दिलवा दीजिए। खन्ना ने इधर-उधर की बातें बनाकर टाल दिया और मालती के प्रति अपने प्रेम की बात उनसे कह दी। उसी समय मेहता आ गए। उन्होंने बताया कि स्त्रियों के लिए व्यायामशाला खुल रही है। मालती उसकी अध्यक्षा हैं। गोविन्दी उसका शिलान्यास करेंगी। खन्ना इस पर बहुत बिगड़े। मालती ने आकर उन्हें फटकारा और एक हजार रुपए लेकर चल दी।

एक बार खन्ना को मजदूरों की हड़ताल का सामना करना पड़ा। उनके सभी मित्र मजदूरों का पक्ष ले रहे थे, और खन्ना को यह बात सह्य न थी। आखिर शक्कर की मिल आग में जलकर खाक हो गई।

मालती और मेहता गाँवों में जाकर सेवाकार्य करते थे। एक दिन होरी से भेंट हुई। होरी ने उनका हृदय से स्वागत किया। जब वे दोनों नाव पर लौट रहे थे उनमें जीवन के विषय में अनेक चर्चाएँ हुईं।

रायसाहब के बड़े लड़के रुद्रपालसिंह का विवाह राजा सूर्यप्रताप सिंह अपनी पुत्री से करना चाहते थे। रायसाहब ने समझा, मैंने अपने पुराने शत्रु को परास्त कर दिया। किन्तु रुद्रपाल मालती की बहन सरोज से विवाह करना चाहता था और उसने पिता से स्पष्ट कह दिया कि वह राजकुमारी को अपनी पत्नी न बना सकेगा रायसाहब ने मेहता से भी कहा। मिस्टर तंखा रायसाहब और राजासाहब दोनों को बेवकूफ बनाते थे। एक दिन जब वे दोनों व्यक्ति मिले तब तंखा की कलई खुल गई। रायसाहब को हर ओर से निराशा हो रही थी।

मालती और मेहता एक दूसरे के निकट आते जाते हैं। मालती मेहता का बहुत ध्यान रखती है और उनकी हर प्रकार सहायता करती है। दोनों के मन में विचित्र प्रकार के भाव उठा करते हैं। आखिर मालती तय करती है कि पति-पत्नी बनकर रहने से भी अधिक सुख मित्र होकर रहने में है। मेहता और मालती का सम्बन्ध मित्रों का हो जाता है।

उपन्यास का अन्त अत्यन्त करुण है। गोबर फिर लौट आता है। होरी मजदूरी करता है। एक दिन उसे लू लग गई। उसकी जीवनलीला समाप्त हो रही थी। कई लोगों ने कहा, "गो-दान करा दो।" धनिया ने सुतली बेचकर लाए हुए बीस आने पैसे दातादीन के हाथ पर रखकर कहा, "महाराज, घर में न गाय है, न बछिया, न पैसा। यह पैसा है, यही इनका गो-दान है।" और पछाड़ खाकर गिर पड़ी।

कथा-विवेचन

शास्त्रीय शब्दावली के अनुसार गोदान में आधिकारिक और प्रासंगिक, दो कथाएँ पाई जाती हैं। ग्रामीण पात्रों से सम्बन्ध रखनेवाली कथा आधिकारिक या मुख्य कथा है।

नागरिक पात्रों को उपस्थित करनेवाली कथा प्रासंगिक या गौण है। गोदान में इन दोनों कथाओं को एक सम्बन्ध-सूत्र में बाँधने का प्रयत्न किया गया है। परन्तु प्रश्न यह है कि यह प्रयत्न कहाँ तक सफल या समीचीन हुआ है ? नागरिक और ग्रामीण पात्रों के बीच सम्बन्ध स्थापना का कार्य गाँव के जमींदार रायसाहब द्वारा पूरा होता है। गाँव की रामलीला देखने के लिए रायसाहब के नागरिक मित्र उनके घर आते हैं। यहीं 'मालतीहरण' का एक मनोरंजक और अनोखा दृश्य दिखाया जाता है। दूसरी ओर ग्रामीण पात्र 'गोबर' कुछ दिनों तक शहर में रहता है और उपन्यास के नागरिक पात्रों के सम्पर्क में आता है। परन्तु नागरिक और ग्रामीण पात्रों का यह सम्मिलन इतना घनिष्ठ नहीं होता कि एक-दूसरे के जीवनक्रम को प्रभावित करे और समस्त कथानक को समन्वित कर एक ही मुख्य कथा का अंग बना ले। पारसी नाटकों में प्रायः मुख्य कथा के पास हास्य या विनोद-प्रधान एक-दूसरी कथा जुड़ी रहती थी, जिसका प्रयोजन होता था मुख्य कथा की गम्भीरता को कम करके दर्शकों का मनोरंजन करना। वास्तव में वे दोनों कथाएँ एक-दूसरे से नितान्त भिन्न और स्वतन्त्र होती थीं। किसी भी स्थल पर उनके कथा-तन्तु जुड़े नहीं होते थे। ऐसी रचनाओं में कथानक की संगति का प्रश्न ही नहीं उठता। 'गोदान' उपन्यास के उक्त दोनों कथानक यद्यपि परस्पर इतने असम्बद्ध नहीं हैं, फिर भी उनमें वास्तविक ऐक्य की कमी अवश्य है।

नगर की इस प्रासंगिक कथा का सम्पूर्ण उपन्यास के उद्देश्य से क्या सम्बन्ध है, इस पर भी विचार करना चाहिए। 'गोदान' निश्चय ही ग्रामीण जीवन का उपन्यास है। यदि उसमें नागरिक पात्र आते हैं, तो उनका ग्रामीण पात्रों की गतिविधि से किसी न किसी प्रकार का घनिष्ठ सम्बन्ध होना ही चाहिए। ऐसा न होने पर उपन्यास के उद्देश्य या कार्य की एकरूपता में बाधा पड़ेगी। उपन्यास में दो कार्य या दो उद्देश्य नहीं हो सकते, अन्यथा उसकी अन्विति नष्ट हो जाएगी।

ग्राम्य जीवन या ग्रामीण वातावरण में सफेदपोश नागरिक समाज प्रायः दो उद्देश्यों से ही रखा जा सकता है : (1) तुलना के द्वारा ग्रामीण परिस्थिति की विषमता को स्पष्ट करना और प्रभाव को तीव्र करना। (2) नागरिक पात्रों द्वारा ग्रामीण जीवन में सुधार लाने का प्रयत्न करना। पहली स्थिति में नागरिक पात्र ग्रामीण समाज के उत्पीड़क के रूप में ही दिखाए जा सकते हैं और दूसरी स्थिति में वे उसके सहायक और सुधारक हो सकते हैं। यदि इन दोनों में से एक उद्देश्य की पूर्ति नहीं होती और उपन्यास में नागरिक और ग्रामीण पात्र दो स्वतन्त्र उद्देश्यों को लेकर चलते हैं, तो उपन्यास की वह दोहरी योजना समीचीन नहीं कही जा सकती।

'गोदान' उपन्यास के नागरिक और ग्रामीण पात्र एक बड़े मकान के दो खंडों में रहने वाले दो परिवारों के समान हैं जिनका एक-दूसरे के जीवनक्रम से बहुत कम सम्पर्क है। वे कभी आते-जाते मिल लेते हैं, और किसी-किसी बात पर झगड़ा भी कर लेते हैं, परन्तु न तो उनके मिलने में और न उनके झगड़े में ही कोई ऐसा सम्बन्ध स्थापित होता है जिसे स्थाई कहा जा सके।

यदि नागरिक कथा का अंश उपन्यास में न होता तो उपन्यास के नागरिक पाठकों के लिए उसमें कोई आकर्षण न रह जाता। नागरिक पात्रों को रखने के पक्ष में इस तर्क को भी सुसंगत नहीं कहा जा सकता। उपन्यासकार को ऐसे पाठकों की आवश्यकता ही क्या जो केवल नागरिक कथानक से ही दिलचस्पी रखते हों ! इसका अर्थ तो यह हुआ कि पाठकों के मनोरंजन या उनकी रुचि-तृप्ति के लिए उपन्यासकार को अपने लक्ष्य से बाहर जाकर एक विशेष प्रकार की सामग्री जुटानी पड़ेगी। कोई भी उपन्यासकार अपने को इस स्थिति में रखना पसन्द न करेगा।

एक और तर्क यह दिया जाता है कि गोदान उपन्यास भारतीय जीवन के सम्पूर्ण स्वरूप को हमारे दृष्टिपथ पर लाना चाहता है, अतएव उसमें ग्राम के साथ-साथ नगरों और उनके निवासियों की जीवनचर्या भी दी गई है। ग्राम्य जीवन को नागरिक जीवन से नितान्त पृथक रखा भी नहीं जा सकता क्योंकि आज की भारतीय स्थिति में वे दोनों एक-दूसरे से एकदम अलग हैं नहीं। अतएव यथार्थ की रक्षा के लिए भी यह योजना आवश्यक थी। परन्तु ये दोनों तर्क भी समाधानकारक नहीं होते। उपन्यास का नाम 'गोदान' है, जिससे यह सूचना नहीं मिलती कि यह सम्पूर्ण भारतीय जीवन को चित्रित करने का लक्ष्य रखता है। जो लक्ष्य उस कृति का नहीं, उसे उस पर आरोपित करना व्यर्थ है, 'गोदान' नाम से यही भासित होता है कि इसका सम्बन्ध कृषकों के जीवन के किसी मार्मिक पहलू से है। और यही वस्तु हम उपन्यास में पाने की सम्भावना रखते हैं। किसी दूसरी वस्तु की सूचना हमें उपन्यास के नाम से नहीं मिलती। इस तर्क में भी कोई सार नहीं है कि भारतीय ग्राम और नगर एक-दूसरे से नितान्त सम्बन्धहीन नहीं हैं, अतएव प्रत्येक उपन्यास में इन दोनों का सम्बन्ध दिखाया ही जाए। कोई साहित्यिक कृति प्रत्येक वस्तुस्थिति को मानकर चलने के लिए बाध्य नहीं होती। प्रत्येक वास्तविकता को मानकर चलना असम्भव है।

कहा जाता है कि गोदान में कोई चमत्कारपूर्ण घटना-योजना नहीं है अतएव नागरिक कथानक को जोड़कर उसे प्रभावशाली बनाना आवश्यक था। यहाँ प्रश्न यह उठता है कि उपन्यासकार ग्रामीण कथानक को ही अधिक प्रभावशाली और चमत्कारपूर्ण घटनावली से सज्जित क्यों नहीं करता ? यदि ग्रामकथा में निर्माण-सम्बन्धी कोई कमी है, तो उसकी पूर्ति ग्रामकथा को ही सँवारकर की जानी थी। उसके लिए एक ऐसी कथा जोड़ने की आवश्यकता न थी जिसका मूल आख्यान से कोई नैसर्गिक सम्बन्ध न हो।

अन्तिम दलील यह दी जाती है कि वर्तमान भारतीय समाज का वह अंश जो शिक्षित है और जो सामाजिक समस्याओं से दिलचस्पी रखता है, मध्यवर्गीय समाज ही है। उसी समाज से आज के प्रत्येक लेखक और विचारक को काम लेना पड़ता है। ग्रामीण जीवन से सम्बन्ध रखनेवाला उपन्यास किसी दूसरे देश में ग्रामीण समाज के बीच प्रचार पा सकता था, परन्तु भारत की वर्तमान स्थिति में यह सम्भव नहीं है। अतएव स्थिति का ध्यान रखकर और शिक्षित मध्यवर्ग द्वारा ही अपने उपन्यास के उद्देश्यों के प्रसार की सम्भावना देखकर लेखक ने मध्यवर्गीय समाज को नागरिक कथा का लालच

दिया है जिससे वे इसी बहाने उपन्यास को पढ़ें और प्रभावित हों। इस दलील का उत्तर आंशिक रूप से हम ऊपर दे चुके हैं। वास्तव में शिक्षित समाज के बीच सुधार की उत्तेजना उत्पन्न करने के लिए ग्रामीण और नागरिक कथा का बेमेल मिश्रण आवश्यक न था। इसके लिए आवश्यक था बलात आकृष्ट करनेवाला ग्रामदशा का सम्पूर्ण हृदयस्पर्शी चित्र अथवा मार्मिक विरक्ति उत्पन्न करनेवाला नागरिक जीवन का तलस्पर्शी आख्यान। और यदि अलग-अलग इन दोनों को दो कृतियों में न रखकर एक में मिलाने की आवश्यकता समझी गई, तो यह मिलाप-कार्य अधिक समन्वित रूप में तथा अधिक कलापूर्ण रीति से करना चाहिए था। प्रेमचन्द ने उक्त तीन प्रयोगों में से किसी एक को भी पूरी तरह नहीं निबाहा।

चरित्र-विवेचन

प्रेमचन्द को 'गोदान' में चरित्र-चित्रण की असाधारण सफलता प्राप्त हुई है। होरी के रूप में उन्होंने भारतीय कृषक को ही मूर्तिमान कर दिया है। जीवनभर परिस्थितियों से संघर्ष करता हुआ किसान अन्त में अपनी करुण कहानी का व्यापक प्रभाव छोड़कर समाप्त हो जाता है। भारतीय किसान की समस्त विषमता होरी में साकार हो उठी है। उसकी पत्नी धनिया आदर्श भारतीय ग्रामीण नारी की भाँति पति के सुख-दुख में उसका साथ देती है। महाजनों का एक दल ही प्रेमचन्द ने प्रस्तुत कर दिया है। दातादीन, झिंगुरीसिंह सभी गरीबों का खून चूसने वाले महाजन हैं। ग्रामीण जीवन के अतिरिक्त नागरिक जीवन से भी प्रेमचन्द ने पात्रों को चुना है। रायसाहब जमींदार वर्ग के प्रतिनिधि हैं, जो अपनी इज्जत को बचाए रखने के लिए बड़ी तरकीबें काम में लाते हैं। अन्त में उस झूठी शान को धक्का लगता है। मिस्टर तंखा, खन्ना आदि व्यक्ति लूट-खसोटकर जीने वाले व्यक्ति हैं। मेहता के चरित्र में प्रेमचन्द ने नगर के एक आकर्षक व्यक्ति को अंकित किया है। परिवर्तन में बँधा मालती का चरित्र भी अन्त में आकर्षक हो जाता है। इस प्रकार ग्रामीण और नागरिक दो प्रकार के चरित्र गोदान में दिखाई देते हैं।

उपन्यास का नायक होरी ही 'गोदान' का प्राण है। आदि से अन्त तक वह अपने संघर्ष से कथानक को आगे बढ़ाता है। उसने कभी विद्रोह नहीं किया। आजीवन परिस्थितियों के सम्मुख सिर झुकाता रहा। अपने विशाल वक्षस्थल पर उसने समस्त अत्याचार और प्रपीड़नों का भार रख लिया। महाजन उसे हमेशा चूसते रहे और विधि की विडम्बना सदा उससे खेलती रही, पर वह सब कुछ नतशिर स्वीकार करता गया। होरी की सरलता, ईमानदारी और उदारता ही उसके व्यक्तित्व की सबसे बड़ी पूँजी है। स्वयं विपत्तियों में रहता हुआ भी वह झुनिया, पुनिया, सिल्लो, भोला आदि को शरण देता है। रात-भर अनाज ढो-ढोकर दातादीन के घर पहुँचाता है। भाई हीरा और शोभा के लिए उसके हृदय में प्रेम है। वह यह नहीं सहन कर सकता कि उसके भाई के घर तलाशी ली जाए। उसकी आत्मा इतनी विशाल है कि उसे प्रेमचन्द के किसी भी पात्र की समता में रखा जा सकता है। किसान से मजदूर बनने में उसकी सज्जनता ही मूल

कारण है, अन्यथा परिश्रम करने में वह किसी से कम नहीं। उपन्यास का सबसे अधिक करुण पात्र भी होरी ही है। जीवन से संघर्ष करता हुआ वह अन्त में विदा लेता है तब उसकी करुण कथा पाठकों पर अपना अमिट प्रभाव छोड़ती है।

धनिया के चरित्र-निर्माण में प्रेमचन्द ने ग्रामीण नारी के स्वाभाविक रूप को लाने का प्रयत्न किया है। वह अपने पति होरी की भाँति अत्याचार और अन्याय नहीं सहन कर सकती। दारोगा को दिए जाने वाले घूस के रुपए वह होरी के हाथ से छीन लेती है। दातादीन से साफ कह देती है कि गरीबों का गला घोंटकर सुख से न रहोगे। यही नहीं वह पंचों को भी चुनौती देती है, जिन्हें होरी 'पंच परमेश्वर' मानता है। किसी भी घटनास्थल पर आकर धनिया अपनी स्पष्टवादिता से एक पल में पांसा पलट देती है। होरी क्रोध में आकर उसे मारता भी है। धनिया होरी को जीवन-सर्वस्व मानकर चलती है। उसके बार-बार कहने पर गाय को बेच देने तक के लिए वह कहती है। उपन्यास के अन्त में तो वह पागलों की भाँति दौड़ने लगती है। उसके पछाड़ खाकर गिर जाने के साथ ही दो करुण दृश्य सम्मुख आते हैं—होरी का संघर्ष और धनिया का त्याग। कभी-कभी गरीबी से परेशान हो जानेवाली धनिया क्रोधित भी हो उठती है। पर उसी ने झुनिया और सिलिया को सहारा भी दिया था। यदि होरी उपन्यास का सबसे संघर्षशील करुण पुरुष है तो धनिया उसकी सबसे त्यागमयी दीना नारी।

नागरिक पात्रों में मेहता का चित्रण प्रेमचन्द ने एक पढ़े-लिखे व्यक्ति के रूप में किया है जो आदर्श की ओर भागते हैं। बहुत अधिक पुस्तकें पढ़नेवाले मेहता दर्शनशास्त्र के अध्यापक हैं। वह जीवन के व्यावहारिक पक्ष में अन्य नागरिक मित्रों की भाँति चतुर नहीं हैं। मालती से जब उनकी घनिष्ठता बढ़ जाती है, तब भी वह उसे अपनी पत्नी के रूप में स्वीकार करना नहीं चाहते। उन्हें मिसेज खन्ना एक आदर्श नारी प्रतीत होती हैं। मेहता को ग्रामीण जीवन से अभिरुचि हो जाती है और वह उसमें सुधार का प्रयत्न करते हैं। मेहता का चरित्र कुल मिलाकर एक साधारण चरित्र ही रह गया है। मिस मालती के आरम्भिक रूप में क्रमशः परिवर्तन होता जाता है। उनके रूप में जादू का कुछ प्रभाव पड़ता है। अन्त में वह भी ग्रामीण सुधार में मेहता का साथ देती हैं और निश्चय करती हैं कि वे दोनों मित्र होकर रहेंगे।

गोदान के सभी पात्र किसी न किसी वर्ग का प्रतिनिधित्व करते दिखाई देते हैं, उपन्यासकार ने उनका चरित्रांकन उनके व्यवसाय के अनुकूल ही किया है।

विचार-विवेचन

किसी भी कलाकृति को किसी वाद के अन्तर्गत रखना खतरे का काम है। विशेषकर उपन्यास-रचना का कार्य जीवन के नाना दृश्यों के चित्रण का कार्य है। कहानी अथवा नाटक में हम फिर भी किसी एक सिद्धान्त या वाद को आधार बना सकते हैं, यद्यपि इस कार्य में भी कहानी तथा नाटक की स्वाधीनता पर आघात लगे बिना न रहेगा। वादों के लिए उपन्यास सबसे अनुपयुक्त साहित्यिक सृष्टि है। उपन्यास में पग-पग पर

जीवन की वास्तविक स्थिति और पात्रों की प्रगति का उल्लेख करना पड़ता है। वाद में तो कोई न कोई बँधी विचारधारा होती है, जिसके साँचे में साहित्यिक रचना को उतार देना आवश्यक होता है। अतएव यह स्पष्ट है कि यह कार्य उपन्यास द्वारा करना अत्यन्त कठिन है।

यदि किसी लेखक के कुछ सुनिश्चित विचार हैं, जिनको वह अपनी कलाकृति में रखना चाहता है तो अपनी उक्त कृति के प्रधान पात्रों द्वारा वह उन विचारों को उपस्थित कर सकता है। विचारों को अभिव्यक्त करते हुए पात्रों की स्थिति का पूरा ध्यान रखना पड़ता है और प्रत्येक अवसर पर उस स्थिति से सम्बन्ध रखनेवाली बात ही कहलाई जा सकती है। ऐसी अवस्था में नायक या अन्य प्रधान पात्रों द्वारा कहलाई गई बातें किसी वाद का रूप ग्रहण कर लें, यह बहुत कुछ असम्भावित है। उपन्यास में आए हुए वे वाक्य उन उन पात्रों के चरित्र-विकास से सम्बन्ध रखते हैं तथा उन उन स्थलों की परिस्थिति के अनुरूप होते हैं। अतः ऐसे वाक्यों का ताँता लगा देना जिनसे उन पात्रों के चरित्र में योग न मिलता हो और न वहाँ की परिस्थिति की अनुरूपता ही आती हो, रचना को उपदेशात्मक, कृत्रिम और असम्बद्ध बना देगा। कोई कथाकार इस खतरे को नहीं उठा सकता।

आधुनिक उपन्यासों के विकास में समाजवादी विचारों के अनुकूल कुछ कृतियाँ अवश्य प्रस्तुत की गई हैं, परन्तु उन कृतियों को समाजवादी उपन्यास कहना समीचीन नहीं है। उदाहरण के लिए हम गोर्की के उपन्यासों को लें। यह स्पष्ट है कि गोर्की के उपन्यास उस सामाजिक क्रान्ति का पूर्ण विवरण देते हैं जो श्रमिक-वर्ग द्वारा की गई थी और जिसके विरोध में सत्ताधारी वर्ग या समुदाय था, परन्तु इन चित्रणों में सामाजिक जीवन के विविध पक्षों का आधार लिया गया है और वास्तविक जीवन का सजीव चित्र उपस्थित किया गया है। इन उपन्यासों को श्रमिक-वर्ग के विद्रोह-युग की कृति कहा जा सकता है, परन्तु उन्हें समाजवादी कृति कहना संगत न होगा। न तो समाजवाद के समस्त बौद्धिक निष्कर्ष इन उपन्यासों में आए हैं और न किसी वाद या विचारधारा को चित्रण के ऊपर प्रमुखता प्राप्त हुई है। हम यह कह सकते हैं कि इन उपन्यासों द्वारा समाजवादी राष्ट्र के जीवन का चित्रण हुआ है, परन्तु यह नहीं कह सकते कि इनमें समाजवाद का चित्रण हुआ है।

मार्क्सवादी साहित्य-शैली यथार्थवादी शैली होती है। मार्क्स और लेनिन दोनों ने इस बात की घोषणा की है कि समाजवादी साहित्य में यथार्थवादी चित्रण का ही स्वरूप आ सकता है। आदर्श और कल्पना-प्रधान चित्रण समाजवादी साहित्य के लिए सह्य नहीं है। इसका कारण यह है कि मार्क्स के मत में समाजवाद एक भौतिकतावादी विज्ञान है और उसके मूल में वैज्ञानिक यथार्थ ही काम करता है। ऐसी अवस्था में सारा समाजवादी दृष्टिकोण यथार्थवाद पर आश्रित है।अपने को समाजवादी कहलानेवाले लेखक शैली तथा विचारों में यथार्थवाद को ही अपनाते हैं।

प्रेमचन्द की कृतियाँ यथार्थवाद से बहुत दूर हैं। शैली में भी प्रेमचन्द तर्क-प्रधान

बौद्धिक शैली को छोड़कर प्रायः भावात्मक शैली को अपनाते हैं। उनकी दृष्टि भी भौतिकतावादी नहीं है और न वह समाज का वह साँचा ही अपने दृष्टि-पथ पर लाते हैं जिसका आधार मार्क्सवादी समाजवाद है। अतः हम देखते हैं कि शैली की दृष्टि से, दार्शनिक आधार पर, अथवा समाज कल्पना के रूप में, प्रेमचन्द का साहित्य मार्क्सवादी स्वरूप से नितान्त भिन्न है। अपने आरम्भिक उपन्यासों में तो प्रेमचन्द स्पष्टतः सुधारवादी रहे हैं। मार्क्सवादी समाज व्यवस्था सुधार की भूमि को स्वीकार नहीं करती। वह क्रान्ति और प्रायः रक्त-क्रान्ति का ही सन्देश सुनाती है। 'गोदान में प्रेमचन्द की स्थिति उनके अन्य उपन्यासों की अपेक्षा कहाँ तक भिन्न है' इस पर विचार करना आवश्यक है। 'गोदान' का कथानक ग्रामीण जीवन का कथानक है। उसका नायक एक भारतीय कृषक है। 'गोदान' में भारतीय ग्राम के अनेकमुखी जीवन का दिग्दर्शन कराया गया है। भारतीय कृषक के समस्त संस्कारों रो युक्त उसकी वर्तमान दशा का चित्रण किया गया है। इस उपन्यास का नायक होरी आरम्भ में अपने घर में एक गाय रखने को लालायित है। वह किसी प्रकार गाय ले भी आता है। आगे का कथानक होरी के गाय रख सकने के सामर्थ्य की परीक्षा लेता है—वह कृषक उस गाय को रख सकने में असमर्थ हो जाता है। उसका परिवार छिन्न-छिन्न हो जाता है और जब वह मरता है, तब 'गोदान' के लिए न तो उसके पास गाय है, न बछिया और न पैसा। उसकी स्त्री धनिया (बीस आने की सुतली जो आज बेची थी, उसी) बीस आने का गोदान करा देती है। उपन्यास के इस आरम्भ और उपसंहार में भारतीय कृषक की दयनीय अवस्था का प्रत्यक्षीकरण हो जाता है। परन्तु समाजवादी रचना के लिए इतना ही पर्याप्त नहीं।

इस उपन्यास का उद्देश्य भारतीय ग्रामीण जीवन के विविध पक्षों को उपस्थित कर ग्रामीण जीवन की स्थिति का उद्घाटन करना है। यह कार्य समाजवाद का ही पोषक हो, यह आवश्यक नहीं। प्रेमचन्द ने इस उपन्यास में कोई मार्ग-निर्देश नहीं किया है। अपने अन्य उपन्यासों में प्रेमचन्द ने आदर्शात्मक चर्चा की है और कुछ उपन्यासों में तो सामाजिक सुधार के लिए किसी संस्था विशेष की स्थापना भी करा दी है। उन उपन्यासों में प्रेमचन्द का सुधार सम्बन्धी वाद झलक भी उठता है, पर 'गोदान' में किसी भी वाद की स्पष्ट सूचना नहीं दी गई है। ऐसी अवस्था में हम 'गोदान' को न तो समाजवादी कृति कह सकते हैं और न किसी अन्य वाद से ही उसका सम्बन्ध निर्धारित कर सकते हैं।

कला-विवेचन

वास्तव में महाकाव्य और उपन्यास दो भिन्न साहित्य-प्रकार हैं। महाकाव्य की परम्परा औपन्यासिक परम्परा से नितान्त भिन्न है। ऐसी अवस्था में उपन्यास को एपिक नावेल की संज्ञा देना साहित्यिक दृष्टि से बहुत समीचीन नहीं जान पड़ता। राष्ट्रीय जीवन के किसी विशेष युग का सम्पूर्ण उद्घाटन किसी एक उपन्यास में करना कदाचित सम्भव ही नहीं है। राष्ट्रीय संस्कृति के विकास में विभिन्न युगों के प्रतिनिधि महाकाव्य तो हो

सकते हैं, परन्तु युग का प्रतिनिधि उपन्यास कठिनाई से मिलेगा। इसका कारण यह है कि उपन्यास में सामाजिक जीवन के वाह्य स्वरूप को चित्रित करते हैं और ऐसा उपन्यास क्वचित ही कोई हो सकता है जिसमें बाह्य सामाजिक जीवन के किसी युग-विशेष का सम्पूर्ण चित्र दिखाया जा सके। महाकाव्य में युग की संस्कृति का चित्रण तथा युग की ज्वलन्त समस्याओं का समाधान प्रस्तुत किया जाता है, परन्तु सामाजिक जीवन का यथार्थ चित्रण उसके सम्पूर्ण पक्षों के साथ किसी एक कृति में कर सकना सम्भव नहीं है।

राष्ट्रीय प्रतिनिधि उपन्यास की संज्ञा साहित्य के इतिहास में प्रायः अज्ञात थी। सर्वप्रथम तोल्स्तोय के प्रख्यात उपन्यास 'वार ऐंड पीस' को यह पदवी दी गई। जिन्होंने इसका अध्ययन किया है वे जानते हैं कि यह कृति वास्तव में उपन्यास नहीं है, उससे कुछ अधिक है। इसमें कोई सुसंबद्ध कथानक भी नहीं है। सैकड़ों पृष्ठों तक सामाजिक समस्याओं और दार्शनिक विचारों की चर्चा चलती रहती है। जैसाकि नाम से आभासित होता है, इस ग्रन्थ में युद्ध की परिस्थिति का वर्णन और चित्रण किया गया है। साथ ही साथ शान्तिकाल में रूस की सामाजिक व्यवस्था का भी विस्तार के साथ चित्रण हुआ है। तोल्स्तोय की साहित्यिक ख्याति, उनकी रचना-सामर्थ्य, युग की सम्पूर्ण गतिविधि को एक कृति में समाहित करने की उनकी क्षमता, अप्रतिम थी। यही कारण है कि उनका उपन्यास पूरे अर्थ में उपन्यास न होते हुए भी संसार की एक प्रसिद्ध और महत्त्वपूर्ण कृति है, और उसे राष्ट्रीय उपन्यास या एपिक नावेल की संज्ञा दी गई है।

प्रेमचन्द का 'गोदान' उपन्यास एक सीधे-सादे कथानक पर आधारित है। वह ग्रामीण जीवन के दैन्य और सामाजिक वैषम्य को प्रदर्शित करता है। करुण रस का ही उसमें प्राधान्य है। इस करुण-रसप्रधान ग्राम्य चित्र को राष्ट्रीय जीवन का प्रतिनिधि चित्र नहीं कहा जा सकता। वर्तमान युग का भारतीय राष्ट्र नवजागृति की अँगड़ाइयाँ लेकर उठ रहा है। उसके जीवन में संघर्ष है, परन्तु उस पर विजय पाने की कामना भी है। उसमें दैन्य और दुख है, परन्तु उसके निवारण का महासंकल्प भी है। हमारे देश में पिछले समय जो राष्ट्रीय संघर्ष हो रहा था, जिसके परिणामस्वरूप देश को स्वतन्त्रता प्राप्त हुई है, वह अभूतपूर्व था। 'गोदान' में इस सामाजिक उत्थान का कोई निर्देश नहीं है।

'गोदान' में नागरिक पात्र भी आए हैं। शिक्षित होते हुए भी उनमें वह राष्ट्रीय चेतना कम ही दिखाई देती है, जो इन पात्रों को ऊँची चारित्रिक भूमि पर प्रतिष्ठित करती। पूरे उपन्यास को पढ़ लेने पर वर्तमान युग के सामाजिक और राजनीतिक संघर्ष का बहुत ही कम आभास होता है। ऐसी अवस्था में इसे युग की प्रतिनिधि रचना कहना सुसंगत न होगा।

महाकाव्य के साथ-साथ राष्ट्रीय उत्कर्ष का संस्कार जुड़ा रहता है। किसी भी महाकाव्य का उल्लेख करने पर हम उसमें युग की सर्वोच्च राष्ट्रीय चेतना तथा विकास की झलक पाना चाहते हैं। इसीलिए महाकाव्य में प्रायः कोई बड़ा संघर्ष या युद्ध ही केन्द्रीय घटना हुआ करती है। वहीं से वीर-चरित्रों का उत्थान या पतन हुआ करता है। महाकाव्य का सम्पूर्ण वातावरण वीर-भावना से ओत-प्रोत होने के कारण ही उसे राष्ट्रीय

जीवन और आदर्शों का प्रतिबिम्ब या मुकुर कहा जा सकता है। 'गोदान' में इस प्रकार की वीर-भावना का अभाव है। 'गोदान' की अपेक्षा प्रेमचन्द के अन्य उपन्यासों में चरित्रों का उत्कर्ष अधिक परिलक्षित होता है।

'गोदान' को समाज का सर्वतोमुखी चित्रण भी नहीं कह सकते। उसका देश और काल सीमित है। भारतवर्ष के विभिन्न प्रान्तों में होने वाले सांस्कृतिक विनिमय और राजनीतिक उद्योगों का उसमें कोई उल्लेख नहीं है। उत्तर प्रदेश के एक छोटे से ग्राम से ही उसका कथानक सम्बन्धित है। यद्यपि ग्राम के विविध वर्गों और प्रतिनिधियों का उल्लेख अवश्य है, परन्तु सामूहिक और राष्ट्रीय दृष्टि से इसमें पर्याप्त विशालता नहीं है।

'गोदान' के कथानक में चरित्रों की संख्या भी थोड़ी है और वे, ग्राम तथा नगर के चरित्रों को मिलाकर भी, युग-जीवन का यथेष्ट परिचय नहीं करा पाते। ऐसा प्रतीत नहीं होता कि उपन्यास का लक्ष्य राष्ट्रीय जीवन का प्रतिनिधित्व करना है। वह तो केवल भारतीय कृषक की असहाय अवस्था दिखाकर समाप्त हो जाता है। नागरिक चित्रण का उद्देश्य भी नवीन पाश्चात्य संस्कारों को उनकी ऊपरी तड़क-भड़क के साथ दिखलाना ही है। ये दोनों ही लक्ष्य उतने व्यापक और सर्वस्पर्शी नहीं हैं कि इनके आधार पर 'गोदान' को युग की प्रतिनिधि कृति कहा जा सके।

भारतवर्ष के वर्तमान जीवन में इतनी धाराएँ, और अन्तर्धाराएँ, विचारों-आदर्शों की इतनी अनेकरूपता, साथ ही राष्ट्रीय उद्योग का इतना बड़ा समारम्भ चल रहा है कि उसे किसी एक उपन्यास में बाँध सकना अत्यन्त कठिन है। कम-से-कम 'गोदान' के लेखक का विचार इतने विशाल समारम्भ को अपनी कृति में स्थान देने का न था। कहा जा सकता है कि विस्तार में न सही, गहराई में यह उपन्यास युग का प्रतिनिधित्व करता है। उसमें भारतीय जीवन की करुणा 'होरी' के रूप में साकार हो गई है। होरी मानो देश की वास्तविक स्थिति का प्रतिनिधि है। परन्तु इस आधार पर भी हम इस उपन्यास को राष्ट्रीय जीवन का प्रतिनिधित्व करते नहीं पाते। यदि उपन्यास में इतनी तीव्र संवेदना का भाव होता जिसके आधार पर हम इसे विपन्न भारत का प्रतिनिधि या प्रतीक चित्र मान सकते, तो भी एक बात थी। वास्तव में प्रेमचन्द सीमित देश और काल को लेकर वर्तमान ग्रामीण जीवन का दिग्दर्शन ही कराना चाहते हैं। 'गोदान' में न तो महाकाव्य के से औदात्य और उत्कर्ष का समारम्भ आया है और न गहनतम उच्छ्वास का सा सीमित और तन्मयताकारी प्रभाव ही व्यक्त हो पाया है। हमारी दृष्टि में वह राष्ट्रीय प्रतिनिधि उपन्यास की उन शर्तों को पूरा नहीं करता जिन्हें तोल्स्तोय का 'वार ऐंड पीस' उपन्यास करता है।

तीन छोटे उपन्यास

प्रेमचन्द के प्रमुख उपन्यासों के अतिरिक्त कुछ छोटे प्रयास भी मिलते हैं। उपन्यासकार के सम्पूर्ण कृतित्व के विकासक्रम को जानने के लिए उनका भी अध्ययन आवश्यक है। 'प्रतिज्ञा' और 'निर्मला' उनके दो छोटे उपन्यास हैं। इसके अतिरिक्त 'मंगलसूत्र' उनके आकस्मिक निधन के कारण अपूर्ण ही रह गया।

प्रतिज्ञा

'प्रतिज्ञा' का प्रकाशन 1905-6 में हुआ था। लेखक ने इसमें विधवाओं और अछूतों की समस्या को लिया है। इन सामाजिक प्रश्नों पर विचार करते हुए प्रेमचन्द ने एक सुधारवादी दृष्टिकोण रखा है। यह उनकी आरम्भिक उपन्यास-शैली का द्योतक है।

उपन्यास की कथा छोटी है। अमृतराय और दाननाथ बड़े घनिष्ठ मित्र हैं। प्रेमा नामक युवती से वे दोनों ही प्रेम करते हैं। प्रेमा रिश्ते में अमृत की साली लगती है। अपनी बड़ी बहन की मृत्यु के पश्चात उसने निश्चय किया कि वह अमृतराय की ही जीवन-संगिनी बनेगी। दाननाथ के हृदय में भी प्रेमा के लिए स्नेह है किन्तु वह विवश हो जाता है। एक दिन काशी के आर्यमन्दिर में पंडित अमरनाथ का व्याख्यान सुनकर अमृतराय पर विचित्र प्रतिक्रिया होती है। वह विवाह करने का विचार त्याग देता है। विवश होकर लाला बदरीप्रसाद ने प्रेमा का विवाह दाननाथ से कर दिया। इधर अमृत ने विधवाश्रम खोल दिया और विधवाओं की सेवा में अपना जीवन व्यतीत करने लगा। प्रेमा का भाई कमलाप्रसाद दुराचारी व्यक्ति है। उसकी पत्नी सुमित्रा एक सुशीला नारी है। प्रेमा के पड़ोस में ही पूर्णा रहती है। उसका पति होली के दिन डूबकर मर जाता है। लाला बदरीप्रसाद विधवा पूर्णा को अपने घर प्रश्रय देते हैं। कमलाप्रसाद उसे भी अपनी वासना का शिकार बनाना चाहता है। अमृतराय पूर्णा को गिरने से रोकता है और उसकी रक्षा करता है। एक दिन कमला पूर्णा के प्रति अनाचार करने को आतुर हो उठा है, तभी पूर्णा ने उसके सिर पर कुर्सी दे मारी। उसी के अनन्तर पूर्णा अमृतराय के विधवाश्रम में रहने लगती है।

घटनापूर्ण, रोमांचक और चमत्कारी कथानक में प्रेमचन्द ने विधवाओं की समस्या पर हल्का सा प्रकाश डाला है। उसमें सामाजिक पक्ष गौण और घटना-वैचित्र्य अधिक है। उपन्यास एक आरम्भिक प्रयोग की भाँति प्रतीत होता है, जिसके सहारे लेखक वृहत्त

कृतियों तक जाने में प्रयत्नशील है।

निर्मला

1922-23 के लगभग लिखे गए इस उपन्यास में विवाह की समस्या को लिया गया है। समाज के इस ज्वलन्त प्रश्न पर प्रेमचन्द ने अपने विचार इस छोटे से उपन्यास के माध्यम से व्यक्त किए हैं।

बाबू उदयभानुलाल के दो पुत्रियाँ थीं : निर्मला और कृष्णा। निर्मला के विवाह की चिन्ता बाबूजी को सदा बनी रहती थी। आखिर बाबू भालचन्द्र सिन्हा के ज्येष्ठ पुत्र भुवनमोहन से विवाह तय हुआ। सिन्हा ने दहेज की बातचीत भी न चलाई। उदयभानु को इससे बड़ा सन्तोष हुआ। वह विवाह की तैयारियाँ करने लगे। उन्होंने निश्चय किया कि बरातियों का खूब अच्छी तरह स्वागत करेंगे। एक दिन बाबू उदयभानु और उनकी पत्नी कल्याणी में छोटी सी बात पर कहासुनी हो गई। बाबूजी गंगा की ओर चल दिए। सोचा कपड़े किनारे पर रख दूँगा। लोग समझेंगे कि आत्महत्या कर ली। मैं चार-पाँच दिन बाद मिर्जापुर से लौट आऊँगा। रास्ते में उन्हें बदमाश मतई मिला। वह कई बार सजा भुगत चुका था। उसने बाबूजी से कहा कि आप वचन दीजिए कि अब किसी को दंड न दिलाइगा। बात बढ़ जाने पर मतई ने बाबू उदयभानु के सिर पर लाठी से प्रहार किया और बाबूजी का जीवनान्त हो गया। इसी के अनन्तर भालचन्द्र ने निर्मला से अपने पुत्र का विवाह करना नामंजूर कर दिया। आखिर निर्मला का विवाह वकील मुंशी तोताराम से हो गया। उनकी अवस्था चालीस के लगभग थी। उन्होंने निर्मला को प्रत्येक प्रकार से प्रसन्न रखने का प्रयत्न किया। निर्मला एक विचित्र संकोच के भार से दबी जाती थी। तोताराम की बहन रुक्मिणी भी निर्मला को कष्ट देती थी। निर्मला तोताराम के तीन लड़कों—मंशाराम, जियाराम, सियाराम को खूब प्यार करती है। मंशाराम से उसे विशेष स्नेह है। वह उससे अंग्रेजी पढ़ती है। तोताराम को यह बात बिलकुल नापसन्द थी। वह चाहते हैं कि उनकी पत्नी केवल उन्हीं से घनिष्ठता रखे और इसके लिए वह प्रत्येक कृत्रिम-अकृत्रिम उपाय काम में लाते हैं। मंशाराम पर उन्हें इतना क्रोध आता है कि उसे छात्रालय में भेज देते हैं। मंशाराम को बहुत दुख होता है और अस्पताल में उसका प्राणान्त हो जाता है। निर्मला के मन पर इस घटना से बड़ा धक्का लगता है और वह अनमनी सी रहने लगती है। इधर छोटे लड़के जियाराम, सियाराम भी पिता के हाथों से निकल जाते हैं। जियाराम तो इतना बिगड़ जाता है कि निर्मला के ही गहने चुराता है और अन्त में आत्महत्या कर लेता है। सियाराम साधु होकर घर से भाग जाता है। तोताराम भी परेशान होकर चल देते हैं। निर्मला जीवन का भार ढोती रहती है। उसकी पहचान डॉक्टर भुवनमोहन की पत्नी सुधा से हो जाती है। इन्हीं डॉक्टर साहब से पहले निर्मला की शादी तय हुई थी। एक दिन डॉक्टर साहब ने निर्मला पर अपना प्रेम प्रकट किया, पर उसे यह सब अच्छा नहीं लगा। सुधा को जब यह बात ज्ञात हुई तब उसने अपने पति की भर्त्सना की। लज्जावश डॉक्टर भी आत्महत्या कर लेते हैं।

निर्मला भी घुट-घुटकर मरती है और जब उसका शव बाहर निकाला जाता है, तभी मुंशी तोताराम दाह के लिए आते हैं।

विधवाओं के जीवन की करुण कहानी प्रेमचन्द ने इस उपन्यास में प्रस्तुत की है। कल्याणी, निर्मला, सुधा आदि सभी विधवाएँ जीवन का भार ढोती रहती हैं। लेखक ने सामाजिक विषमता के एक प्रमुख पहलू पर विचार किया है। दहेज, विवाह की कठिनाई आदि प्रश्न भी उसने उठाए हैं। मध्यवर्ग की इन परिस्थितियों को प्रेमचन्द ने 'निर्मला' का विषय बनाया है। परन्तु इस उपन्यास में भी घटनाओं का विस्मयकारक प्रभाव बना ही रहता है। अनेक लोगों के बीच अनेक प्रकार के अच्छे-बुरे सम्बन्ध होते हैं और बनते-बिगड़ते रहते हैं। उपन्यास में एकात्मता, प्रवाह और गाम्भीर्य की कमी बनी रहती है।

मंगलसूत्र

'मंगलसूत्र' प्रेमचन्द का अपूर्ण उपन्यास है। लेखक लगभग सत्तर पृष्ठ ही लिख पाया था कि उसका देहान्त हो गया। कुछ आलोचकों का कथन है कि प्रेमचन्द 'मंगलसूत्र' में अपनी ही कहानी लिख रहे थे किन्तु उपन्यास के अपूर्ण रूप को देखकर अनुमान भर किया जा सकता है, कोई निश्चित धारणा नहीं बनाई जा सकती।

देवकुमार एक सच्चे साहित्यिक हैं। उन्होंने साहित्य को अपनी कृतियों से समृद्ध किया, किन्तु स्वयं अकिंचन ही बने रहे। उन्हें यश तो मिला, किन्तु धन नहीं। उनका बड़ा बेटा सन्तकुमार पिता के इस आदर्शवाद को पसन्द नहीं करता। नई रोशनी में पला यह युवक जीवन का सुख लूटना चाहता है। छोटा लड़का साधुकुमार पिता के आदर्शों पर चलता है। वह भी आदर्शों का पोषक है। बदलते हुए जमाने की रफ्तार से देवकुमार को धक्का सा लगता है। उनकी आदर्श भूमि डोलती सी दिखाई देती है। वह एक मानसिक झंझावात में पड़ जाते हैं।

'मंगलसूत्र' का यह अपूर्ण स्वरूप उपन्यासकार प्रेमचन्द की रचना सम्बन्धी एक नवीन दिशा का सूचक होता। इसमें वह अपने समस्त जीवनानुभवों को देते और जीवन और समाज सम्बन्धी अपने सुलझे हुए निष्कर्षों को भी रखते। पर उनका यह मन्तव्य पूरा नहीं हुआ और हिन्दी साहित्य एक प्रौढ़ लेखक की प्रौढ़ कृति से वंचित रह गया।

कहानियाँ

प्रेमचन्द की कहानियाँ संख्या में तीन सौ के लगभग हैं। इसके अतिरिक्त उनकी उर्दू कहानियों की संख्या भी सौ के ऊपर है। ये सारी कहानियाँ लम्बे समय के अन्तर्गत लिखी गई हैं, इस कारण इनमें कलात्मक विकास की कई भूमियों का दिखाई देना स्वाभाविक है। आरम्भिक कहानियों में कला की दृष्टि से वह सफाई, खराद और काट-छाँट नहीं है जो परवर्ती कहानियों में है। आरम्भिक कहानियाँ अधिकतर लम्बी और वर्णनात्मक हैं जबकि पीछे की कहानियाँ अधिक गठी हुई, संक्षिप्त तथा नाटकीय प्रभाव से सम्पन्न हैं, मानो एक प्रभावशाली चित्र का प्रदर्शन कर समाप्त हो गई हों। केवल कला की दृष्टि से नहीं, भावों और विचारों की प्रौढ़ता की दृष्टि से भी आरम्भ और अन्त की कहानियों में अन्तर आ गया है। भाव के क्षेत्र में प्रेमचन्द की आरम्भिक कहानियाँ भावनाप्रधान और आदर्शवादी हैं। वह प्रत्येक स्थिति में किसी ऊँचे आदर्श पर जाकर समाप्त होती हैं। उनका प्रभाव भावुकतापूर्ण और उपदेशात्मक सा होता है। किन्तु आगे चलकर प्रेमचन्द की कहानियों में चित्रित परिस्थितियों और व्यक्त भावों के बीच अधिक गहरा सामंजस्य स्थापित हो गया है। अब उनके चित्रण अधिक मनोवैज्ञानिक, तथ्यपूर्ण और अकृत्रिम होने लगे हैं। यद्यपि मानव-स्वभाव पर अमिट विश्वास के कारण प्रेमचन्द की आदर्शवादी प्रवृत्ति यहाँ भी दिखाई देती है, परन्तु यहाँ वह प्रवृत्ति अधिक संयमित है। जिन कहानियों में प्रेमचन्द ने किसी आदर्श का चित्रण नहीं किया है, उदाहरण के लिए—'कफन', 'पूस की रात', 'नशा' आदि में, वहाँ भी परिस्थिति की विवशता के प्रति प्रेमचन्द की व्यंग्यात्मक दृष्टि परिलक्षित हुई है। उन कहानियों में भी मुख्य प्रभाव परिस्थिति के विरुद्ध विद्रोह करने का ही है। प्रेमचन्द ने ऐसी कहानियाँ नहीं लिखीं जो विशुद्ध निराशामूलक हों; जिनके पात्र और चरित्र पूरी तरह जीवनोद्देश्य को भूले हुए हों। पिछली कहानियों में उनके पात्र परिस्थितियों से लड़ते और पराजित होते भी दिखाए गए हैं, पर लेखक ने जीवन-आस्था बनी रहने दी है। इसीलिए उन कहानियों का प्रभाव विषादात्मक न पड़कर व्यंग्यात्मक ही पड़ता है। इस दृष्टि से प्रेमचन्द की सब कहानियाँ जीवन के प्रगतिशील और आस्थावादी दृष्टिकोण को व्यक्त करती हैं।

विचारों के क्षेत्र में भी प्रेमचन्द प्रौढ़ होते गए हैं। उन्होंने जीवन सम्बन्धी अपने अनुभवों को निरन्तर बढ़ने दिया है। खुली आँख और खुले मस्तिष्क से वह समस्त परिस्थितियों को देखते और आँकते थे। अनुभव की वृद्धि के साथ उनके अध्ययन में भी

विस्तार होता गया। वह भारतीय साहित्यिकों के अतिरिक्त पश्चिमी विचारकों और कलाकारों से बहुत कुछ परिचित हुए। सामाजिक परिस्थितियों के परिवर्तन के साथ स्वाभाविक रूप से बदलने वाले दृष्टिकोण को भी प्रेमचन्द अपनाते गए हैं। विशेषकर नारी के आत्मसम्मान और पुरुषों के साथ उनकी सामाजिक समानता का निरूपण और उद्घोष उन्होंने अपनी पिछली कहानियों में स्पष्ट रूप से किया है। नारी के पातिव्रत और उसकी गार्हस्थिक निपुणता के साथ ही साथ प्रेमचन्द ने उसके समान अधिकारों का भी प्रतिपादन किया है। इसी प्रकार अन्य क्षेत्रों में भी वह क्रमशः आगे बढ़ते गए हैं।

प्रेमचन्द की सब कहानियाँ सब समय एक सी ही प्रेरणा से नहीं लिखी गईं। यत्र-तत्र उन्होंने बेगार भी की है। कभी किसी कहानी को आवश्यकता से अधिक बढ़ा देना और किसी अन्य को अत्यन्त छोटा कर देना उनके लिए आश्चर्य की बात न थी। पत्र और पत्रिकाओं में निरन्तर लिखते रहने की आवश्यकतावश इस प्रकार के विपर्यय होते ही रहते थे। अतएव उनके प्रौढ़ काल में भी ऐसी अनेक कहानियाँ मिलती हैं, जो उनकी विकसित कला के अनुरूप नहीं कही जा सकतीं। इस दृष्टि से प्रेमचन्द की कहानियों का विभाजन दो विभागों में किया जा सकता है : कलापूर्ण कहानियाँ और आवश्यकतावश लिखी गई कहानियाँ। ऐसा करने पर ही उन श्रेष्ठ कहानियों का पृथक्करण किया जा सकेगा, जिनके आधार पर प्रेमचन्द की साहित्यिक प्रतिष्ठा अवलम्बित है।

विषय की दृष्टि से प्रेमचन्द की कहानियाँ मुख्यतः सामाजिक और राजनीतिक क्षेत्रों से सम्बद्ध हैं। समाज की सीमा में ग्रामीण और नगर के क्षेत्र आते हैं। दोनों ही क्षेत्रों को लेकर उनकी कहानियाँ लिखी गई हैं। राजनीतिक विषयों में से प्रायः वे सभी विषय आ गए हैं, जो भारतीय राजनीति के तत्कालीन ज्वलन्त प्रश्न थे।

यहाँ यह कह देना आवश्यक प्रतीत होता है कि प्रेमचन्द सामयिक, सामाजिक आन्दोलनों और राजनीतिक गतिविधियों के बाहर अपनी कहानियों में बहुत ही कम गए हैं। उनका समस्त क्षेत्र बीस-पच्चीस वर्षों की भारतीय जीवन प्रगति में केन्द्रित है। दूसरे शब्दों में प्रेमचन्द प्रत्यक्षवादी कलाकार ठहरते हैं। उन्होंने मानव-विकास के उन पहलुओं पर ध्यान नहीं दिया, जिनका सम्बन्ध इतिहास तथा अन्य प्राणिविज्ञान सम्बन्धी तथ्यों से है। यह भी कह सकते है कि उनकी कल्पना सामयिकता की परिधि से ऊपर उठने में अक्षम थी और दैनिक जीवन की स्थितियों को ही अपनाने में प्रवीण थी। इसका एक परिणाम यह भी हुआ है कि प्रेमचन्द सदैव सामान्य परिस्थितियों के भीतर सामान्य चरित्रों की अवतारणा करते हैं। असामान्य और विशिष्ट जीवन-चित्रों की विवेचना, जो मनोविज्ञान तथा अन्य सम्बन्धित विज्ञानों के गहरे और विशिष्ट अनुभवों से सम्बद्ध है, प्रेमचन्द की कहानियों की सीमा में नहीं आती। सामान्य के अन्तर्गत भी प्रेमचन्द का मुख्य झुकाव सुधारवाद और आदर्शात्मक मनोविज्ञान की ओर ही अधिक है। तटस्थ मनोवैज्ञानिक चित्रण उनकी कहानियों में कम ही मिलते हैं। नारी-स्वभाव और नारी-प्रकृति की भीतरी विशेषताओं में जाने का समय प्रेमचन्द को न था। और वह चरित्र की ऐसी

रूपरेखाओं को ही अंकित कर सके हैं, जिन्हें इस वैचित्र्यपूर्ण मानव-समाज में प्रायः देखा जाता है। प्रेमचन्द की कहानियाँ इसीलिए सब्जेक्टिव या भावात्मक श्रेणी में आती हैं। निश्चय ही वह सामाजिक विकास के लिए महत्त्वपूर्ण अस्त्र का काम कर चुकी हैं, परन्तु समय के बीत जाने पर उनकी क्या स्थिति होगी, यह एक विचारणीय प्रश्न है।

कला के क्षेत्र में सामयिक प्रश्नों, स्थितियों और विचारधाराओं का अपना विशिष्ट महत्त्व है, परन्तु महान कलाकार में कुछ ऐसी भी वस्तुएँ होती हैं, जो उसे सामयिकता का इतिहास-लेखक ही नहीं बनातीं, उसका अन्वेषक और उद्‌घाटक भी सिद्ध करती हैं। इसके अतिरिक्त उस महान कलाकार में यह क्षमता भी होती है कि वह उन बदलती हुई परिस्थितियों में मानव-चरित्र की और मानव मनोभावना की मार्मिक और चिरन्तन प्रवृत्तियों को भी अपने दृष्टि-पथ में रखे। ऐसा न करने पर कथाकार का कार्य बहुत कुछ सीमित हो जाता है। यह केवल सामयिक जीवन का प्रतिनिधि और उन्नायक बना रहता है। उसकी गणना इतिहास में हो जाती है और वह स्वयं अपनी कृतियों में ऐतिहासिक अनुशीलन की सामग्री छोड़ जाता है। परन्तु एक श्रेष्ठ कलाकार कदाचित इस सीमित उद्‌देश्य को लेकर ही कार्य नहीं करता। उसका जीवन सम्बन्धी समस्त दृष्टिकोण उसके सारे अनुभव और उसकी सारी उद्‌भावना उसकी कला को स्थायित्व देने के लिए हुआ करते हैं। कला का उद्‌देश्य इतिहास में परिगणित होना ही नहीं है, उसे उच्चतर लक्ष्यों की पूर्ति करनी होती है। प्रेमचन्द की कहानियाँ उनके अनुभव की गहराई, मार्मिकता और ईमानदारी के कारण—संक्षेप में उनके व्यक्तित्व की प्रतिनिधि हो जाने के कारण—यद्यपि एक विभिन्न स्तर पर पहुँच गई हैं, परन्तु प्रेमचन्द का सारा दृष्टिकोण और उनकी कला-क्षमता अधिकतर सामयिक जीवन से ही बँधी हुई है।

यह न समझना चाहिए कि कोई कलाकार अपने आख्यानों और चित्रणों को सामयिक स्थितियों और क्षेत्रों से ले रहा है, इसी कारण उसकी रचना सीमित और संकीर्ण है। सामग्री चाहे जिस क्षेत्र से ली जाए, उसके निरूपण और निर्देश में ही लेखक की सारी प्रतिभा लक्षित होती है। सारा प्रश्न लेखक के मानव स्वभाव की मौलिक विशेषताओं तक पहुँचने और उन्हें चित्रित करने का रहा करता है। किसी कृति की सार्वजनिकता इसी भूमिका पर देखी जाती है। प्रश्न उपादानों का नहीं है, वे तो चाहे जहाँ से लिए जा सकते हैं, प्रश्न उन उपादानों में निहित जीवन-स्वरूप और जीवन-प्रक्रिया का है। यदि किसी कलाकार ने छोटे दायरे में काम करते हुए भी मानव जीवन के स्थाई तारों को स्पर्श किया और उन्हें झनझनाया है, तो उसकी कृति सामयिकता की सीमा से घिरी न रहेगी। उसका प्रसार समय की परिधि के बाहर भी हो सकेगा।

यदि हम प्रेमचन्द की तीन-चार सौ कहानियों में से कुछ एक चुनकर उनका संक्षिप्त स्वरूप प्रस्तुत कर सकें, तो उससे उनकी कहानियों की सामान्य विशेषता का परिचय मिलेगा। हम बिना किसी वर्गीकरण या विभाजन के उनकी कहानियों में से कोई भी दस-बीस लेकर देखना चाहेंगे। इन्हें किसी विशेष दृष्टि से चुना नहीं गया है, इसलिए ये प्रेमचन्द की कहानियों के सामान्य प्रतिमान के अन्तर्गत आती हैं।

नारी-सम्बन्धी कहानियाँ

आहुति : इसमें आनन्द, रूपमणि और विश्वम्भर तीन पात्र हैं। आनन्द सम्पन्न है। विश्वम्भर गरीब और व्यक्तित्वहीन है, परन्तु यह राष्ट्रीय कार्यों में संलग्न होता है। रूपमणि आरम्भ में आनन्द की सम्पन्नता और उसके आकर्षक व्यक्तित्व के प्रति आकृष्ट है, परन्तु क्रमशः वह आनन्द से खिंचकर विश्वम्भर की ओर झुकने लगती है। जिस दिन वह सुन लेती है कि विश्वम्भर राष्ट्रीय आन्दोलन के क्षेत्र में उतर आया है और अपने जीवन को उसी दिशा में लगा चुका है, उसी दिन रूपमणि आनन्द का सम्पर्क छोड़कर विश्वम्भर की सहयोगिनी और सहकारिणी बन जाती है।

शान्ति : गोपा का पति मर चुका है, परन्तु पति का समस्त उत्तरदायित्व गोपा अपने में अनुभव करती है। उसकी आर्थिक स्थिति गिरी हुई है, परन्तु वह अपनी एकमात्र पुत्री सुनीता का विवाह इस ठाट-बाट से करती है, मानो उसका पति, सुनीता का पिता जीवित ही हो। यद्यपि सुनीता का विवाह एक सम्पन्न खानदान में होता है, परन्तु उसके पति में कुछ दुर्व्यसन हैं, जिनके कारण वह सुन्दरी सरला सुनीता को छोड़कर दूसरी ओर खिंचा रहता है। सुनीता इस अपमान को क्षुब्ध होकर सहन करती रहती है। माता द्वारा घर बुलाए जाने पर वह मायके नहीं आती और पति के समक्ष रहकर ही मानो उसको चुनौती देती हुई वहीं अपना प्राण विसर्जन कर देती है।

कायर : प्रेमा नाम की लड़की केशव नाम के अपने सहपाठी से प्रेम करती है। दोनों भिन्न जाति के हैं। जब इन दोनों में पर्याप्त घनिष्ठता बढ़ जाती है और केशव प्रेमा से अपना प्रेम-निवेदन कर देता है तब प्रेमा अपने माता-पिता से इस सम्बन्ध का संकेत करती है। उसके माता-पिता पुराने विचारों के व्यक्ति हैं, पर प्रेमा का अडिग संकल्प देखकर वे केशव के साथ विवाह कर देने को राजी हो जाते हैं। केशव के पिता के समक्ष जब प्रस्ताव किया जाता है, वह इसे अस्वीकार कर देता है और अपने पुत्र केशव को खूब फटकारता है। केशव पर इसका वही प्रभाव पड़ता है जो एक कायर व्यक्ति पर पड़ सकता है। वह प्रेमा से विवाह करना अस्वीकार कर देता है। प्रेमा को उसके इस व्यवहार से बड़ी चोट पहुँचती है और वह शीघ्र ही मर जाती है।

बड़े घर की बेटी : आनन्दी बड़े घर की बेटी है। वह एक साधारण जमींदार परिवार में ब्याह आई है। ससुराल में उसके पति दो भाई हैं। श्रीकंठसिंह, जो उसका पति है, शहर में वकालत करता है। लालबिहारी उसका छोटा भाई गाँव पर रहता है। वह उद्‌दंड स्वभाव का व्यक्ति है। आनन्दी का बड़प्पन और उसकी शालीनता उसे सह्य नहीं है। वह अवसर मिलते ही आनन्दी से झगड़ा करता और उसे दुर्वचनों द्वारा लांछित करता है। आनन्दी जब इसकी चर्चा पति के आने पर करती है, तब उसका पति जायदाद का बँटवारा कर लेने और सम्मिलित परिवार से अलग हो जाने का निश्चय करता है। अब लालबिहारी के मन में पश्चात्ताप और प्रतिक्रिया उत्पन्न होती है। वह बँटवारे में अपनी हानि ही हानि देखता है। उसमें काम करने की शक्ति नहीं है। वह आलसी और

अकर्मण्य है, इसलिए वह जब अपने भाई से इस प्रश्न पर फिर से विचार करने का निवेदन करता है, तब उसका बड़ा भाई उसे स्वीकार नहीं करता, वह अपने पूर्व निश्चय पर जमा रहता है। परन्तु बड़े घर की बेटी आनन्दी का बड़प्पन यहाँ अपना शुभ परिणाम दिखा देता है। वह लालबिहारी को क्षमा कर देती है। यही नहीं वह अपने पति को मना लेती है, और सम्मिलित परिवार ज्यों का त्यों बना रहता है।

निष्कासन : मर्यादा अपने पति परशुराम के साथ प्रयाग गंगास्नान को गई थी। मेले में वह पति से बिछुड़कर खो गई। सेवा-समिति के स्वयंसेवकों ने उसे सँभाला, परन्तु इसी बीच वह एक छोटे से षड्यन्त्र में पड़ गई। किसी व्यक्ति ने धोखा देकर उसे अपने यहाँ बुला लिया। उसके चंगुल से छूटकर मर्यादा एक सप्ताह में अपने पति के पास पहुँची। पति परशुराम ने पत्नी मर्यादा से अनेक उल्टे-सीधे प्रश्न किए। उसने अपनी सफाई दी और अपने निष्पाप होने की शपथ ली। परन्तु परशुराम ने उसकी एक न सुनी। उसे घर से निकाल दिया।

ग्राम-सम्बन्धी कहानियाँ

अलग्योझा : भोला महतो ने दूसरा ब्याह किया था। उसकी पत्नी पन्ना अपने सौतेले लड़के रग्घू से दुर्व्यवहार किया करती थी। उसके अपने लड़के भी थे। रग्घू उनसे प्रेम करता था। कुछ ही दिनों में रग्घू का विवाह भी हुआ। उसकी पत्नी मुलिया झगड़ा करके सम्मिलित कुटुम्ब से अलग हो गई थी, फिर भी रग्घू का व्यवहार अपने सौतेले भाइयों से पहले जैसा ही बना रहा। वह पन्ना के लड़के और लड़कियों के लिए तरह-तरह के मनोरंजन जुटाता। उन्हें खिलाता-पिलाता और उनके साथ खेलता। अचानक रग्घू का देहान्त हो गया, भोला महतो पहले ही मर चुके थे। केदार पर, जो पन्ना का बड़ा लड़का था, गृहस्थी का सारा भार आ गया। वह अपने परिवार का तो सब काम करता ही, मुलिया की देखरेख भी उसी के जिम्मे थी। जब पन्ना केदार से विवाह की चर्चा करती, वह चुप हो रहता। वह वास्तव में मुलिया के प्रति आकृष्ट था। अन्त में उसने मुलिया से ही विवाह किया और दोनों बिछुड़े परिवार फिर से एक हो गए।

पूस की रात : यह किसानों की गरीबी की कहानी है। तीन रुपए जो कुल पूँजी शेष है, महाजन डाँट कर ले जाता है। अब किसान के पास कुछ नहीं रहा। पूस की रात है। वह खेत ताकने अपनी मड़ैया में जाता है। उसके साथ उसका कुत्ता जबरा है। दोनों ठिठुर रहे हैं। हलकू ने जबरा के प्रति अपनी मौखिक सहानुभूति प्रकट की। जबरा ने अपनी पशु-भाषा में उसकी हमदर्दी स्वीकार की। आखिर शीत से परेशान होकर दोनों एक-दूसरे से लिपट गए। उतने में अरहर के खेत में कुछ आवाज सुनाई दी। जबरा दौड़कर गया और भूँकता रहा, परन्तु विपक्षी दल अधिक जोरदार था। खेत का अधिकांश भाग चर गया। हलकू की हिम्मत न हुई कि वह उठकर उधर आता। निराशा चरम सीमा पर पहुँच चुकी थी। उसने खेत चर जाने दिया। दूसरे दिन सवेरे जब उसकी पत्नी और आई और उसने देखा कि सारा खेत चरा जा चुका है, तब उसने हलकू को

फटकारना चाहा, पर हलकू को भीतर ही भीतर यह प्रसन्नता थी कि खेत चर लिया गया अच्छा ही हुआ, अब उसे पूस की रात में वहाँ सोना न पड़ेगा।

मुक्ति-मार्ग : झींगुर गाँव का किसान है। उसके खेतों में अच्छी फसल हुई थी। उसका दिल बढ़ा हुआ था। बुद्धू गडरिया अपनी भेड़-बकरियाँ लिए उसके खेत की मेड़ से जा रहा था। उसने रोका और डाँटा। बुद्धू को भी कुछ कम गर्मी न थी। वह बकरियों को बढ़ाता चला आया। खेत का थोड़ा सा नुकसान हो गया। झींगुर ने उसे अच्छी तरह पीट-पाट दिया। गाँव भर में इस घटना से अशान्ति छा गई। लोग शंका करने लगे कि अब गाँव के खेतों की कुशल नहीं। यही हुआ भी। ऊख के खेत तैयार थे। बुद्धू ने उनमें आग लगा दी और जब सब किसान आग बुझा रहे थे, तब बुद्धू ही सबसे अधिक तत्परता के साथ आग बुझाने में संलग्न था ! झींगुर को असलियत का पता लग गया और उसने बुद्धू से बदला लेने की ठान ली। उसने हरिहर चमार से सलाह की। बुद्धू से ऊपर-ऊपर मेल बनाए रखा और अपनी एक बछिया उसे चराने को दी। दूसरे दिन बछिया मरी पाई गई। बुद्धू पर गोहत्या का प्रायश्चित लगाया गया। उसे तीर्थयात्रा करनी पड़ी, भीख माँगनी पड़ी, पाँच सौ ब्राह्मणों को खिलाना पड़ा। बुद्धू के घर तबाही आ गई। झींगुर का हाल पहले से ही बेहाल था। अब दोनों अपना-अपना पेशा छोड़कर मजदूरी करने लगे। दोनों की हालत दयनीय हो गई।

बलिदान : समय के फेर से हरखसिंह हरखू हो गए थे और समय के ही परिवर्तन से कुल्लू कालिकादीन बन गया था और मंगरू मंगलसिंह हो गए थे। हरखू का कारबार चौपट हो गया था, केवल खेती रह गई थी। उसके मरने के बाद समस्या और भी जटिल हो गई। जमींदार ने उसके लड़के गिरधारी से सौ रुपए नजराने माँगे। खेतों की नई लिखा-पढ़ी करनी थी। गिरधारी के पास एक पैसा भी न था। खेत कालिकादीन ने अपने नाम लिखा लिए। दो बैल बचे थे, उन्हें मंगलसिंह ने खरीद लिया। गिरधारी इस संकट को बरदाश्त न कर पाया, वह मर गया और भूत बनकर अपने खेत के आसपास फिरने लगा। खेत परती पड़ गए। कालिकादीन की हिम्मत न पड़ती थी कि वह उस ओर जाएँ।

शंखनाद : भानु चौधरी के तीन पुत्र थे—वितान, शान और गुमान। वितान मामले-मुकदमे देखा करता था। शान खेती का काम सँभालता था। गुमान को कोई काम न था। वह मस्त घूमा करता था। दंगल का भी शौकीन था, पर भाभियाँ उसे चैन न लेने देती थीं; उसकी बेकारी पर व्यंग्य-बाण चलाए बिना न मानतीं। गुमान को औरतों के यह चोंचले ज्यादा परेशान न करते थे, किन्तु उसकी कमी उसकी पत्नी को पूरी करनी पड़ती। घर का बड़े से बड़ा और छोटे से छोटा काम उसी को करना पड़ता। थोड़े दिनों के लिए गुमान को कपड़ों की एक दुकान करा दी गई, पर शीघ्र ही गुमान ने उसे भी फूँक-तापकर बराबर कर दिया। आखिर बँटवारे की बारी आई। वितान और शान गुमान से अलग हो जाना चाहते थे। गुमान को इसमें कोई आपत्ति न थी। उसने प्रस्ताव स्वीकार कर लिया। गुरुदीन नाम का एक खोंचेवाला हर हफ्ते अपना खोंचा लेकर उस गाँव में आया करता। वितान और शान के लड़के-बच्चे ठाठ से मिठाइयाँ लेकर खाते,

पर गुमान के लड़के धान को कुछ भी न मिलता। वह रोता-चीखता अपनी माता के पास जाता और उसका आँचल पकड़कर खोंचे वाले की ओर ले जाना चाहता। माता बहुत बहलाती, फुसलाती, पर धान न मानता। आखिर माँ ने एक दिन उसे दो-तीन थप्पड़ लगा दिए। गुमान यह सब दृश्य देख रहा था। उसे अपने बच्चे की यह दशा देखकर असीम वेदना हुई। जो काम सैकड़ों व्यंग्य-बाणों ने न किया था, बच्चे के आँसुओं ने कर दिखाया। गुमान के कानों में मानो शंखनाद सा हुआ, और उसने निश्चय किया कि वह अब कुछ काम करेगा।

मनोविज्ञान-सम्बन्धी कहानियाँ

माता का हृदय : माधवी का पति मर चुका था। उसे एक ही लड़का था वह भी राजनीतिक आन्दोलन में जेल भेज दिया गया है। माधवी ने सुना था कि उसके लड़के को अकारण दंड दिया गया है। दंड देने में मिस्टर बागची का प्रधान हाथ था। माधवी ने बदला लेने की सोची। वह एक दिन बागची के घर आई तो देखा कि वहाँ उत्सव मनाया जा रहा था। मिस्टर बागची मित्रों को दावत दे रहे थे। यह पुलिस अफसर थे और आज एक बड़ा मुकदमा जीत आए थे। माधवी ने उसी दिन उनके घर नौकरी कर ली और बच्चा खिलाने लगी। मिसेज बागची एक अपहिज सी महिला थीं। उनका स्वास्थ्य ठीक न रहता। मिस्टर बागची को फुरसत न थी कि बच्चे के लालन-पालन की ओर ध्यान दें। माधवी ने अपने प्रेम-व्यवहार से बच्चे को पूरी तरह हाथ में कर लिया। वह किसी दूसरे के पास न जाता, माँ और पिता के पास भी नहीं। बच्चे का स्वास्थ्य भी अब सुधरने लगा। मिसेज बागची माधवी की परिचर्या से इतनी प्रसन्न थीं कि वह अपने बच्चे को माधवी को ही सौंप देना चाहती थीं। उन्होंने प्रस्ताव किया कि माधवी बच्चे को अपने घर ले जाए और वहीं उसको पाले-पोसे। बागची ने भी इस प्रस्ताव का समर्थन किया। उनके पहले दो-तीन बच्चे मर चुके थे। माधवी आई तो थी बागची से बदला लेने, पर अब वह उनके पुत्र को लेकर घर की ओर चली !

नशा : ईश्वरी एक जमींदार का लड़का था और वीर एक गरीब क्लर्क का। दोनों साथ-साथ कॉलेज में पढ़ते और राजनीतिक विषयों की चर्चा किया करते। वीर जमींदारों की खूब निन्दा करता। एक बार ईश्वरी ने उसे अपने घर चलने को निमन्त्रित किया। वीर और ईश्वरी दोनों गाँव पहुँचे। यहाँ आकर वीर की आदतें बदलने लगीं। अब वह ईश्वरी की देखा-देखी नौकरों से काम लेता, उन पर शासन करता और अकसर उन्हें डाँटता-फटकारता। ईश्वरी के साथ गाँव में रहते हुए वह अमीरों का सा जीवन व्यतीत करने लगा था। अब वह शान-शौकत ईश्वरी से बढ़कर बरतने लगा। पुरानी सब बातों को भूल-सा गया। एक दिन जब ईश्वरी और वीर गाँव से इलाहाबाद लौट रहे थे, गाड़ी में बड़ी भीड़ थी। ऊँचे दरजे में जगह न मिलने के कारण उन्हें तीसरे दरजे में बैठना पड़ा। वीर बड़े अनमने भाव से तीसरे दरजे में बैठा, पर डिब्बे के प्रत्येक व्यक्ति से झगड़ा करता रहा। अपने बड़प्पन की भावना को वह इसी प्रकार प्रदर्शित कर रहा था। यहाँ

तक कि उसने एक बेकसूर आदमी को दो-चार थप्पड़ भी लगा दिए। वीर का नशा पराकाष्ठा पर था, किन्तु इतने में डिब्बे वाले मुसाफिर बक-झक करने लगे। वीर पर व्यंग्य भी किए जा रहे थे। लोगों ने अप्रत्यक्ष रूप से धमकी भी दी। ईश्वरी ने कह-सुनकर मामले को शान्त किया। अब वीर का नशा उतर रहा था।

बड़े भाई साहब : दो भाइयों में छोटा अधिक प्रतिभाशाली और चंचल था। बड़ा अधिक मन्दबुद्धि और गम्भीर था। छोटे भाई पर शासन करने के लिए उसने गम्भीरता धारण कर रखी थी। छोटा भाई जरा भी चंचलता दिखाता, उसे बुरी तरह डाँट पड़ती, आरम्भ में जब छोटा भाई बड़े से कई श्रेणियाँ नीचे पढ़ता था, बड़ी सहूलियत से डाँट लेता था। पर क्रमशः बड़ा कक्षा में फेल होने लगा और धीरे-धीरे छोटा भाई उसकी बराबरी पर आ गया। यही नहीं, उस वर्ष की परीक्षा में बड़ा फिर अनुत्तीर्ण हुआ और छोटे को प्रथम स्थान मिला। अब बड़े भाई को डाँटने के लिए गुंजाइश नहीं रह गई थी, फिर भी वह अपने बड़प्पन का ठेंगा छोटे के सिर रखा ही करता। छोटा भाई भी उसकी डाँट-फटकार का बुरा न मानता था।

पंच परमेश्वर : जुम्मन और अलगू दो मित्र थे। जुम्मन की एक मौसी थी, जिसकी कुछ जमीन जुम्मन ने दाब रखी थी। बदले में जुम्मन उसे खाना-कपड़ा दिया करता। कुछ समय बाद जुम्मन का व्यवहार कठोर हो गया ओर मौसी को अब खाने-कपड़े के भी लाले पड़ रहे थे। उसने पंचायत की। अलगू, जो जुम्मन के परम मित्र थे, सरपंच बनाए गए। सार्वजनिक निर्णय के अवसर पर अलगू चौधरी व्यक्तिगत मैत्री को भूल गए और उन्होंने फैसला दिया कि मौसी को माहवार खर्चा दिया जाए। जुम्मन यह सुनकर सन्नाटे में आ गए, पर पंच परमेश्वर का फैसला था, कैसे न स्वीकार करते। दूसरा अवसर जुम्मन को भी मिला। वह अलगू और समझू साहु के एक झगड़े में सरपंच बनाए गए। अलगू ने अपना एक बैल समझू के हाथ बेचा था। उसके पैसे बाकी थे, पर इतने में वह बैल जो समझू को बेचा गया था, मर गया। निश्चय ही वह समझू की ज्यादती से मरा था, पर अलगू के पैसा माँगने पर उसने इनकार कर दिया। पंचायत बैठी, जुम्मन ने फैसला दिया। उन्होंने अलगू को बैल के पूरे दाम दिलाए। पंच के आसन से वह सत्य का अपलाप न कर सके। फैसले को सुनकर अलगू का हृदय भर उठा। जब दोनों मित्र गले मिल रहे थे तब सारे दर्शक मुग्ध थे।

कफन : घीसू गाँव का चमार था। माधव उसका लड़का था। माधव की अभी हाल ही में शादी हुई थी। उसकी स्त्री घर का सब काम करती, पति और ससुर की भी सार-संभार रखती। एक दिन वह प्रसव वेदना से व्यथित थी; कोठरी में पड़ी कराह रही थी। घीसू और माधव पास के खेत से आलू चुराकर उन्हें भून रहे थे और गरम-गरम आलू खाते जा रहे थे। उनका यही धन्धा था। काम-काज से हमेशा जी चुराते। माधव की स्त्री प्रसव-वेदना में मर गई। उसके शवदाह की समस्या सामने थी। घीसू जमींदार के यहाँ गया और अपना दुखड़ा सुनाकर दो रुपए ले आया। चंदे से कुछ और पैसे भी इकट्ठे हो गए। ये दोनों कफन खरीदने निकले। रास्ते में सोचते जा रहे थे कि जीवन

का यह कैसा व्यंग्य है कि जिसे जीवित अवस्था में पहनने को मोटे-झोटे कपड़ों के भी लाले थे, उसे मरने पर नया कफन ओढ़ाया जाए। इतने में शराब की दुकान मिली। दोनों एक-दूसरे की ओर क्षण भर देखकर इशारे से सहमति पाकर दुकान में पहुँचे। जी भरकर शराब पी और शराब के साथ पेट भरकर खाना भी खाया। इसके पश्चात नशे में नाचते-गाते, उछलते-कूदते रहे। उन्हें उस समय घर पर रखी लाश का भी ध्यान न था !

राजनीति और समाज-सम्बन्धी कहानियाँ

शान्ति : इसी शीर्षक की यह दूसरी कहानी है। शान्ति एक अंग्रेजी पढ़े-लिखे सज्जन के घर ब्याह कर आई है। वह पुराने विचारों की महिला है। रामायण का नित्य पाठ करती है। सीधे-सादे लिवास में रहती है। नवशिक्षित पतिदेव को यह पसन्द नहीं। उन्हें पुरानी सभ्यता से चिढ़ लगती थी। वह पुराने आदर्शवाद की अपेक्षा नवीन यथार्थवाद के हिमायती थे। तुलसीदास को नहीं, आस्कर वाइल्ड को पसन्द करते थे। पत्नी को भी वह इसी नए साँचे में ढालना चाहते थे। धीरे-धीरे यही हुआ। पत्नी अब नए साँचे में ढल चुकी थी। वह खूब ठाट-बाट से रहती, अभ्यागतों का स्वागत करती, क्लब जाती और टेनिस खेलती थी। क्रमशः उसका यह रहन-सहन पतिदेव को खटकने लगा। वह एक बार बीमार पड़े। शान्ति उनकी देखभाल करती, पर उसे समय कम मिलता। मरते-मरते पतिदेव को अपनी पत्नी को वह पुरानी रहन-सहन अच्छी लगने लगी।

ऐक्ट्रेस : तारा नाम की एक अभिनेत्री थी। वह शकुंतला का अभिनय कर रही थी। नगर के रईसजादे निर्मलकान्त उसका अभिनय देखकर मुग्ध हो गए। उसे कीमती उपहार भेंट किया। उससे मिलने की इच्छा व्यक्त की। तारा जब निर्मलकान्त से मिली तब उनके रूप-शील को देखकर मुग्ध हो गई। कुँवर निर्मलकान्त नगर के प्रमुख रईस थे। वह युवक थे, किन्तु तारा की अवस्था पैंतीस के लगभग थी। दोनों का मिलना-जुलना होता रहा, घनिष्ठता बढ़ती रही। अन्त में कुँवर निर्मलकान्त ने विवाह का प्रस्ताव किया। तारा पहले तो अत्यन्त प्रसन्न हुई, परन्तु कुछ ही देर बाद सोचने लगी, क्या वह निर्मलकान्त के योग्य है ? क्या उसका यौवन अब भी शेष है ? क्या उसकी जीवनी पवित्र रही है ? इन सब प्रश्नों ने उसे झकझोर डाला। उसकी अन्तरात्मा ने कहा कि उसे यह विवाह नहीं करना चाहिए। यह निर्मलकान्त के प्रति अन्याय होगा। दूसरे दिन जब विवाह होनेवाला था, ऐक्ट्रेस गायब हो गई थी। वह डोंगी पर सवार होकर गंगा के उस पार जा रही थी।

अग्नि-समाधि : पयाग अपनी पत्नी रुक्मिनि के साथ कुछ दिनों तक सुखपूर्वक रहा। बाद को वह कुछ आलसी हो गया और उसने साधुओं की संगति कर ली। वहीं चिलम भरता, भजन सुनता और जो कुछ मिल जाता, खाता। बीच-बीच में वह रुक्मिनि से कुछ पैसे भी माँग लिया करता था, इनसे वह अपना ऊपरी खर्च चलाता। पर धीरे-धीरे रुक्मिनि भी उससे खिंचने लगी, उसने पैसा देना बन्द कर दिया। तब पयाग एक नई औरत लेकर घर पहुँचा। रुक्मिनि उसे देखकर स्तम्भित हो गई, पर उसने

नवागंतुक का स्वागत किया। अब रुक्मिनि दिन भर काम करती, पैसे लाती और पयाग को देती। सिलिया, पयाग की नई स्त्री, घर ही में रहा करती पर उसे घर में रहना पसन्द न था। वह बाहर जाकर पैसे कमाना चाहती थी। रुक्मिनि उसे बाहर जाने से रोकती थी, पर सिलिया अपने हठ पर दृढ़ रही। वह बाहर जाती, पैसा कमाती और पयाग को देती। वह इतने पैसे लाती जितने रुक्मिनि कभी न लाती थी। वह जवान थी, अधिक परिश्रम करती थी। अब रुक्मिनि और सिलिया में कलह रहने लगा। एक दिन रुक्मिनि घर से भाग खड़ी हुई। इसी बीच पयाग की मड़ैया में आग लग गई। वह दौड़ा और जलती हुई मड़ैया को मोटी लाठी से टेक कर उठाकर भागा। अग्नि का छाता सा उसके ऊपर तन गया था। लपटें बढ़ती जाती थीं। पयाग चाहता था कि वह किसी प्रकार इस अग्निछत्र को गाँव के बाहर तक पहुँचा दे जिससे गाँव को कोई खतरा न रहे, पर ऐसा करना सम्भव न हुआ। आग के टुकड़े टूट-टूटकर पयाग की देह पर गिरने लगे। सहसा रुक्मिनि वहीं खड़ी दिखाई दी। उसने पयाग को जलते देखा तो दौड़कर आई, अग्निमंडप को अपने सिर पर रखकर टेक लिया और पयाग को उससे अलग कर निरापद कर दिया। परन्तु रुक्मिनि की रक्षा न हो सकी। वह ज्यों ही उस जलती मड़ैया को लेकर आगे बढ़ी, वह टूटकर उसके ऊपर गिर पड़ी। रुक्मिनि को अग्निसमाधि मिल गई। पयाग भी काफी जल चुका था उसकी दवादारू होती रही, पर वह बचा नहीं, कुछ ही दिनों में मर गया।

मैकू : ताड़ीखाने में स्वयंसेवकों का पहरा था। जो कोई आता स्वयंसेवक उसे रोकते, जमीन पर लेट जाते, छाती पर पैर रखकर जाने को कहते। कोई क्रुद्ध होता, मारता-पीटता, तो खुशी से सहन करते, मन में मलाल न आने देते। एक दिन प्रसिद्ध पियक्कड़ मैकू और कादिर भी वहीं पहुँचे। स्वयंसेवकों ने उन्हें भी रोका। मैकू ने रोकनेवाले स्वयंसेवक को खूब कसकर एक तमाचा लगाया। पाँचों उँगलियाँ उसके गाल पर उभर आईं। मैकू भीतर गया। परन्तु इसी बीच उसके मन ने उसे धिक्कारा। उसने अपनी आँखों स्वयंसेवक के गाल पर पाँचों उँगलियों की छाप देखी थी। उसे ग्लानि हुई। ठेकेदार ने उसे बढ़िया शराब भेंट की, पर उसने अस्वीकार कर दी। उसने मुफ्त पीने को कहा, पर मैकू को वह भी स्वीकार न था। सारा दृश्य उसे काट सा रहा था। वह वहाँ के पियक्कड़ों को देखकर सहसा उत्तेजित हो उठा, डंडा उठाया और सबको पीट चला। ठेकेदार को भी मारा और शराब के सारे भाँडे उलट दिए। ताड़ीखाना खाली हो गया।

समर यात्रा : गाँव में स्वयंसेवकों का दल आनेवाला था। स्वागत की तैयारियाँ हो रही थीं। कोदई चौधरी के दरवाजे पर शामियाना लग रहा था। स्वेच्छापूर्वक सभी अपना-अपना उपहार लिए पहुँच रहे थे। गाँव की सबसे बूढ़ी महिला नोहरी थी। उसने कभी अच्छे दिन देखे थे, पर आज वह विपन्न थी; फिर भी उसके दिल में नई उमंग लहरें ले रही थी। उसने गाँधी बाबा का नाम सुन रखा था। उन्हें देख भी चुकी थी। आज उन्हीं की पलटन उसके गाँव आ रही थी। ज्योंही स्वयंसेवकों का जत्था पहुँचा, नोहरी ने अपने आनन्द-नृत्य द्वारा उसका स्वागत किया। गाँव भर के लोग नोहरी का

यह चमत्कार देखकर दंग रह गए। कुछ देर बाद स्वयंसेवकों के नायक का जनता की सभा में भाषण होने लगा। उन्होंने सत्याग्रह में शरीक होने के लिए गाँववालों का आह्वान किया था। भाषण चल ही रहा था, इतने में पुलिसवालों ने आकर सभा को घेर लिया। भगदड़ मच गई। सभा-स्थल खाली हो गया। केवल नोहरी बची थी। उसने दारोगा साहब को खूब फटकारा। उसकी इस फटकार से कोदई चौधरी को भी बल मिला और वह भी दरोगा के सवालों का साफ-साफ जवाब देने लगे। और लोग भी धीरे-धीरे एकत्र होने लगे। दारोगा ने कोदई को गिरफ्तार किया और स्वयंसेवकों के नायक को डाँटते हुए तरह-तरह के सवाल करने लगा। नायक शान्त भाव से सब सवालों का जवाब देने लगे। धीरे-धीरे और भीड़ बढ़ने लगी, लोग एकत्र होने लगे। भारतमाता की जयजयकार ने लोगों के मन से भय का भूत भगा दिया। नायक ने गाँव से पाँच सत्याग्रही माँगे। तुरन्त पाँच सत्याग्रही सत्याग्रह सेना में नाग लिखाने आए। सबके नाम लिख लिए गए। दूसरे दिन प्रातःकाल गाँव की भीड़ नए सत्याग्रहियों को विदा करने के लिए गाँव के मुहाने तक गई। नोहरी भी साथ थी, सबकी उमंग बढ़ा रही थी।

यदि हम ऊपर की कहानियों को प्रेमचन्द की कहानी-कला का औसत उदाहरण मान लें और यह भी स्वीकार कर लें कि इन कहानियों में जो विषय, जो विचारणा, जो जीवन-दृष्टि और जो आदर्श प्रेमचन्द के हैं, वे उनकी कहानियों का प्रतिनिधित्व करते हैं, तो हमें इनके विवेचन द्वारा प्रेमचन्द की कहानी-कला का मूल्यांकन करने में सरलता होगी। आरम्भ में हम नारी-सम्बन्धी कहानियों को लेकर देखते हैं, तो यह स्पष्ट होता है कि वे सभी कहानियाँ भारतीय नारी को उच्च कर्त्तव्य की ओर अग्रसर करने का लक्ष्य रखती हैं। निर्माण की दृष्टि से इनमें सभी कहानियाँ एक ही स्तर की नहीं हैं, परन्तु सभी एक उच्च आशय को लेकर अवश्य लिखी गई हैं। 'आहुति' कहानी निर्माण-कौशल की दृष्टि से अत्यन्त साधारण है। दो पुरुष पात्रों के बीच एक नारी का कभी इस ओर और कभी उस ओर खिंचना कहानियों की एक पिष्टपेषित विशेषता है। आनन्द में कतिपय गुण हैं, जिनकी ओर रूपमणि आकृष्ट होती है। विश्वम्भर में वे गुण नहीं हैं, परन्तु उनमें एक विशेषता है जो आनन्द की सारी विशेषताओं से ऊपर उठ जाती है। उसमें राष्ट्र की सेवा करने की लगन है। यही एक गुण रूपमणि को उसकी ओर आकृष्ट कर लेता है, जिसके कारण वह आनन्द को छोड़कर उसकी ओर हो लेती है। कला की दृष्टि से यह अत्यन्त साधारण कहानी है। इसमें चित्रित मनोविज्ञान भी कोई विशेषता नहीं रखता। घटनाओं का उल्लेख भी सामान्य स्तर का ही है। बस, इसमें केवल देशसेवा के आदर्श के प्रति नायिका का झुक जाना दिखाया गया है। कहानी भावात्मक, आदर्शात्मक और प्रचारात्मक विशेषताओं से ऊपर नहीं उठ पाई।

'कायर' कहानी भी किसी ऊँचे कलात्मक स्तर पर नहीं पहुँचती। प्रेमी-प्रेमिका को वचन देकर बदल जाता है। प्रेमिका अधिक दृढ़ता का परिचय देती है। वह माता-पिता

से अपना स्पष्ट आशय बता देती है, किन्तु प्रेमी में इतना साहस नहीं कि वह आसपास की परिस्थिति से ऊपर उठ सके। तुलना में प्रेमिका का चरित्र अधिक ऊँचा उठाया गया है। परन्तु इसके अतिरिक्त कोई बड़ी विशेषता कहानी में नहीं आई।

'निष्कासन' को तो कहानी कहना भी कठिन है। हम परशुराम और मर्यादा को आमने-सामने बातें करते हुए देखते हैं। मुश्किल से पाँच मिनट बातें हुई होंगी। इसी बीच मर्यादा ने अपने पिछले सात दिनों की आकस्मिक और संकटपूर्ण कहानी संक्षेप में सुनाई। कोई परिणाम न निकला। पति ने उसे घर से निकाल ही दिया। इस कहानी में, यदि यह कहानी कही जाए, केवल एक व्यंग्य है—पुरुष की कठोरता और उसकी रूढ़िवादिता के प्रति। व्यंग्य तीव्र और प्रभावशाली है, परन्तु इसके अतिरिक्त कहानी के कोई तत्त्व इसमें नहीं मिलते।

शेष दो कहानियाँ 'बड़े घर की बेटी' और 'शान्ति' अपेक्षाकृत अच्छी कहानियाँ हैं। 'बड़े घर की बेटी' में भावात्मक उतार-चढ़ाव काफी सुन्दर चित्रित हुए हैं। साथ ही आनन्दी का आदर्शात्मक चरित्र भी झलक उठा है। परन्तु इस कहानी से कहीं अधिक सुन्दर 'शान्ति' नामक कहानी बन पड़ी है। पति के मर जाने पर एक सभ्य और शिक्षित परिवार की नारी के ऊपर उत्तरदायित्व की भावना कितनी प्रबल हो उठती है, वह अनुभव और निरीक्षण की वस्तु है। पत्नी की यह इच्छा कि उसकी पुत्री का विवाह उसी साज-बाज के साथ हो, वैसे ही उपयुक्त वर को वह सौंपी जाए जैसे वर को पिता जीवित रहता तो पुत्री को सौंपता, कितनी स्वाभाविक और तथ्यपूर्ण है। यह तो कहानी का पहला पहलू हुआ। उसका दूसरा पहलू, जो सुनीता और उसके नवविवाहित पति से सम्बन्ध रखता है और भी मार्मिक बन पड़ा है। सुनीता को यह स्वीकार नहीं कि उसका पति, चाहे किसी भी कारण से हो, उसकी उपेक्षा करे। नारी का यह सहज संकल्प बड़े कौशल के साथ चित्रित हुआ है। इस संकल्प पर स्थिर रहकर सुनीता मृत्यु का भी सामना करती है। इससे कहानी में मार्मिक प्रभावशालिता आ गई है। इस कहानी का निर्माणात्मक कौशल, भावात्मक और बौद्धिक स्तर, जीवन-सम्बन्धी अनुभव की मार्मिकता और समाज का एक प्रगतिशील उद्‌देश्य, सभी कुछ उच्च श्रेणी के हैं। प्रेमचन्द की सुन्दरतम कहानियों में इसकी गणना की जा सकती है।

प्रेमचन्द की ग्राम-सम्बन्धी कहानियाँ भी कला, वस्तु-चित्रण और भाव-चित्रण की दृष्टि से कई स्तरों की हैं। 'अलग्योझा' आवश्यकता से अधिक लम्बी कहानी है; परन्तु पूरी कहानी में आकर्षण कम नहीं होता। इसमें भी कई उतार-चढ़ाव हैं, परन्तु ये उतार-चढ़ाव लम्बे समय के अन्तर्गत घटित होते हैं। इसलिए इसमें वह प्रभावशालिता नहीं, जो 'बड़े घर की बेटी' के उतार-चढ़ाव में है। पन्ना का रग्घू से चिढ़ना, किन्तु रग्घू का पन्ना के लड़कों से हिलेमिले रहना; मुलिया की पन्ना के प्रति अन्यमनस्कता, किन्तु पन्ना के लड़के केदार का उसी मुलिया से आकृष्ट होना और विवाह कर लेना, वस्तुवैषम्य का अच्छा उदाहरण उपस्थित करते हैं। फिर भी कहानी कदाचित श्रेष्ठतम श्रेणी की नहीं बन पाई, जिसका कारण उसकी दीर्घता है।

'मुक्ति-मार्ग' में भी बुद्धू और झींगुर के बीच बड़ी दूर तक खींचतान चलती रहती है। घटना-चित्रण में नाटकीय तत्त्व के साथ-साथ वैचित्र्य भी मिला हुआ है। ये दोनों एक-दूसरे के दुश्मन हैं, पर मिलकर दुश्मनी करते हैं। मैत्री की आड़ में वैमनस्य चलता रहता है। वैमनस्य का फल दोनों व्यक्तियों को एकदम विपन्न कर देने में दिखाया गया है। इस फल या परिणाम की ओर हम इतनी जोर से खींच दिए जाते हैं कि कहानी के भीतर का मनोवैज्ञानिक चमत्कार पीछे छूट जाता है। सन्तुलन का अभाव इस कहानी का दोष है।

'बलिदान' कहानी में हरखू की गरीबी और उसके लड़के गिरधारी की बढ़ती हुई लाचारी का चित्रण काफी संवेदनापूर्ण है। परन्तु गिरधारी के मर जाने पर उसका भूत होकर खेत में बैठना और कालिकादीन का भय से खेत को छोड़ बैठना, कहानी के प्रभाव को अनावश्यक रूप से हलका कर देते हैं। सामान्य जीवन के परे प्रेमचन्द जहाँ कहीं 'अलौकिक' तत्त्वों को लाते हैं, वहाँ वह प्रायः कहानी की मार्मिकता घटा देते हैं। उनमें इस प्रकार के वस्तु-निरूपण का सम्यक सामर्थ्य नहीं है।

'शंखनाद' कहानी में भी वर्णन का कौशल अच्छा दिखाई देता है। तीनों भाइयों की अलग-अलग स्थितियों और मनोवृत्तियों का चित्रण कथा में रोचकता लाता है। विशेषकर गुमान के स्वभाव-चित्रण में सुन्दर रेखाओं का विनियोग हुआ है। कहानी अन्त में मनोवैज्ञानिक बना दी गई है। मनोवैज्ञानिक ही नहीं, उसमें उपदेशात्मकता का पुट भी रख दिया गया है। किसी चित्रण-प्रधान कहानी के अन्त में मनोविज्ञान की ऐसी योजना चित्रण के सौन्दर्य को घटा देती है और यदि उस मनोविज्ञान में उपदेशात्मकता भी निहित हो, तब तो कहानी का स्वास्थ्य और भी घट जाता है।

'पूस की रात' इस दृष्टि से एक उत्तम कहानी है। वह छोटी है, पर बड़ी मर्मपूर्ण। ज्योंही घर की सारी पूँजी, तीन रुपए, महाजन को दे दिए जाते हैं, कहानी आरम्भ होती है, विपत्ति आरम्भ होती है। रात में खेत ताकने का सारा चित्रण बहुत ही सटीक उतरा है। किसान और कुत्ते की पारस्परिक चर्चा कहानी में एक अजीब टीस पैदा करती है और अन्त में खेत चर लिए जाने पर किसान का प्रसन्न होना प्रभाव को पराकाष्ठा पर पहुँचा देता है। कहानी का निहित उद्देश्य—गरीबी का व्यंग्यपूर्ण चित्रण—पूरी स्पष्टता के साथ उतर सका है, परन्तु विशुद्ध व्यंजना के रूप में; कहीं किसी उपदेश के द्वारा नहीं।

मनोवैज्ञानिक कहानियों में 'माता का हृदय' और 'पंच परमेश्वर' भावात्मक या आदर्शात्मक मनोविज्ञान को लेकर चली हैं। माधवी अपने पुत्र का बदला लेने गई थी, पर विरोधी के पुत्र को अपने घर ला रखती है। उसकी आरम्भिक उत्तेजना से उसके अन्तिम सौमनस्य तक जो घटनाएँ घटित होती हैं, वे बहुत कुछ स्वाभाविक हैं। परन्तु यह नहीं कहा जा सकता कि प्रत्येक नारी, या औसत नारी भी, उसी पथ का अनुसरण करेगी, जिस पथ का अनुसरण माधवी ने किया। फलतः यह कहानी भावना-प्रधान हो गई है। यही बात 'पंच परमेश्वर' कहानी की भी है, जिसमें अलगू और जुम्मन, जो आपस में बारी-बारी से मैत्री और झगड़ा कर चुके हैं, पंच के आसन पर पहुँचकर ऐसा

फैसला करते हैं, जो सच्चे अर्थों में न्यायपूर्ण है, जिसमें व्यक्तिगत सम्बन्ध का कोई असर नहीं। कहानी आदि से अन्त तक उपयुक्त वातावरण का निर्माण करती है और यह कहीं से बोध नहीं होता कि लेखक जान-बूझकर किसी उपदेश की योजना कर रहा है। वस्तुतः ऐसी कहानियों को ही वातावरण-प्रधान कहानी कहा जा सकता है।

'नशा' और 'बड़े भाई साहब' कहानियाँ मनोविज्ञान की स्वाभाविक गतिविधि को लेकर उपस्थित होती हैं। 'नशा' कहानी में एक साधारण परिवार का युवक एक सम्पन्न परिवार में पहुँच जाने पर किस प्रकार व्यवहार करता है, इसी का विवरणपूर्ण उल्लेख किया गया है। 'बड़े भाई साहब' कहानी में भी बड़े भाई का 'नैसर्गिक' बड़प्पन चित्रित किया गया है। वह जानते हैं कि उनका यह बड़प्पन अयथास्थान है—गलत जगह पर है। फिर भी बड़े भाई की स्वाभाविक गरिमा उनको बाध्य करती है। भीतरी परिस्थिति में भी उनके बड़प्पन के संस्कार उनका पीछा नहीं छोड़ते। इन दोनों कहानियों में मनोवैज्ञानिक चित्रण काफी गहरा है, परन्तु उतना गहरा नहीं, जितन 'कफन' कहानी में। 'कफन' कहानी की विशेषता यह है कि इसमें मनोवैज्ञानिक चित्रण के साथ, एक कठोर सामाजिक वास्तविकता भी चित्रित हुई है। बल्कि यह कहना चाहिए कि सामाजिक चित्रण के अन्तर्गत ही मनोवैज्ञानिक छायाचित्र उपस्थित हुए हैं। घीसू और माधव का चोरी के आलू खाना—उस समय जब माधव की स्त्री प्रसव-वेदना से मरणासन्न हो रही है, और दुबारा उन दोनों का शराब की दुकान पर ताड़ी पीना—उस पैसे से, जो कफन के लिए चन्दे में मिले हैं, अत्यन्त मर्मपूर्ण जीवन-परिस्थिति के द्योतक हैं। यह चित्रण मनोविज्ञान के लिए मनोविज्ञान का चित्रण नहीं है, बल्कि जीवन की वास्तविकता का चित्र है। इसी कारण यह चित्र इतना मार्मिक हो सका है। घीसू और माधव अपने समस्त अवगुणों और दोषों के रहते हुए भी हमारी सहानुभूति से वंचित नहीं होते। पाठक का सारा ध्यान समाज के उस प्रपीड़न की ओर खिंच जाता है, जिसके परिणामस्वरूप घीसू और माधव, घीसू और माधव हैं !

शेष कहानियों में सामाजिक स्थितियों और प्रवृत्तियों से सम्बन्ध रखनेवाली एक कहानी 'शान्ति' है, जिसमें एक पत्नी पति के आदेश से पुरानापन छोड़कर 'नवीना' बनती है, पर फिर उसी की इच्छा से पुरानेपन को अपनाती है। इसी बीच में पतिदेव इतने बड़े मानसिक परिवर्तनों से होकर गुजरते हैं कि उनका सारा दृष्टिकोण ही बदल जाता है। यह भी एक उपदेशात्मक कहानी ही बनकर रह गई है। इसका कथानक भी पिष्टपेषित है।

'ऐक्ट्रेस' कहानी भी यथार्थ-चित्रण के साथ भावात्मकता को प्रमुख बनाकर लाती है। तारा और निर्मलकान्त परस्पर प्रेम प्रस्ताव करते हैं। दोनों विवाह की तैयारी करते हैं, पर समय के ठीक पहले ऐक्ट्रेस तारा को यह ज्ञात होता है कि वह निर्मलकान्त के प्रति अन्याय कर रही है। उसकी उम्र निर्मल की उम्र से अधिक है। बस यहीं से उसका मन बदल जाता है और वह विरक्त होकर कहीं चली जाती है। लेखक ने तारा के द्वारा जो आत्मचिन्तन कराया है, वह भावुकतापूर्ण है।

'अग्नि समाधि' में प्रेमचन्द ने प्रतीक-योजना करने की चेष्टा की है। जब पयाग अपनी लाठी पर जलती हुई मड़ैया को लेकर दौड़ता है, तब यह आभासित होता है कि यह जलती हुई मड़ैया वस्तुतः कोई प्रतीक है। इसी ज्वलित अग्नि में रुक्मिनि भी आ फँसती है और उसी अग्नि समाधि में मिल जाती है। इस प्रतीक-योजना में प्रेमचन्द पूर्णतः सफल नहीं हुए। ऐसी कहानियों में प्रस्तुत या प्रत्यक्ष वस्तु को, अप्रस्तुत या अप्रत्यक्ष वर्णन द्वारा, बड़े कौशल से व्यक्त करना पड़ता है। इस प्रकार का बौद्धिक कौशल प्रेमचन्द में कम है।

'मैकू' और 'समरयात्रा' कहानियाँ सीधे राजनीतिक आन्दोलनों से सम्बन्ध रखती हैं। कला में इतने ऊपरी स्तर का प्रत्यक्ष चित्रण बहुत उपादेय नहीं होता। सम्भावना यह रहती है कि वस्तु-जगत अपनी सत्ता को कहानी के कल्पना-जगत में पूरी तरह खो नहीं देगा और जब तक ऐसा नहीं होता तब तक कहानी में कलात्मक प्रौढ़ता नहीं आ सकेगी। यही बात इन दोनों कहानियों के सम्बन्ध में चरितार्थ हुई है। 'मैकू' कहानी में तो कहानी का कोई रंग ही नहीं चढ़ा। एक व्यक्ति ताड़ीखाने में आता है; स्वयंसेवक को, जो धरना दे रहा है, एक तमाचा लगाता है और उसी क्षण वह ताड़ीखाने और शराब से नफरत करने लगता है ? इतनी जल्दी ऐसा आकस्मिक परिवर्तन, न तो यथार्थ है और न मनोवैज्ञानिक। परन्तु कहानी ने इतना अवसर ही नहीं दिया कि यह भाव-परिवर्तन स्वाभाविक बन पाता। प्रत्यक्ष घटना की मोटी भूमिका पर कहानी खड़ी करने की यह एक स्पष्ट त्रुटि है। 'समरयात्रा' कहानी भी कहानी न होकर एक दिन की घटना शृंखला ही ठहरती है। समय की सीधी पगडंडी पर घटनाओं की परेड कहानी नहीं कहलाती। यदि इस घटनाक्रम में नोहरी का विलक्षण व्यक्तित्व न आता, तो कहानी और भी बेजान हो जाती। कहानी का अन्तिम अंश राष्ट्रीय भावात्मकता से भरा हुआ है। प्रेमचन्द को पुनः एक अनुकूल वातावरण बनाना पड़ा है, जिसमें कहानी का भावात्मक उद्देश्य अस्वाभाविक न प्रतीत हो। परन्तु वातावरण के निर्माण में प्रेमचन्द को इस कहानी में वह सफलता नहीं मिली, जो 'पंच परमेश्वर' में मिली है। इसका कारण भी कदाचित यही है कि अत्यन्त प्रत्यक्ष राजनीति सौम्य और संयत कला का विषय नहीं बन सकती।

अब हमें प्रेमचन्द की समस्त कहानियों पर एक साथ भी विचार कर लेना है। सबसे पहले हम उनकी कहानियों के निर्माण-क्षेत्र को देखते हैं। लेखक की कल्पना, उसकी रुचि और अध्ययन, उसकी जीवन-सम्बन्धी अभिज्ञता उसे कितने व्यापक क्षेत्रों में ले गई है ? यहाँ हम यह कहने को बाध्य होते हैं कि प्रेमचन्द की कहानियों का क्षेत्र बहुत अधिक प्रसारित नहीं है। उन्होंने सामयिक जीवन की ही कहानियाँ लिखी हैं और वे भी प्रायः राष्ट्रीय उत्थान के विशिष्ट उद्देश्य से। उनकी कल्पना तथा उनके अध्ययन और अनुभव उनको जीवन के विविध क्षेत्रों में नहीं ले जा सके और स्पष्ट लक्ष्य की प्रमुखता के कारण उनकी कहानियों में तटस्थ चित्रण, वस्तु का स्वतन्त्र निरीक्षण और

स्वतन्त्र परिणाम-दर्शन पूरी मात्रा में नहीं आ पाया। यह उनकी कहानियों की मुख्य सीमा है, परन्तु इस सीमा के अन्तर्गत उन्होंने विस्तृत और अशेष कार्य किया है। उनकी कहानियों की संख्या और परिणाम किसी बड़े कलाकार के ही उपयुक्त हैं। हम कह सकते हैं कि वस्तु चयन में और व्यापक रूप से वस्तु ग्रहण की क्षमता में जो कमी दिखाई देती है, उसकी बहुत कुछ पूर्ति प्रेमचन्द ने सीमित वस्तु की विविधता और अनेकरूपता द्वारा पूरी कर ली है।

हम ऊपर कह चुके हैं कि प्रेमचन्द की मुख्य प्रेरणा, जिसके आधार पर उन्होंने कहानियों का निर्माण किया, प्रगतिशील थी। वह समाजहित और समाजोत्थान की भावनाओं से प्रेरित थे। इस मूल प्रेरणा के कारण प्रेमचन्द की कहानियों में एक विलक्षण आशावाद, मानव-महत्त्व के प्रति अमिट विश्वास और समाज की अनिष्टकारी शक्तियों के विरुद्ध एक कठोर व्यंग्य का भाव भरा हुआ है। यह प्रेमचन्द के व्यक्तित्व की विशेषता रही है और इसका शुभ परिणाम उनकी कहानियों में सर्वत्र देखा जाता है। परन्तु इस उदात्त उद्देश्य के कारण अनेक स्थलों पर कलात्मक त्रुटियाँ भी रह गई हैं। उदाहरण के लिए उनकी कितनी ही कहानियों में हल्की भावुकता, आदर्शात्मकता और उपदेशात्मक प्रवृत्ति (जिसे इतिवृत्तात्मकता भी कह सकते हैं) स्थान पा गई है। कहानियों में वस्तु और परिस्थिति के साथ भाव की जो संयुक्त और अविच्छेद्य सृष्टि होनी चाहिए वह अनेक बार उपेक्षित हो गई है। दूसरे शब्दों में प्रेमचन्द ने सर्वत्र वस्तु और भाव के नैसर्गिक तारतम्य का ध्यान नहीं रखा। वह भावना में बह गए हैं, जिससे उनकी कहानियाँ वास्तविक वस्तु-निरीक्षण और तज्जन्य प्रभावशालिता से अनेक बार वंचित रह गई हैं। परन्तु अपनी प्रौढ़ कृतियों में प्रेमचन्द अधिक तटस्थ और अधिक मार्मिक निरीक्षण से काम ले सके हैं, जिसके परिणामस्वरूप उनकी पिछले समय की कहानियाँ अधिक प्रभावशालिनी हुई हैं।

कला की दृष्टि से भी निरन्तर परिवर्तन होता गया है। यहाँ कला से हमारा तात्पर्य निर्माण-कौशल अथवा कहानी के विधान पक्ष से है। प्रेमचन्द की आरम्भिक कहानियाँ न केवल आकार में बड़ी हैं, वे दीर्घ समय का भी संग्रह करती हैं, जिससे उनमें गतिशीलता की कमी आ जाती है। अनावश्यक वर्णनात्मकता उनकी प्राथमिक कहानियों में अधिक है। आगे चलकर प्रेमचन्द की कहानियाँ अधिक संयत होने लगीं, किन्तु मध्यकाल में भी उनकी कहानियों की वर्णन-प्रधानता (डेस्क्रिप्टिव एलीमेंट) पूरी तरह छूटी नहीं। नमूने के तौर पर यदि मध्यकाल की किसी एक कहानी को लेकर देखें, तो उसमें पूर्ववर्ती कहानियों की अपेक्षा अधिक सचेत कला (निर्माण-कौशल) के दर्शन होंगे, 'ऐक्ट्रेस' कहानी ऐसी ही एक कहानी है। इसमें प्रेमचन्द ने नई और उन्नततर शैली को अपनाया है परन्तु इसमें भी प्रकरणों की कमी नहीं है। जिन कहानियों में प्रेमचन्द ने संख्या देकर अनेक प्रकरणों की सूचना दी है, प्रायः वे सभी कला की दृष्टि से अनावश्यक विस्तार में चली गई हैं। मुख्यतः एक ही प्रकरण लेकर उसे आदि से अन्त तक हीरे के कण की भाँति खूब तराशकर चमका देना कहानी के श्रेष्ठ कलाकार का कार्य होता है।

प्रेमचन्द केवल दस प्रतिशत कहानियों में इस विकसित पद्धति का प्रयोग कर सके हैं। प्रेमचन्द की प्रायः सभी कहानियाँ सामाजिक पृष्ठभूमि पर वर्णनात्मक शैली में लिखी गई हैं। उनमें शैली सम्बन्धी विविधता भी नहीं है।

कहानी की श्रेष्ठता किस तत्त्व या किन तत्त्वों में है, इस पर विचार करते ही यह स्पष्ट हो जाता है कि उसकी श्रेष्ठता प्रायः उन्हीं तत्त्वों में हैं, जिनमें अन्य साहित्यांगों की श्रेष्ठता रहा करती है। सबसे पहले लेखक या रचनाकार की कल्पनाशक्ति का, उसकी उद्भावना का, विस्तार और वैशिष्ट्य देखना पड़ता है। यह शक्ति जितनी ही समृद्ध होगी, लेखक उतने ही विस्तृत जीवन-क्षेत्रों को कला का विषय बना सकेगा। इस कल्पना-शक्ति की सीमा में लेखक के व्यक्तित्व के वे सभी उपकरण आ जाते हैं, जो उसकी रचना में सहायक हुआ करते हैं। दूसरी मुख्य शक्ति लेखक की जीवन-दृष्टि होती है। स्वस्थ जीवन-दृष्टि का लेखक ही श्रेष्ठ कहानियों की उद्भावना कर सकता है। यदि उसकी कहानियों में अन्य अनेक त्रुटियाँ हैं किन्तु उसकी जीवन-दृष्टि में उन्नायक प्रभाव वर्तमान है, तो उसकी उन अनेक त्रुटियों का परिमार्जन हो जाता है। प्रेमचन्द की कहानियाँ इस विशेषता से समन्वित हैं। तीसरी विशेषता कहानियों में निहित भावात्मक तत्त्व होती है। सच्चे अर्थों में प्रभावशाली भाव-सृष्टि जीवन की वास्तविक गतिविधि के निरीक्षण और चित्रण से आती है। वस्तून्मुखी परिस्थितियाँ और उन पर काम करनेवाली मानव-चेतना जब लेखक की तूलिका में सजीव होकर एकाकार हो जाती हैं तभी सच्चा भावात्मक चित्र बन पाता है। कहानी की भावात्मकता कोई उधार ली गई वस्तु नहीं होती। उसका जन्म और विकास लेखक के तटस्थ निरीक्षणों और अनुभवों में होता है। अतएव जिस लेखक में तटस्थ अनुशीलन के साथ सच्ची भावप्रवणता होगी, वही श्रेष्ठ कहानीकार बन सकेगा।

कहानी का अन्तिम वैशिष्ट्य उसमें निहित बौद्धिक तत्त्व से भी परखा जाता है। बौद्धिक तत्त्व ही जीवन-दृष्टि को दिशा देता है। बौद्धिक क्षमता एक ओर जीवनानुभवों से उत्पन्न होती है और दूसरी ओर उन्हीं अनुभवों को परिपुष्टता और विस्तार भी देती है। बिना अनुभव के बुद्धि का प्रयोग यदि शुष्क और एकांगी है, तो बुद्धि के योग के बिना अनुभवों में वास्तविक सजीवता नहीं आती। प्रेमचन्द की कहानियों में विचारपक्ष भी क्रमशः पुष्ट होता गया है और उनकी प्रौढ़ काल की कृतियों में उनकी बौद्धिकता कहानियों को सुन्दर रीति से आलोक देती रही है। सच पूछिए तो लेखक की कल्पनाशक्ति उसकी भावात्मक और उसकी बौद्धिक क्षमता सभी तत्त्व बहुत कुछ अभेद्य हैं और कलाकार के व्यक्तित्व से सम्बन्ध रखते हैं। इन समस्त शक्तियों के पूर्ण समाहार से ही श्रेष्ठ कलाकृतियों का उद्भव होता है। हम कह सकते हैं कि प्रेमचन्द की कहानियों में उत्तरोत्तर इन तत्त्वों का समुचित विकास और समाहार होता गया है, परन्तु उच्चतम स्तर की निर्माण-क्षमता प्रेमचन्द की थोड़ी ही कहानियों में पाई जाती है। वह साधारण और व्यापक प्रयोजन की दृष्टि से श्रेष्ठ कलाकार हैं किन्तु विशिष्ट और सूक्ष्म प्रयोजन की पूर्ति थोड़ी ही कहानियों में कर पाए हैं।

परिशिष्ट : प्रेमचन्द

प्रेमचन्द की निन्दा-स्तुति तो एक अच्छी मात्रा में की जा चुकी है, पर उनकी साहित्य कला का अध्ययन करके अभी किसी ने नहीं दिखाया। यह प्रेमचन्द का दुर्भाग्य है कि वे हिन्दी के ऐसे युग में उत्पन्न हुए हैं जिसने उन्हें उपन्यास-सम्राट की उपाधि दे रखी है पर शास्त्र की विधि से अभिषेक नहीं किया। यह विडम्बना आधुनिक 'राजाबहादुर' आदि की आनरेरी डिग्री से कम व्यंग्यपूर्ण नहीं है, अपितु यह दुखद और ग्लानिजनक भी है। यह एक अच्छा-खासा प्रहसन है कि लोग आपको उपाधि देकर चुपचाप खिसक गए हैं और दुबककर आपका तमाशा देख रहे हैं। इससे तो आपके विरोधी ही अच्छे जो आपके साथ विश्वासघात तो नहीं करते। उन्होंने कहा है कि आपको स्त्री-चरित्रों का चित्रण करने में सफलता नहीं मिली, आप अपने उपन्यासों के अन्त में प्रचारक बन जाते हैं, जिसमें पाठक कृत्रिमता का अनुभव करता है, आप ब्राह्मणों के विपक्षी हैं, आपको भाषा का बहुत ही साधारण ज्ञान है, आदि-आदि। इनमें बहुत से आक्षेप बेठीक और सब-के-सब आपकी साहित्यकला की मूल रागिनी का ध्यान करते हुए बेसुरे हैं, पर इनमें कहीं प्रच्छन्न व्यंग्य तो नहीं है। परन्तु आपके अनुकूल समीक्षकों ने आपके लम्बे उपन्यासों को संक्षेप में लिखकर आह आह, वाह वाह के साथ मासिक पत्रिकाओं में छपा देने के अतिरिक्त और क्या किया है। जिस उपन्यास को लिखने में प्रेमचन्द को अपना वर्षों का समय और अमित शक्ति व्यय करनी पड़ी उसकी समीक्षा श्रीयुत रामदास गौड़ यों करते हैं कि उसका कथानक कहानी के रूप में लिखकर दो-चार फुटकर रिमार्कों के साथ प्रकाशित करा देते हैं। जनता समझती है कि यह उपन्यास की प्रशंसा है और प्रेमचन्दजी क्या समझते हैं यह मालूम नहीं। पर हम जिस रूप में साहित्य और उसकी समीक्षा को समझते हैं उस रूप में पाँच सौ पृष्ठों के उपन्यास को पाँच पृष्ठों में संक्षिप्त करने की क्रिया (या कपाल-क्रिया) उस उपन्यास और उपन्यासकार के लिए मर्मभेदी व्यंग्य है। ऐसे ही समीक्षकों ने प्रेमचन्द को उपन्यास-सम्राट का खिताब देकर उनका उपकार करना चाहा है और प्रेमचन्दजी भी फिलहाल उनके कृतज्ञता-पाश में बँधे हुए हैं।

इतना विकट विभ्रम इसलिए सम्भव हो रहा है कि हिन्दी का यह युग विचार की पूँजी में दिवालिया है और प्रेमचन्दजी भी इसके अपवाद नहीं हैं। क्या प्रेमचन्दजी के प्रशंसक, क्या विरोधी और क्या स्वयं प्रेमचन्दजी निर्लेप विचारभूमि में सधकर टिक ही

नहीं पाते। इसलिए हिन्दी में इन दिनों लोग एक-एक टेक लेकर चलने लगे हैं। उस टेक को आदर्श के नाम से पुकारा जाता है। उदाहरण के लिए कोई गरीबी की टेक, कोई किसी सामयिक लोकप्रिय आन्दोलन की टेक और कोई आचार की टेक लेकर चलते हैं। परन्तु इनके होते हुए भी विचारों का दैन्य छिपता नहीं है और कभी-कभी तो वह दयनीय दशा में दिखाई देता है। जब विचार ही नहीं हैं तब भावना की उड़ान भी थोड़ी ही होगी और वह भी अनिर्दिष्ट अवस्था में इधर-उधर पंख फड़फड़ाती फिरेगी। प्रेमचन्दजी के समीक्षकों का यह कहना नितान्त अशुद्ध है कि वे ब्राह्मण-विरोधी हैं। उनमें विरोध का शुष्क विचार धारण करने की वह शक्ति ही नहीं है जिससे वे ब्राह्मण-विरोधी बन सकें। श्रीयुत इलाचन्द्र जोशी का यह आरोप है कि प्रेमचन्दजी स्त्री-चरित्र अंकित करने में सफल नहीं हुए। परन्तु जोशीजी अभी शाखा ही तक पहुँचे हैं। मूल तत्त्व यह है कि प्रेमचन्दजी का कोई स्वतन्त्र स्वानुभूत दर्शन नहीं है। केवल सामाजिकता का 'आदर्श' है। वही टेक जिसका उल्लेख हम ऊपर कर चुके हैं। वह टेक जब सामाजिक क्षेत्र में आती है तब भ्रान्तिवश समीक्षक समझता है कि वे ब्राह्मण-विरोध कर रहे हैं, वह जब स्त्री-पुरुष की कहानी कहती है तब उसमें जोशीजी को त्रुटि दीख पड़ती है और इसी प्रकार कुछ न कुछ विक्षेप समीक्षक लोग डाल ही देते हैं। पर हम तो देखते हैं कि प्रेमचन्द की धारणा-भूमि से परिचित न होकर समीक्षकगण अपनी ही विचारहीनता प्रकट कर रहे हैं। सबसे पहली आवश्यकता यह है कि प्रेमचन्दजी की टेक समझ ली जाए।

प्रेमचन्दजी के मानसिक संघटन में कल्पना को कोई स्थान प्राप्त नहीं है। कथानक का स्थूल रंग-रूप बनाने में जितनी स्वल्प कल्पना चाहिए, बस प्रेमचन्दजी में उतनी ही है। कवि में और उनमें कोसों का अन्तर है। अपने उपन्यासों में—विशेषकर 'सेवासदन' में—आपने जो उपमाएँ देने की चेष्टा की है, जिनकी संख्या आपकी कल्पना-शक्ति को देखते हुए जरूरत से ज्यादा हो गई है, उनसे ही प्रकट हो जाता है कि यह क्षेत्र आपका नहीं है। कल्पना के अभाव के साथ प्रेमचन्दजी में तीव्र बौद्धिक दृष्टि और उसके फलस्वरूप निर्मित होनेवाले व्यवस्थित जीवन-दर्शन का भी अभाव है। प्रेमचन्दजी किसी तात्विक निष्कर्ष तक नहीं पहुँचते। अध्ययन द्वारा भी वे विचार परिपुष्ट नहीं बन सके। उनके इस स्वभाव को समझने की चेष्टा हिन्दी जगत किस तरह करता, जब वह स्वयं ही उसी स्वभाव का है। बिना इसके समझे समीक्षक को कलम उठाने में संकोच करना चाहिए। पर संकोच तो एक विचारजन्य क्रिया है जिसे हम हिन्दी वाले क्या जानें ? यहाँ तो विश्वविद्यालयों के अध्यापक तक सामाजिक समाचारपत्रों की टिप्पणियाँ पढ़कर उन्हें दोहराते रहते हैं, अथवा जिन्हें कुछ स्वतन्त्र कलाम करने का शौक है वे कहते हैं, "प्रेमचन्दजी की 'प्रेम-द्वादशी' में केवल 'बड़े घर की बेटी' कहानी अच्छी है, क्योंकि इसके पढ़ने से आजकल की अंग्रेजी पढ़ी-लिखी लड़कियों को शिक्षा मिल सकती है और उनका सुधार हो सकता है।" इस तरह के प्रसंग हिन्दी के सरस्वती सदनों में जितनी संख्या में चाहिए मिलेंगे, और क्यों न मिलें जब आधुनिक हिन्दी की प्रकृति ही विचारक्षीणता की है। ऐसी परिस्थिति में प्रेमचन्दजी की जो कृतियाँ हिन्दी समाज के सामने आई हैं

उनसे उसकी तृप्ति हो गई है पर उस तृप्ति में न केवल प्रेमचन्दजी का विकास दब रहा है, बल्कि हिन्दी संसार भी विचारों की दृष्टि से ऐसे अवसाद की दशा में पहुँच रहा है जैसे कोई अफीम खाकर पहुँचता है।

लोग कहते हैं समय ने प्रेमचन्दजी का साथ दिया है, पर हम ऐसा नहीं समझते। सामयिक परिस्थिति में प्रेमचन्दजी को जो प्रसिद्धि मिली है उससे अधिक के वे अधिकारी थे। उनके विकास के जिन परमाणुओं को उनके समीक्षकों ने निरर्थक प्रशंसा के भार में दबा दिया है, यदि वे प्रस्फुटित हो पाते तो प्रेमचन्दजी को आज उन्हीं समीक्षकों का मुँह न ताकना पड़ता। वास्तविक बात यह है कि समय ने प्रेमचन्दजी का साथ उतना नहीं दिया जितना प्रेमचन्द ने समय का साथ दिया है। सामयिक वातावरण से प्रेमचन्दजी इतना विशेष प्रभावित हुए हैं कि उनकी सहृदयता देखकर हम मुग्ध ही नहीं, आतंकित भी होते हैं। शेली ने पश्चिमी वायु के साथ क्रीड़ा करने, उड़ चलने का कल्पनास्वप्न ही देखा था पर प्रेमचन्दजी सामयिक आँधी के साथ उड़ते देखे जा सकते हैं। यह आत्मसमर्पण इतना प्रभावशाली है कि यह हममें प्रेमचन्दजी के प्रति श्रद्धा उत्पन्न करता है। हम अभिलाषा करते हैं कि एक बार उड़ लेने के बाद वह अपनी आकाशयात्रा के अनुभव बतलाएँगे। वह हम लोगों को यह परिचय कराएँगे कि उन्होंने वहाँ क्या-क्या देखा-सुना और क्या इल्म हासिल किया। सारांश यह है कि यदि वे हमें सामयिक परिस्थिति का कोई क्रमबद्ध निष्कर्ष दे सकें तो उसे प्राप्त कर हम उनके कृतज्ञ हों।

आज आप सामयिक पत्रों में जो चर्चा पढ़ चुके हैं कल प्रेमचन्दजी की कहानियों में उसे दुबारा पढ़िए। उपस्थित प्रसंगों पर जो भावमय निबन्ध लिखे जाते हैं अथवा जो सम्पादकीय लेख छपते रहते हैं, प्रेमचन्दजी की कहानियाँ उन्हीं का दूसरा रूप हैं। यह दूसरा रूप प्रदान करने में—कहानी की टेकनीक खड़ी करने में—प्रेमचन्दजी को कमाल हासिल है, यह मुक्तकंठ से प्रत्येक समीक्षक स्वीकार करेगा। हमारा तो अनुमान है कि इतने सीमित क्षेत्र में इतना अधिक साहित्य निर्माण करना प्रेमचन्दजी के कला-कौशल का निश्चित प्रमाण है और हम तो यह नहीं जानते हैं कि संसार के किस दूसरे उपन्यासकार ने इतनी थोड़ी सामग्री से इतना विशाल साहित्य सृजन किया है। सामग्री थोड़ी नहीं तो और क्या है ? सामयिक वातावरण कितना घिरा हुआ है, देश में सम्प्रति एक आँधी सी चल रही है। सामूहिक आन्दोलन आँधी नहीं तो और क्या है ? जो एक अर्द्धजागृत, अर्द्धनिद्रित सामूहिक चेतना कभी धूम्रवत, कभी शिखा सी दिखाई दे जाती है, यह उस आँधी की ही प्रज्वलित की हुई है। कुछ परम्पराएँ पेड़ों सी उखड़ी जाती हैं, कुछ पत्तों सी उड़ी जाती हैं। सागर में भी हिल्लोल हो उठा है जिससे कुछ बहुमूल्य मणिरत्न भी तट पर आ अटके हैं। तथापि है यह आँधी ही, इसलिए वे रत्नादिक न जाने किस दूसरे झोंके में विलीन हो जाएँ। यह ऐसा अवसर आया हुआ है कि सामयिक विचार-प्रवाह धुँधला, अनिर्दिष्ट और स्थूल बन रहा है। कुछ थोड़ी भी ज्योतिष्मती उपयोगिनी भावनाएँ जागृत हुई हैं जिन्हें दीवाली के रुपयों की भाँति 'जगाने' में ही सामयिक साहित्य की अधिकांश शक्ति लग रही है। हमारे पत्रों में नवीन उद्‌भावना के

लिए स्थान नहीं है, समाज में भी सम्प्रति व्यक्ति की शतशः सहस्रशः निगूढ़ वृत्तियों के विकास का अवसर नहीं है। जो थोड़ी सी आग बन पाई है वह बुझ न जाए, यही दुश्चिंता सर्वोपरि हमारे मस्तिष्क में वास करती है। ऐसी परिस्थिति में यदि हमारा अधिकांश साहित्य छिछला और अल्पप्राण है तो इसमें कुछ भी अस्वाभाविकता नहीं। प्रेमचन्दजी ने पिछले 'जागरण' में जो लिखा है कि साहित्य का सम्बन्ध बुद्धि की अपेक्षा भावों से अधिक है, उसका अर्थ यही है कि स्त्रियों के अधिकार, यथायोग्य विवाह, अछूत, किसान, सेवासंस्था, सामान्य पारिवारिक जीवन आदि से सम्बन्धित सौ-पचास सामूहिक भावों को उद्दीप्त करते रहिए और तर्क-वितर्क मत करिए। किन्तु प्रेमचन्दजी को यह विचार करने का अवसर ही नहीं मिला है कि आज जो सौ-पचास भाव समाज की सतह पर आ गए हैं वे भी बुद्धिमान व्यक्तियों की बुद्धिजन्य क्रिया के ही फल हैं। क्या कहानी-लेखक इन्हीं सतह पर आए हुए सौ-पचास भावों को लेकर बैठा रहे ? समाज के अन्तरंग जीवन में प्रवेश करने, उसका रहस्य जानने का प्रयत्न न करे ? क्या वह इतने ही इने-गिने भावों के बीच चक्कर काटा करे, अपने बुद्धि-विवेक से नई भूमि न तैयार करे ? क्या आँधी से ऊपर उठकर स्वच्छ वातावरण में वह स्थिति का अध्ययन नहीं कर सकता और उसके परिणाम से हमें अवगत नहीं करा सकता।

साहित्य का सम्बन्ध बुद्धि से नहीं, यह उक्ति बहुत अधिक अर्थगर्भ है। बुद्धि केवल दर्शन, विज्ञान, नीति के लिए है, यह और भी अनोखी बात है। बुद्धि, दर्शन, विज्ञान, नीति सब साहित्य के लिए हैं, यदि साहित्य मनुष्य के लिए है। केवल साहित्य की प्रणाली यह है कि वह बुद्धि, दर्शन, नीति, विज्ञान सबको रसमय बनाकर उपस्थित करता है। कला की पहली आवश्यकता यह है कि जो कुछ अभिव्यक्त किया जाए उसकी आकृति कलाकार के मस्तिष्क में स्पष्ट खिंच जाए। कलाकृति का प्रत्येक अंग—उपन्यास का प्रत्येक परिच्छेद—उसके रचयिता के सामने आरसी सा दिखाई देना चाहिए। चिकन, रुखड़े, धुँधले, साफ, सुन्दर-असुन्दर भाँति-भाँति के रूप जैसे भी व्यक्त किए जाएँ, लेखक को प्रत्यक्ष होने ही चाहिए। उपन्यासकार अथवा कहानी-लेखक, यदि अपने पात्रों की रुचि का, विकास का, प्रत्येक गति का अध्ययन नहीं करता रहेगा तो क्या वह अन्ध साहित्य की सृष्टि करेगा ? साहित्य का सच्चे अर्थ में रसमय होना साहित्यकार की इसी अन्तर्दृष्टि पर अवलम्बित है। अभिव्यक्ति मात्र के लिए यह प्रारम्भिक आवश्यकता है कि कलाकार के मानस-पटल पर उसका स्वरूप प्रकट हो, बाह्य जगत को दिखाने के पहले स्वयं ही वह उसके दर्शन करे। यह दर्शन कल्पना, बुद्धि, विवेक की साधना-शक्तियों के फलस्वरूप ही प्राप्त हो सकता है। प्रत्येक कला-वस्तु को बाहर से चाहे जितना रसमय बनाने का परिश्रम किया जाए जब तक उसके अन्तर में कृतिकार की चैतन्य आत्मा नहीं झलकती, जब तक विवेक-प्रसूत एक दर्शन रक्त-प्रवाह की भाँति उस कला-शरीर को सजीवता नहीं प्रदान करता, तब तक क्या हम उसे सम्यक अर्थ में कलाकृति कह सकते हैं। यह तो एक-एक कलाकृति की बात हुई। हम तो रचयिता की सम्पूर्ण कृतियों में एक अन्तर्निहित चेतना-धारा देखना चाहते हैं। वह धारा हमें प्रेमचन्द में नहीं मिलती।

घटना-बाहुल्य और वर्णनों का अनावश्यक विस्तार उनमें बहुत अधिक है। इससे उनकी कला में स्थूलता आ गई है।

प्रेमचन्दजी की दृष्टि व्यक्ति पर न ठहरकर उसके भावों पर ठहरती है। व्यक्ति पर ठहरने के लिए जो बुद्धि चाहिए उस बुद्धि की वे साहित्य के लिए आवश्यकता नहीं समझते। परन्तु उसकी आवश्यकता के विषय में हमें सन्देह नहीं है। उस बुद्धि के अभाव में प्रेमचन्दजी व्यक्ति के अन्य अवयवों के साथ अन्याय करके भावों के साथ अतिन्याय करते हैं। व्यक्ति के व्यक्तित्व में भाव ही तो सब कुछ नहीं है। उसके संस्कार हैं, उसकी परिस्थिति, उसकी रुचि, उसका मानसिक संघटन, यह सब भी तो है; पर प्रेमचन्दजी केवल भावों से अपना मतलब बतलाते हैं और बहुत अंशों में रखते भी हैं। दूसरे शब्दों में प्रेमचन्दजी मनुष्य की विविधता, उसके व्यक्तित्व के असंख्य यथार्थ रूपों से प्रीति नहीं रखते, केवल भावों को प्रोत्साहित करते हैं। अतएव प्रेमचन्दजी के उपन्यास-पात्रों में व्यक्तित्व की प्रतिष्ठा की अपेक्षा कथानक का प्रवाह अधिक है, वर्णन द्वारा वे प्रसंगों को रसमय बनाते हैं, चित्रण द्वारा कम। भावों की आँधी में वे पाठकों को उड़ाना चाहते हैं, पर योगस्थ पाठक यह देखते हैं कि उनके पात्र ही आँधी में उड़ रहे हैं। यह प्रेमचन्दजी की भावुकता का दृश्य है। बहुत कम रचनाओं में प्रेमचन्दजी स्थिर बुद्धि होकर पात्रों, घटनाओं और भावों के बीच निसर्गसिद्ध साम्य स्थापित कर सके हैं। बहुत कम कहानियाँ स्वतःप्रसूत स्वतःविकसित और स्वतःसमाप्त हो सकी हैं। जैसे फूल आपसे आप खिलता और आप ही मुरझाकर गिर पड़ता है। पुष्प के विकास के समय जैसे उसके सब दल खुल पड़ते हैं, जैसे उसके अंग-अंग सब समान रूप-माधुरी से कमनीय हो उठते हैं, उस रूप में साहित्य के दर्शन प्रेमचन्दजी ने कम ही किए हैं; क्योंकि वे दर्शन का साहित्य से सम्बन्ध ही नहीं मानते। हमारे शास्त्रों में मुक्ति का अधिकारी व्यक्ति ही माना गया है, समूह नहीं। भावों का विकास व्यक्ति का ही आश्रय लेकर होता है, अतः यहाँ भी व्यक्ति ही प्रमुख है। किन्तु प्रेमचन्दजी साहित्य के लिए भाव को ही प्रमुख मानते और उसे रसमय बनाने के प्रयास में व्यक्ति को भावों का भारवाही भी बना देते हैं। चरित्र का निर्माण, सूक्ष्म मनोगतियों की पहचान और कला का सौष्ठव प्रेमचन्दजी में उच्चकोटि का नहीं हो पाया, इसका कारण वही टेक या स्थूल आदर्शवादिता है।

ख्वाजा हसन निजामी साहब ने दिल्ली की एक सभा में प्रेमचन्द का सत्कार करते हुए कहा था कि जिस जमाने में हिन्दू और मुसलमान गुमराह होकर कट-मर रहे थे और हिन्दु-मुस्लिम नेता वैमनस्य की आग भड़का रहे थे, उस जमाने में प्रेमचन्दजी दर्द-भरी कहानियाँ लिखकर राष्ट्रीय प्रीति का सन्देश सुना रहे थे। परन्तु ख्वाजा साहब ने प्रेमचन्दजी का 'कायाकल्प' उपन्यास नहीं पढ़ा होगा। राष्ट्रीय आन्दोलन के शिथिल पड़ने पर सन् '24-25-26 में प्रेमचन्दजी हिन्दू संघटन के नेता का रूप भी धारण कर चुके हैं। उस समय का वही रवैया था। प्रेमचन्दजी भी समय के साथ थे। किसी प्रकार की कृत्रिमता लेकर नहीं, पूरी ईमानदारी के साथ उन्होंने समय का साथ दिया। यह ईमानदारी प्रेमचन्दजी की बहुत बड़ी विशेषता है और यही उनके गौरव का मुख्य हेतु

है। वे भीतर-बाहर एक हैं। उनकी रचनाधारा उनकी मनोधारा के सर्वत्र समानान्तर बहती है। जो कुछ वह सत्य समझते हैं, सुन्दर समझते हैं, लिखते हैं। यह बात दूसरी है कि सत्य और सुन्दर के सम्बन्ध में उनका कोई निष्कर्ष न हो। बल्कि जिस समय जो प्रवाह है उसी में सत्य और सुन्दर की झलक वे देखने लगें। अभी उस दिन श्रीयुत इलाचन्द्र जोशी ने नारी की प्रकृति का उल्लेख करके उसे पुरुष की वशवर्तिनी बताया था। उन्होंने किन्हीं देवीजी के किसी लेख के उत्तर में उसे लिखा था। प्रेमचन्दजी ने लेख का पाठ किया। वे नारी की स्वतन्त्रता के अभिलाषी हैं। स्त्रियों के उत्थान का जो आन्दोलन चल रहा है, प्रेमचन्द उसके साथ हैं। अतः उन्होंने इलाचन्द्रजी के विरोध में लेख लिखाने की इच्छा की। लखनऊ के एक सज्जन के उनके इच्छानुसार लेख लिखा और प्रेमचन्दजी ने उसे 'हंस' में प्रकाशित किया। उन महाशय का वह लेख इतना विचार-शिथिल था कि उसे पढ़कर यह कोई नहीं कह सकता कि उससे इलाचन्द्रजी को सम्यक उत्तर दिया जा सका। परन्तु प्रेमचन्दजी ने अपने विश्वास के अनुसार उसे प्रकाशित किया। कोरी भावुकता का असम्बद्ध प्रदर्शन भी एक विचारपूर्ण लेख के उत्तर में किया जाना चाहिए या नहीं, यह प्रश्न वह लेख प्रकाशित करते हुए प्रेमचन्दजी के मस्तिष्क में नहीं उठा। इस प्रसंग से प्रेमचन्दजी के अत्यन्त सरल स्वभाव और भावमय मनोवृत्ति का परिचय मिल जाता है।

सामयिक आन्दोलन को ही वे राष्ट्रीयता का नाम देते हैं। जो इस आन्दोलन के जितना ही साथ है वह उतना ही राष्ट्रीय है। इस राष्ट्रीयता के प्रेमचन्द जी बहुत बड़े प्रशंसक हैं और इसमें किसी प्रकार का अवगुण अथवा अस्थायित्व वे कम देखते हैं। राष्ट्रीयता की इस धारा को वे सामान्य मनुष्यधारा मानकर—पूरे विश्वास के साथ—राष्ट्रधर्म को मनुष्यधर्म के रूप में ग्रहण कर लेते हैं। इस राष्ट्रीयता के रंग में सराबोर होकर प्रेमचन्द की साहित्य-कला रंजित हुई है। प्रेमचन्दजी की आत्मा में भी इसी का प्रकाश है। इस राष्ट्रीय वातावरण से प्रेमचन्दजी ने जीवनदायक उत्साह संचय किया है और उनका यह उत्साह कभी क्षीण नहीं होता। उनके उपन्यासों और कहानियों में जो उत्कट आशावाद दिखाई देता है वह इस युग की वरेण्य विभूति है। नवयुवक रचनाकारों की निराशा और रुदन के सामने प्रेमचन्दजी की प्रौढ़ आशा शोभाशालिनी अथच प्राणप्रद हो रही है। जान पड़ता है प्रेमचन्दजी का व्यक्तित्व उत्साह और उत्कट उद्योग की आधारशिला पर स्थापित हुआ है। सामयिक परिस्थिति में आशा के लिए कम ही स्थान है यद्यपि एक आशाप्रद राष्ट्रीय हलचल मची हुई है। परन्तु प्रेमचन्दजी में यह पक्ष इतना प्रबल है कि उनके प्रति श्रद्धा उत्पन्न होती है। हमें उनके साहित्य में आशा और उत्साह का सन्देश मिलता है और हिन्दी राष्ट्र को भी पर्याप्त मात्रा में मिला है। प्रेमचन्दजी की चेतना इन्हीं दोनों के सम्मिलन से उद्दीप्त हुई है और वही प्रकाश उनकी रचनाओं में प्रसार पा रहा है। राष्ट्रीय शक्ति का इतना बड़ा उपासक हमारे साहित्य में कोई दूसरा नहीं है।

शक्ति के साथ यदि संयम हो तो उसकी उपयोगिता स्पष्ट ही है। प्रेमचन्दजी की

रचनाएँ विशेष रूप से संयमित हैं। लिबर्टी ने यह ठीक ही लिखा है कि प्रेमचन्दजी में अतिवाद नहीं है, वे मध्यमार्गी साहित्यकार हैं। यह उनके संयम का ही परिचय है। वे तीव्र व्यंग्य न करके मीठी चुटकियों का प्रयोग करते हैं। अपनी धारणाओं पर उनकी आस्था बड़े ही प्रच्छन्न रूप में दीख पड़ती है, नहीं तो वह मीठी चुटकियाँ न ले पाते। यह प्रेमचन्द की प्रशंसनीय वृत्ति है कि वह जिस विषय अथवा भावना को अपनाए हुए हैं और जिसके सम्बन्ध में उनके मन में कोई तर्क-वितर्क नहीं है उसे भी वह अधिकतर तीव्र बनाकर, कटु बनाकर प्रभाव नहीं डालते। इसे उनकी उदारता की सूचना समझनी चाहिए। इसी उदारता के साथ यदि प्रेमचन्दजी में एक समृद्ध बौद्धिक एकतानता या एकसूत्रता होती और वे कला के माध्यम से (केवल भावात्मकता या प्रचार के माध्यम से नहीं) उस एकसूत्रता का परिचय हमें करा सकते तो हमारा साहित्य प्रेमचन्द को पाकर कृतकृत्य हो जाता। यहाँ हम उनके उन समीक्षकों का ध्यान आकर्षित करते हैं जो उन्हें ब्राह्मणद्रोही समझने की मिथ्या धारणा रखते हैं।

भावों का उद्रेक करने में प्रेमचन्दजी ने अवश्य मनुष्यता की ओर से दृष्टि खींची है। यदि इसकी त्रुटि-पूर्ति किसी प्रकार हो सकती है तो प्रेमचन्दजी ने भावों को सुचारु, सद्‌भावनाप्रद बनाकर की है। प्रेमचन्दजी ने एक अनिर्दिष्ट राष्ट्रीयता का निर्देश किए बिना ही उसका पल्ला पकड़ा है, यदि इसकी त्रुटि-पूर्ति किसी प्रकार हो सकती है तो प्रेमचन्दजी ने राष्ट्रीयता में उदारता की अच्छी मात्रा रहने दी है और उसमें आशा की कान्ति झलका दी है। यदि कल्पना की उच्च परिधि तक प्रेमचन्दजी की पहुँच नहीं है, तो उनकी ईमानदारी के सम्बन्ध में कोई दो बातें नहीं कही जा सकतीं, साहित्य के लिए बहुत सी साधारण बातों की अपेक्षा इस ईमानदारी का महत्त्व अधिक है। प्रेमचन्दजी के साहित्य को उनके व्यक्तित्व की पूरी सहानुभूति और सहयोग प्राप्त हुए हैं। इस युग में यह भी एक बड़ी बात है। कथानक, चरित्र, विचारसूत्र और कला की निर्मिति में प्रेमचन्दजी प्रथम श्रेणी के यूरोपीय औपन्यासिकों की ऊँचाई पर नहीं पहुँचते[1], किन्तु हिन्दी उपन्यास के आरम्भिक युग के लिए उनकी देन बड़ी महत्त्वपूर्ण है।

हमारे चारों तरफ जो दुखपूर्ण परिस्थिति छाई हुई है उसी के भीतर से आशा की झलक दिखाना प्रेमचन्दजी की मुख्य कला है। समाज की जो वेदना उसकी भिन्न-भिन्न संस्थाओं से ऊपर सिर उठाकर दिखाई दे रही है, प्रेमचन्दजी ने उसका विलाप सुना है। अपने साहित्य में उन्होंने उसके परितोष का प्रयत्न किया है। इस मनुष्य धर्म का पालन करने में प्रेमचन्दजी समर्थ और सफल हुए हैं। उनका अधिकांश साहित्य समाज के निम्नवर्गों के कष्टों में डूबा हुआ है और प्रेमचन्दजी अधिकांश में उनके निवारण करने में लगे हुए हैं। रोगी को चिकित्सा से भी अधिक जिस तसल्ली की सम्प्रति आवश्यकता है, वह उसे प्रेमचन्द के साहित्य में मिल रही है। यह प्रशंसनीय उद्योग है।

आत्मकथा : एक विवाद

'जागरण' के पहले अंक में श्रीयुत प्रेमचन्दजी ने अपने 'हंस' के आत्मकथांक[2] के लिए

लेख लिखते हुए 'भारत' की साहित्यिक नीति और लेख-शैली को बहुत बुरे शब्दों में याद किया है। प्रेमचन्दजी के उपन्यास उनकी प्रोपेगेंडा वृत्ति के कारण काफी बदनाम हैं और हिन्दी के बड़े से बड़े समीक्षक ने उसकी शिकायत की है। वही वृत्ति उनके इस लेख में भी प्रसार पा रही है। यद्यपि प्रेमचन्दजी लिखते हैं कि 'हमने तो कभी प्रोपेगेंडा नहीं किया, हमारा बड़े से बड़ा दुश्मन भी हमारे ऊपर यह आक्षेप नहीं कर सकता', पर प्रेमचन्दजी के सभी समीक्षक जानते हैं कि उनका सबसे बड़ा दोष—जो उनकी साहित्य-कला को कलुषित करने में समर्थ हुआ है—यही प्रोपेगेंडा है। यदि प्रेमचन्दजी बिल्कुल ही भोले-भाले न बनें, तो वह अपने विरुद्ध इस प्रकार का आरोप एक नहीं अनेक बार सुन चुके होंगे, पढ़ चुके होंगे और हृदय की थाह लगाकर देख भी चुके होंगे। यदि उनके साहित्य के साथ उनके जीवन का कुछ भी सम्बन्ध है—और सम्बन्ध है क्यों नहीं ? तो हमें उनके ये विचार पढ़कर कुछ भी आश्चर्य न होना चाहिए। उसमें भी हमें प्रेमचन्दजी की उपन्यास-कला का एक रहस्य ही देख पड़ा। उपन्यास लिखने का पुराना तरीका यह था कि एक पक्ष को परम धार्मिक वीर और वरेण्य बनाकर दूसरे को हद दर्जे तक उसके विपरीत बना दिया जाए और इन्हीं दोनों विरोधी दलों के संघर्ष से कथा का विकास होता रहे। यह बहुत पुराना ढर्रा था, जिसमें सत्य की ओर से आँखें मूँदकर उपन्यास का ढाँचा खड़ा किया जाता था। प्रेमचन्दजी ने 'आत्मकथांक' की स्तुति करते हुए 'भारत' की जो निन्दा की है, उसमें हमें उपन्यास लिखने का उपर्युक्त पुराना ढर्रा ही दीख पड़ा, जिसे आधुनिक विकसित साहित्य एक जमाने से छोड़ चुका है। 'जागरण' के अनुद्वेगशील सम्पादक को प्रेमचन्दजी के लेख से आश्चर्य हुआ और विरोध में टिप्पणियाँ जड़नी पड़ीं। पर हम उनके इस लेख में उनका वही रूप देखते हैं, जो उनके साहित्य में देख चुके हैं।

साहित्य में हम शुद्ध साहित्यिक संस्कृति चाहते हैं, लाग-लपेट कुछ भी नहीं। चाहे वह साहित्य का कोई लेख हो, पुस्तक हो अथवा संस्था हो। हम उसकी परख अपनी इसी मूल भावना की कसौटी पर करते है। यदि हम हिन्दी साहित्य सम्मेलन के विपक्ष में हैं, तो इसलिए कि सम्मेलन वास्तव में साहित्य के प्रति उदासीन बना हुआ है। यदि हम पंडित बनारसीदास चतुर्वेदी अथवा श्रीयुत भवानीदयाल संन्यासी के किसी लेख अथवा साहित्यिक नीति का विरोध करते हैं, तो इसलिए कि वे सज्जन शुद्ध साहित्य को साहित्यबाह्य वस्तुओं का भारवाही बनाते हैं, जिसे देखकर हमें ग्लानि होती है। जब हम पत्र-पत्रिकाओं में दो अक्षर लिख लेने वालों की चित्रवृद्धि पर आक्षेप करते हैं, तब समझते हैं कि हिन्दी में अब तक बहुत थोड़े साहित्यकार ऐसे हैं, जिनके चित्र छपने चाहिए। और, अब हम 'आत्मकथांक' का विरोध करते हैं तब अपने साहित्य में बढ़ते हुए आत्मविज्ञापन के कलुष का ध्यान करते हैं और यह निर्विकल्प रूप से जानते हैं कि ऐसे व्यक्ति, जो आत्मकथा लिखने के योग्य हों, हिन्दी संसार में अधिक नहीं, उँगलियों पर ही गिने जा सकते हैं। यदि ये सब प्रेमचन्दजी के लिखे अनुसार उन्हें चौंकानेवाली बातें हैं, तो हम उनके प्रति अपना सम्मान प्रकट करते हुए भी चौंकानेवाली

बातें कहना अपना धर्म मानते हैं। हिन्दी का साहित्यिक जमघट अभी शुद्ध साहित्यिक वातावरण से कोसों दूर है, इसलिए इस तरह की बातें प्रेमचन्दजी को ही, औरों को भी, अभी कुछ दिन, चौंकाती रहेंगी और इसका हम बुरा भी नहीं मानते।

साहित्य तो एक सात्विक जीवन है। उसे कठिन तपस्या और महान यज्ञ समझना चाहिए। जहाँ व्यक्ति के व्यक्तित्व के कोई स्वतन्त्र विषय नहीं रह जाते, उच्च साहित्य की वह भावभूमि है। वहाँ अपरिग्रह का साम्राज्य है, फोटो नहीं छापे जाते। वहाँ वाणी मौन रहती है, गाथा गाने में सुख नहीं मानती। उस उच्च स्तर से जितने क्रियाकलाप होते हैं, आत्मप्रेरणा से होते हैं। पर आज दिन हिन्दी में आत्मप्रेरणा और 'आत्मकथा' का नाम लेना पाखंड है और पाखंड बढ़ाना है। हमारे देश में आत्मकथा लिखने की परिपाटी नहीं रही। यहाँ की दार्शनिक संस्कृति में उसका विधान नहीं है। यहाँ के सन्त हिमालय की कन्दराओं में गलकर विश्व-शक्ति की समृद्धि करते थे और करते हैं। प्राचीन भारत अपना इतिवृत्त और अपनी 'आत्मकथा' नष्ट कर आज चिरजीवन का रहस्य बतलाता है। और, जिन्होंने गाथाएँ लिखीं, वे बिला गए। इस युग के महापुरुष महात्मा गाँधी ने जो आत्मकथा लिखी है, उसकी मूल भावना है प्रायश्चित, अर्थात वह केवल एक नकारात्मक योजना है, परन्तु प्रेमचन्दजी कैसी आत्मकथाएँ लिखा रहे हैं, यह बतलाने की जरूरत नहीं।

साहित्य को केवल वाणीविलास माननेवाले आदमी उसके उपयोगितावाद की दुहाई दे सकते हैं, जैसे श्रीयुत प्रेमचन्दजी ने सुरेन्द्रनाथ बनर्जी वगैरह का नाम लेकर दी हैं। परन्तु हम तो उसे बहुत ही साधारण कोटि की धारणा मानते हैं। लौकिक उपकार ही साहित्य की कसौटी नहीं है और न वह साहित्यकार के विकास में सहायक बन सकती है। नीति के दोहे लिखनेवाले दिन गए। इस समय हिन्दी के रचनाकारों को अपने संस्कार और अपनी साधना की आवश्यकता है। दूसरों की भलाई का बीड़ा वे आगे कभी उठाएँगे। फिर इस साधारण परोपकारी दृष्टि से भी आत्मकथा लिखने के योग्य हिन्दी में कितने आदमी हैं ? कितने ऐसे महच्चरित हैं, जिनकी जीवनी हिन्दी जनता की पथनियामिका बन सकती है ?

निष्कर्ष यह है कि वर्तमान हिन्दी में जैसी आत्मकथाएँ लिखी जा सकती हैं, वे साहित्य-समीक्षा की दृष्टि से निम्न कोटि की ही होंगी। प्रेमचन्दजी ने ताज्जुब जाहिर किया है हमने कैसे जान लिया कि आत्मकथाएँ ऐरे-गैरे लोग लिखेंगे। आशा है, वह अब समझ गए होंगे कि आँखें खोलकर अपने साहित्य की गतिविधि देखने वाले व्यक्ति ऐसा समझे बिना रह ही नहीं सकते। यही नहीं, और प्रमाण भी हैं। 'हंस' कार्यालय से मेरे पास गश्ती चिट्ठी तो कोई नहीं, यह पत्र अवश्य आया था कि मैं भी उस आत्मकथांक के लिए कुछ लिखूँ। यदि मेरे जैसे कल के साहित्यिकों से 'आत्मकथांक' की भर्ती होगी, तो प्रेमचन्दजी को समझने का मौका है कि मैंने कैसे समझा कि ऐरे-गैरे नत्थू खैरे लोग उसका कलेवर भरेंगे।

जब मेरे पास उक्त पत्र आया था, तब मैंने मित्रभाव से और प्राइवेट तरीके से 'हंस'

कार्यालय को लिखा था कि मेरी सम्मति नहीं है कि 'आत्मकथांक' जैसा अंक इस समय निकले और अंक के निमित्त अपनी गाथा गाने की अक्षमता के लिए मैंने क्षमा भी माँगी थी। परन्तु जब 'हंस' की ओर से यह लिख आया कि आत्मकथांक तो निकलेगा ही, तब मैंने उपर्युक्त टिप्पणी लिखी थी, जिस पर बिगड़कर प्रेमचन्दजी लिखते हैं 'हंस' को मेरी सम्मति की जरूरत नहीं है। प्रेमचन्दजी यदि साहित्यिक शिष्टाचार का पालन नहीं कर सकते, तो उन्हें कम-से-कम अपने प्रबंधकों और कर्मचारियों से यह दरियाफ्त कर लेना चाहिए कि किस प्रकार का पत्र-व्यवहार वे लोग कर चुके हैं। ऐसा न करने से उनकी असहष्णुता जो असत्य और असभ्य रूप धारण करती है, उससे दूसरों को नहीं, उनको और उनके पत्र को ही क्षति उठानी पड़ सकती है।

प्रेमचन्दजी का उत्तर

वाजपेयीजी फरमाते हैं :

> प्रेमचन्दजी के उपन्यास उनकी प्रोपेगेंडा वृत्ति के कारण काफी बदनाम हैं और हिन्दी के बड़े से बड़े समीक्षक ने उसकी शिकायत की है...प्रेमचन्दजी के सभी समीक्षक जानते हैं कि उनका सबसे बड़ा दोष—जो उनकी साहित्यकला को कलुषित करने में समर्थ हुआ है—यही प्रोपेगेंडा है।

इसका क्या जवाब दिया जा सकता है। सभी लेखक कोई न कोई प्रोपेगेंडा करते हैं—सामाजिक, नैतिक या बौद्धिक। अगर प्रोपेगेंडा न हो तो संसार में साहित्य की जरूरत न रहे। जो प्रोपेगेंडा नहीं कर सकता, वह विचारशून्य है और उसे कलम हाथ में लेने का कोई अधिकार नहीं। मैं उस प्रोपेगेंडा को गर्व से स्वीकार करता हूँ। मेरा विरोध तो उस प्रोपेगेंडा के आक्षेप से है, जो मान, यश, कीर्ति और धन-मोह के वश किया जाता है। जिस आदमी ने जीवन में एक बार भी किसी साहित्य सम्मेलन या सभा में शरीक होने का गुनाह न किया हो, जो एक प्लेटफार्म को सूली का तख्ता समझता हो उसे अपना ढिंढोरा पीटनेवाला कहना न्याय नहीं है। यों तो यहाँ किसी आर्डिनेंस का भय नहीं, जो आक्षेप कोई करना चाहे कर सकता है। वाजपेयीजी ने 'मनोविज्ञान के विद्यार्थी की हैसियत से' मेरे उस लेख में मेरी प्रोपेगेंडा वृत्ति देखकर सन्तोष-लाभ किया, यह मेरे लिए भी आनन्द की बात है।

> एक इलजाम तो साबित हो गया। अब दूसरा सुनिए। फर्देजुर्म काफी लम्बी है : 'भारत' के सम्बन्ध में इतनी बुरी सम्मति पढ़कर हमें क्षोभ किंचित नहीं हुआ (गलत, क्षोभ तो आपको इतना हुआ, जिसकी मुझे स्वप्न में भी आशा न थी, कम-से-कम इसी विचार से कि मैं आपसे उम्र में बहुत बड़ा हूँ और मेरे सठियाने में केवल आठ साल शेष हैं) क्योंकि उसमें भी हमें प्रेमचन्दजी की उपन्यास कला का एक रहस्य ही देख पड़ा। उपन्यास लिखने का पुराना तरीका यह था, कि एक पक्ष को परम धार्मिक वीर और वरेण्य बनाकर दूसरे को हद दर्जे तक उसके विपरीत बना दिया जाए और इन्हीं दोनों विरोधी दलों के संघर्ष से कथा का विकास होता

> रहे। यह बहुत पुराना ढर्रा था, जिसमें सत्य की ओर से आँखें मूँदकर उपन्यास का ढाँचा खड़ा किया जाता था...जिसे आधुनिक विकसित साहित्य एक जमाने से छोड़ चुका है।

मैं अपने मित्र को सूचित करता हूँ कि सत्य और असत्य का संघर्ष रामायण और महाभारत काल से लेकर बीसवीं सदी तक बराबर चला आता है और जब तक साहित्य की सृष्टि होती रहेगी, यह संघर्ष साहित्य का मुख्य आधार बना रहेगा। मानवी हृदय नहीं बदला करता और न साहित्य-तत्त्व में परिवर्तन हो सकता है। हाँ, सतही आँखों से पढ़नेवालों को चाहे नए साहित्य में यह संघर्ष न नजर आए, क्योंकि नए साहित्यसेवी पुरानी परिपाटी का व्यवहार करते हुए भी, नवीन आविष्कार का गौरव प्राप्त करने के लिए धोखे की टट्टी खड़ी किया करते हैं। और जो ऊपर ही ऊपर तैरते हैं, उन्हें ऐसा भ्रम हो जाए, तो आश्चर्य नहीं। साहित्य का क्षेत्र है, सौन्दर्य की सृष्टि और सौन्दर्य सम्बन्ध-वाचक हैं। सुन्दर की कल्पना ही बिना असुन्दर के नहीं हो सकती, वैसे ही, जैसे प्रकाश अन्धकार के सम्बन्ध से ही व्यक्त हो सकता है। मैंने भी अपनी सभी रचनाओं में इस संघर्ष को गुप्त रखने की चेष्टा की है, जिसमें मुझे भी नवीन आविष्कार का गौरव मिले, और अगर हमारे मित्र ने मेरा कोई उपन्यास पढ़ा होता तो वह ऐसी असंगत बात न कहते।

इसके बाद 'भारत' सम्पादक फरमाते हैं :

> साहित्य में हम शुद्ध साहित्यिक संस्कृति चाहते हैं, लाग-लपेट कुछ भी नहीं। चाहे वह साहित्य का कोई लेख हो, पुस्तक हो, अथवा संस्था हो। हम उसकी परख अपनी इसी मूल भावना की कसौटी पर करते हैं। यदि हम हिन्दी साहित्य सम्मेलन के विपक्ष में हैं, तो इसलिए कि वह वास्तव में...।

कितनी शुद्ध साहित्यसुधावृष्टि है। अहंकार का एक महान कुटिल रूप है, अल्पमत की गौरवमयी श्रेणी में रहना, चाहे उसकी संख्या एक ही तक परिमित हो। सभी बड़े-बड़े विचार प्रवर्तकों ने अपनी अकेली आवाज में संसार पर विजय पाई है और यदि हमारे योग्य 'भारत' सम्पादक उस गौरव के उम्मीदवार हैं, तो हमें शिकायत की कोई गुंजाइश नहीं। हम सभी चाहते हैं कि कोई ऐसी बात कहें, जो कोई दूसरा न कह सके, कोई काम कर दिखाएँ जो दूसरा न कर सके। कभी यह इच्छा सच्ची होती है, कभी महत्त्वाकांक्षा से प्रेरित। हम इसे वाजपेयीजी के बलवान व्यक्तित्व और उज्ज्वल प्रतिभा का प्रमाण समझते हैं। उनकी नजर में हिन्दी का कोई लेखक नहीं जँचता, मैं इन बातों से नहीं चौंकता। आप इससे भी कोई बड़ी अनोखी नई अभूतपूर्व बात कहिए, मैं जरा भी न चौंकूँगा, भिनकूँगा ही नहीं। इतने महान आविष्कार की उपेक्षा कौन कर सकता है, हिन्दी में ऐसा कोई लेखक नहीं, जिसकी आत्मकथा लिखने योग्य हो। यहाँ तो सभी आत्मविज्ञापन के उपासक हैं। केवल एक अपवाद है; और वह 'भारत' के सुयोग्य सम्पादक पंडित नन्ददुलारे वाजपेयी एम.ए.। आश्चर्य यही है कि उन्होंने 'भारत' का सम्पादक होना क्यों स्वीकार कर लिया, क्योंकि सम्पादकत्व में आत्मविज्ञापन कूट-कूटकर

भरा होता है। ऐसे ज्ञानी पुरुष के लिए तो कोई गुफा ही ज्यादा उपयुक्त स्थान होती। यहाँ कैसे भूल पड़े ?

इसके आगे आपने साहित्य के उद्देश्य और क्षेत्र की पवित्रता पर ज्ञान से भरी बातें कहीं हैं। हम उसका एक-एक शब्द स्वीकार करते हैं। बेशक, साहित्य सात्विक जीवन है। बेशक, वह कठिन तपस्या और महान यज्ञ है लेकिन जब कोई सूत्रों में बातें करे, जिसको समझने के लिए किसी दार्शनिक के पास जाना पड़े तो फिर उसका क्या जवाब ? बात भी तो समझ में आए। उदाहरणार्थ इन वाक्यों को लीजिए :

> जहाँ व्यक्ति के व्यक्तित्व के कोई स्वतन्त्र विषय नहीं रह जाते, उच्च साहित्य की वह भावभूमि है। वहाँ अपरिग्रह का साम्राज्य है, फोटो नहीं छापे जाते। वहाँ वाणी मौन रहती है, गाथा गाने में सुख नहीं मानती। उस उच्च स्तर से जितने क्रियाकलाप होते हैं, आत्मप्रेरणा से होते हैं।

जहाँ वाणी मौन रहती है, वह साहित्य है ? वह साहित्य नहीं गूँगापन है। साहित्य का काम, भावों का अलंकरण में अनुभव करना ही नहीं, उनको व्यक्त करना है। वह मनोभाव तभी साहित्य कहलाते हैं, जब वह व्यक्त हो जाते हैं, वाणी में प्रकट होते हैं। तुलसीदास ने 'रामायण' द्वारा अपनी आत्मा को व्यक्त किया है, अन्यथा आज उनका कोई नाम भी न जानता। अगर वाणी मौन रहने में सुख मानती तो आज संसार में साहित्य शब्द का अस्तित्व भी न होता।

इन वाक्यों का सीधा-सादा अर्थ जो हम समझ सके हैं वह यह मालूम होता है कि साहित्यकारों को आत्मविज्ञापन नहीं करना चाहिए। यह सभी के लिए निंद्य है और साहित्यिक प्राणियों के लिए और भी अधिक। इसके मानने में किसी को आपसे मतभेद नहीं हो सकता, लेकिन क्या आत्मकथा और आत्मविज्ञापन समान हैं ? थोड़े-बहुत अच्छे या बुरे अनुभव सभी प्राणियों के जीवन में हुआ करते हैं। जो लोग साहित्य के रूखे क्षेत्र में आकर अपना तन-मन घुलाते हैं, वे केवल आत्मविज्ञापन के भूखे नहीं होते। आप अपने दार्शनिक गाम्भीर्य के कारण, उन्हें जितना चाहें पतित समझ लें, पर साहित्य क्षेत्र में जो कोई भी आता है, वह अपनी आत्मा की प्रेरणा ही से आता है। यह दूसरी बात है कि वह परमपद को प्राप्त कर सके, या न कर सके। स्कूल में सभी लड़के तो गाँधी, गोखले नहीं हो जाते, न सभी 'भारत' सम्पादक हो जाते हैं, पर यह कहना कि वे केवल विद्याभ्यास का स्वाँग रचने आते हैं, ऐसी बात है, जिसका जवाब खामोशी है। फिर हमने यह दावा तो नहीं किया, कि 'हंस' का 'आत्मकथांक' अमर साहित्य बनेगा। हम अगर ऐसी हिमाकत करते भी—क्योंकि हम प्रोपेगेंडिस्ट हैं—तो 'भारत' सम्पादक जैसे मनस्वी पुरुष को हमारे दावे की उपेक्षा करनी चाहिए थी। लेकिन, साहित्य के कूड़ा-करकट से ही अमर साहित्य की सृष्टि होती है। कोई अमर साहित्य लिखने का इरादा करके अमर साहित्य की रचना नहीं कर सकता। जिस पर ईश्वर की कृपा होती है, वही इस पद को पाता है। हम तो कहते हैं कि एक मामूली मजदूर के जीवन में भी खोजने से कुछ ऐसी बातें मिल जाएँगी, जो अमर साहित्य का विषय बन सकती हैं। केवल देखनेवाली

आँख और लिखनेवाला कलम चाहिए। आगे चलकर आपने इससे भी ज्यादा मार्के की बातें कहीं हैं :

> हमारे देश में आत्मकथा लिखने की परिपाटी नहीं रही। यहाँ की दार्शनिक संस्कृति में उसका विधान नहीं है। यहाँ के सन्त हिमालय की कन्दराओं में गलकर विश्वशक्ति की समृद्धि करते थे और करते हैं। प्राचीन भारत अपना इतिवृत्त और अपनी आत्मकथा नष्ट कर आज चिरजीवन का रहस्य बतलाता है और जिन्होंने गाथाएँ लिखीं वे बिला गए। इस युग के महापुरुष महात्मा गाँधी ने जो आत्मकथा लिखी है, उसकी मूल भावना है, प्रायश्चित; अर्थात वह केवल एक नकारात्मक योजना है, परन्तु प्रेमचन्दजी कैसी आत्मकथाएँ लिखा रहे हैं, यह बतलाने की जरूरत नहीं।

फिर वही शून्य शब्दाडंबर, वही रहस्यभरी बातें, जो सुनने में गूढ़, पर वास्तव में निरर्थक हैं। भारत की दार्शनिक संस्कृति में समाचारपत्रों का विधान भी तो नहीं है। फिर आप क्यों 'भारत' का सम्पादन करते हैं ? प्राचीनकाल में बहुत सी ऐसी बातें थीं, जो अब नहीं हैं और बहुत सी ऐसी बातें नहीं थीं, जो अब हैं। तब कोई अंग्रेजी का एम.ए. भी नहीं होता था। मैं आपसे पूछता हूँ, आप अपने नाम के सामने वाजपेयी और एम.ए. की उपाधियाँ क्यों लगाते हैं ? केवल आत्मविज्ञापन के लिए या इसमें और कोई रहस्य है ? भारत के सन्त हिमालय में गल गए, मगर अमर साहित्य की सृष्टि भी कर गए, नहीं तो आज आप उपनिषद, वेद, रामायण और महाभारत के दर्शन करते ? कालिदास, माघ, भास और बाण ने साहित्य लिखा या नहीं ? या वह भी गल गए और उनके नाम से आत्मविज्ञापन के इच्छुकजनों ने पुस्तकें लिख डालीं ? प्राचीन भारत ने अपनी आत्मकथा नहीं नष्ट की, कभी नहीं, उसकी आत्मकथा आज भी सूर्य की भाँति चमक रही है। हाँ, केवल उनका रूप यह नहीं था। उन्होंने अपनी आत्मकथा मन्त्रों, श्लोकों और आत्मानुभवों के रूप में लिखी। हम आज गद्य लेख में और डायरेक्टली लिख रहे हैं। साहित्य में कल्पना भी होती है और आत्म-अनुभव भी। जहाँ जितना आत्मानुभव अधिक होता है, वह साहित्य उतना ही चिरस्थायी होता है। आत्मकथा का आशय है, कि केवल आत्म-अनुभव लिखे जाएँ, उसमें कल्पना का लेश भी न हो। बड़े-बड़े लोगों के अनुभव बड़े-बड़े होते हैं, लेकिन जीवन में ऐसे कितने ही अवसर आते हैं, जब छोटों के अनुभव से ही हमारा कल्याण होता है। सुई की जगह तलवार काम नहीं दे सकती।

आगे चलकर वाजपेयीजी ने फिर एक अत्यन्त विवादास्पद बात कही है, सुनिए :

> साहित्य को केवल वाणीविलास मानने वाले आदमी उसके उपयोगितावाद की दुहाई दे सकते हैं, जैसे श्रीयुत् प्रेमचन्द ने सुरेन्द्रनाथ बनर्जी वगैरह का नाम लेकर दी है, परन्तु हम तो उसे बहुत ही साधारण कोटि की धारणा मानते हैं। लौकिक उपकार ही साहित्य की कसौटी नहीं है और न वह साहित्यकार के विकास में सहायक बन सकती है। नीति के दोहे लिखने के दिन गए। इस समय हिन्दी के रचनाकारों को अपने संस्कार और अपनी साधना की आवश्यकता है। दूसरों की

भलाई का बीड़ा वे आगे कभी उठाएँगे। फिर इस साधारण परोपकारी दृष्टि से भी आत्मकथा लिखने के योग्य हिन्दी में कितने आदमी हैं। कितने ऐसे महच्चरित हैं, जिनकी जीवनी हिन्दी जनता की पथनियामक बन सकती है ?

इन वाक्यों का क्या जवाब दिया जाए ? जब कोई कहे जाए कि संसार में सब-के-सब अन्धे ही अन्धे हैं, तो उसका जवाब ही क्या हो सकता है। एक आदमी अपने जीवन के तत्त्व आपके सामने रखता है, अपनी आत्मा के संशय और संघर्ष लिखता है, आपसे अपनी बीती कहकर अपने चित्त को शान्त करना चाहता है, आपसे अपील करके अपने उद्योगों के औचित्य पर राय लेना चाहता है, और आप कहते हैं यह वाणीविलास है। वाणीविलास आत्मकथा लिखना नहीं, लतीफे कहना है। नायिका का शृंगार वर्णन करना है। अपने हृदयपट को, अपनी ठोकरों को, अपनी हारों को प्रकट करना अगर वाणीविलास है, तो फिर साहित्य वाणीविलास ही है और इसके सिवाय कुछ नहीं है।

अब रही साहित्य की उपयोगिता की बात। साहित्य का मूलाधार सत्य, सुन्दर और शिव है। साहित्य की सामग्री मनुष्य का जीवन है। कभी-कभी चर और अचर जीवन भी। पर उसका उद्‌देश्य भी तो कुछ होगा। क्यों संसार के महान पुरुषों ने साहित्य की रचना की ? बिना किसी उद्‌देश्य के। हम उन्हें इतना मिथ्यावादी नहीं समझते। केवल अपनी आत्मा की शान्ति के लिए ? इसके लिए लिखने की जरूरत न थी। साहित्य का जन्म उपयोगिता की भावना का ऋणी है। जो चतुर कलाकार है, वह उपयोगिता को गुप्त रखने में सफल होता है, जो इतना चतुर नहीं है, वह उपदेशक बन जाता है और अपनी हँसी उड़वाता है। उपयोगिता मानसिक, दार्शनिक, व्यावहारिक या केवल विनोदात्मक हो सकती है। मुख्य करके भावों की संस्कृति ही उसका गौरव है। जिस वाणी, पुस्तक या लेख में उपयोगिता का तत्त्व नहीं है, वह साहित्य नहीं, कुछ भी नहीं। 'गीताजंलि' को तो साहित्य कहिएगा ? तोल्स्तोय ने तो साहित्य लिखा ? तुलसी और सूर ने भी तो साहित्य रचा ? क्या उसकी कुछ भी उपयोगिता नहीं है ? अब रह गई यह बात कि हिन्दी में ऐसे लिखनेवाले कितने हैं, जिनकी जीवनी हिन्दी जनता की पथनियामक बन सकती है। आपका ख्याल है, एक भी नहीं। मेरा ख्याल है कि मेरे घर के मेहतर के जीवन में भी कुछ ऐसे रहस्य हैं जिनसे हमें प्रकाश मिल सकता है। अन्तर यही है, कि मेहतर में साहित्यिक बुद्धि नहीं, लेखक में विवेचन-शक्ति होती है। साहित्यकार के विकास के और क्या साधन हैं ? या तो अपने अनुभव या दूसरों के अनुभव। किसी भी मनुष्य का जीवन इतना तुच्छ नहीं है, जिसमें बड़े से बड़े महच्चरितों के लिए भी कुछ न कुछ विचार की सामग्री न हो। महच्चरित इसी तरह बनते हैं। घूरे पर से भी फूल को चुन लेना निषिद्ध नहीं कहा जा सकता। एक महात्मा से किसी ने पूछा था, "आप इतने बुद्धिमान कैसे हुए ?" उसने जवाब दिया, "मूर्खों की सोहबत से।"

यहाँ तक तो ऊपर की बातें थीं। अब तत्त्व की बात सुनिए। श्रीयुत वाजपेयीजी फरमाते हैं :

परन्तु जब 'हंस' की ओर से लिखा गया कि आत्मकथांक तो निकलेगा ही तब

> मैंने उपर्युक्त टिप्पणी लिखी थी, जिस पर बिगड़कर प्रेमचन्दजी लिखते हैं, 'हंस' को मेरी सम्मति की जरूरत नहीं है। प्रेमचन्दजी यदि साहित्यिक शिष्टाचार का पालन नहीं कर सकते...तो ऐसा न करने से उनकी असहिष्णुता जो असत्य और असभ्य रूप धारण करती है, उससे दूसरों को नहीं, उनको और उनके पत्र को ही क्षति उठानी पड़ सकती है।

आश्चर्य है 'जागरण' के अनुद्वेगशील सम्पादक महोदय को इन पंक्तियों पर कोई टिप्पणी जमाने की जरा भी जरूरत न मालूम हुई। आप मुझे एक राय देते हैं, मैं कहता हूँ, मुझे आपकी राय की जरूरत नहीं, मेरी इच्छा होगी करूँगा, मैं आपकी राय का पाबन्द नहीं हूँ। आपने आत्मकथांक निकालने का विरोध किया। आप ही के जैसे बुद्धि और विवेक रखने वाले बहुत से भाईयों ने आत्मकंथाक निकालने का समर्थन किया। अगर अशिष्टता न हो, तो मैं 'जागरण' के सम्पादक को भी समर्थकों में ही रख सकता हूँ। मैं मानता हूँ, इतनी रुखाई से मुझे वह वाक्य न लिखना चाहिए था। मुझे उसका खेद था और बहुत कुछ परितोष हो जाने पर, अब भी है, लेकिन यह कहना कि हम आपकी बात नहीं मानते, कठोर होते हुए भी उतना कठोर नहीं है, जितना यह कहना कि तुम असत्य हो और असभ्य हो, इसका खमियाजा तुम्हें उठाना पड़ेगा।

लेकिन जब अहंकार को चोट लगती है तो आदमी संयत रहने का प्रयास करने पर भी बौखला ही जाता है। अन्त में हम श्रीयुत नन्ददुलारेजी वाजपेयी से नम्रता के साथ निवेदन करते हैं, कि मेरी तो अच्छी-बुरी किसी तरह कट गई, धन तो हाथ न लगा, हालाँकि कोशिश बहुत की, और अब इस फिक्र में हूँ कि गाँठ का पूरा रईस फँस जाए, तो अपनी कोई रचना उसे समर्पण कर दूँ। लेकिन आपको अभी बहुत कुछ करना है। बहुत कुछ सीखना है, बहुत कुछ देखना है। आदर्श बहुत अच्छी चीज है, लेकिन संसार में बड़े से बड़े आदर्शवादियों को भी कुछ न कुछ झुकना ही पड़ता है। यह न समझिए कि जो कुछ आप समझते हैं, वही सत्य है, दूसरे निरे गावदी हैं। मतभेद होना स्वाभाविक है, लेकिन जिनसे मतभेद हो, उन्हें नीच न समझिए। जिसे आप नीचा समझेंगे, वह आपकी पूजा न करेगा। अब गुस्सा थूक दीजिए। आपने बिगड़कर मन को शान्त कर लिया मैंने आपके बिगड़ने का आनन्द उठाकर मन को शान्त कर लिया। आइए हाथ मिला लें।

मेरा प्रत्युत्तर

अपने पिछले लेख में हम 'प्रोपेगेंडा' शब्द को काफी स्पष्ट कर चुके हैं। अब इस सम्बन्ध में किसी प्रकार की गलत धारणा शेष रहने की गुंजाइश नहीं रही और यदि शेष रही है तो उसकी जिम्मेदारी मुझ पर नहीं। 'परितोष' में प्रेमचन्दजी 'प्रोपेगेंडा' का डिक्शनरी वाला अर्थ लगाते हैं, पर 'प्रोपेगेंडा' से यहाँ मेरा आशय कौशलहीन, अस्वाभाविक या कलारहित प्रचार से है। प्रेमचन्दजी इस विषय में कोई शंका न करें। वे लिखते हैं, 'सभी लेखक कोई न कोई प्रोपेगेंडा करते हैं—सामाजिक, नैतिक या बौद्धिक।' यह मैं भी

समझता हूँ, यही नहीं, आज से वर्ष भर पहले 'कंकाल' की आलोचना करते हुए मैंने ही लिखा था :

> प्रत्येक साहित्यकार जीवन और जगत सम्बन्धी अपने अनुभव और अपनी धारणाएँ रखता है जो उसकी साहित्यिक कृतियों में प्रतिफलित होती हैं। जिसके ये अनुभव और ये धारणाएँ जितनी अधिक दृढ़ होंगी और जो जितने अधिक कौशलपूर्वक उनकी शक्ति समेटकर संकलित कर सकेगा उसकी कृति उतनी ही अधिक प्रभावशाली होगी। जब हम कहते हैं कि 'ला मिजरेबल्स' संसार के शक्तिशाली उपन्यासों में प्रमुख है तब हम दूसरे शब्दों में उस प्रोपेगेंडा की ही प्रशंसा करते हैं जो साहित्यकला के नियमों के अनुसार उस कृति में मौजूद है। प्रोपेगेंडा कोई बुरी वस्तु नहीं, हम समझते हैं वह तो अनिवार्य है।

परन्तु इसके साथ ही हमने यह भी लिखा था : 'जब वह (प्रोपेगेंडा) कृत्रिम और कौशलहीन होकर अनपेक्षित अवसरों पर आकर अपनी कीमत कम कर देता है तब उसकी बदनामी होती है।' कहना न होगा कि पिछले लेख में प्रेमचन्दजी की रचनाओं के प्रसंग में मैंने जिस प्रोपेगेंडावृत्ति का उल्लेख किया था वह इसी दूसरे प्रकार की थी। अब इस सम्बन्ध में यहाँ और कुछ नहीं लिखना चाहता।

मेरा दूसरा आक्षेप यह था कि 'हंस' की अतिशय प्रशंसा करते हुए और 'भारत' की अतिशय निन्दा करते हुए प्रेमचन्दजी ने उपन्यास लिखने की उस पुरानी प्रणाली का परिचय दिया है जिसमें 'सत्य की ओर से आँखें मूँदकर उपन्यास का ढाँचा खड़ा किया जाता था।' इसका उत्तर देते हुए प्रेमचन्दजी ने जो व्यक्तिगत चढ़ाई की है उसे मैं उनके बड़प्पन का विशेषाधिकार मान लेता हूँ, खासकर जब वे सठियाने को हो रहे हैं। परन्तु जब वे यह साहित्यिक सिद्धान्त रखते हैं और मुझे सूचना देते हैं कि 'सत्य और असत्य का संघर्ष रामायण और महाभारत काल से बीसवीं सदी तक बराबर चला आता है', तब मुझे भी कुछ कहने का अवसर मिलता है। दुनिया में सत्य पूर्ण नहीं है और न असत्य ही पूर्ण है। रामायण और महाभारत के रचयिता मनीषियों ने पूर्ण सत्य और पूर्ण असत्य का आदर्श कल्पित किया था। उनका सत्य इहलौकिक नहीं है और न असत्य ही इहलौकिक है। इसलिए उनका सत्य और असत्य का संघर्ष देव और दानव का संघर्ष है। वह लौकिक संघर्ष है ही नहीं। अत्यन्त अलौकिक और असामान्य है। उन्होंने किसी देश-काल का चित्रपट नहीं रखा, सर्वदेश और सर्वकाल उनका चित्रपट है।

आज के उपन्यासों में हम एक सीमित देश, एक सीमित काल और एक सीमित समाज का चित्र अंकित करते हैं, प्रेमचन्दजी के भी ऐसे उपन्यास हैं। ऐसे उपन्यासों में अतिमानवीय नहीं, सर्वथा मानवीय चित्रण रहना चाहिए। इसी निश्चय के आधार पर पश्चिम के उपन्यासकार यह सिद्धान्त उपस्थित कर चुके हैं कि संघर्ष नहीं समन्वय हमारा लक्ष्य होना चाहिए। हम मनुष्य मनुष्य को सन्धि की दृष्टि से देखें, विग्रह की दृष्टि से नहीं। हम मनुष्य की दुर्बलताओं से सहानुभूति रखें और उसे पापी न समझकर

दुर्बल मनुष्य समझें। यहाँ कोई पूर्ण पुण्यात्मा नहीं है। कोई पूर्ण पापी नहीं है। यहाँ पापी पुण्यात्मा बनने के योग्य है और बनाने के भी योग्य है। गाली देकर बात करना ठीक नहीं। पापी भी मनुष्य है। ईश्वर की वह भी सृष्टि है। यहाँ संघर्ष कहाँ है ? सब एक ही बटेलियन के सिपाही हैं, कौन किससे लड़ेगा ?

इसीलिए विकसित साहित्य में अब 'संघर्ष' को कोई विशेष स्थान नहीं दिया जाता। प्रेमचन्दजी लिखते हैं कि 'सुन्दर की कल्पना ही बिना असुन्दर के नहीं हो सकती, वैसे ही जैसे प्रकाश अन्धकार के सम्बन्ध से ही व्यक्त हो सकता है।' इस वैज्ञानिक युग में भी प्रेमचन्दजी वही पुरानी डफली बजाते जाते हैं। प्रकाश को व्यक्त करने के लिए विज्ञान अन्धकार की आवश्यकता नहीं समझता। उसने खुले-खजाने, दिन-दुपहरी, प्रकाश को व्यक्त कर दिया और अन्धकार को दूर हटा दिया। सूर्य के प्रकाश में उसने सात रंग-बिरंगे रंग दिखा दिए जो सौन्दर्य की बड़ी ही मनोरम कल्पना कराते हैं। अन्धकार द्वारा प्रकाश को इसी तरह व्यक्त करना है, इसके लिए संघर्ष की आवश्यकता कहाँ है, क्या भिन्न-भिन्न मनोवृत्तियाँ और स्वभावों को समन्वय करके हम साहित्य में आत्मप्रकाश नहीं फैला सकते ? विज्ञान की यही शिक्षा है, यही वैज्ञानिक सत्य है। क्या इस पर भी संघर्ष करना होगा ? यदि इसी घोषणा के बल पर प्रेमचन्दजी मुझे सतही आँखों का और छिछली धारा में तैरनेवाला कहते हैं तो पाठक इसे पढ़ें और प्रेमचन्दजी के साहस को सराहें।

इसके बाद आत्मकथा का मूल विषय आता है, पर विषय-प्रवेश के रूप में प्रेमचन्दजी ने व्यक्तिगत वाद का बीहड़ बन खड़ा कर रखा है। हम इस झाड़-झंखाड़ को चुपचाप पार कर जाने में ही कल्याण समझते हैं। सन्तोष की बात है कि मूल विषय के सम्बन्ध में मेरी अधिकांश बातें प्रेमचन्दजी को मान्य हैं। मेरे लेख के कई उद्धरण देकर वे उसका 'एक-एक शब्द स्वीकार करते हैं।' इसलिए मुझे अधिक विस्तार करने की आवश्यकता नहीं। केवल कुछ जगहों के कुछ वाक्य उनकी समझ में नहीं आए। वे कहते हैं कि वे सूत्ररूप में लिखे गए हैं। पाठक भी देखें कि उनमें कौन सा अज्ञेय सूत्र है :

> जहाँ व्यक्ति के व्यक्तित्व के कोई स्वतन्त्र विषय नहीं रह जाते, उच्च साहित्य की वह भावभूमि है। वहाँ अपरिग्रह का साम्राज्य है, फोटो नहीं छापे जाते। वहाँ वाणी मौन रहती है, गाथा गाने में सुख नहीं मानती। उस उच्च स्तर से जितने क्रिया-कलाप होते हैं, आत्मप्रेरणा से होते हैं।

इन वाक्यों की व्यंजना यदि किसी को नहीं समझ पड़ती तो हम क्या कर सकते हैं ? भावव्यंजना के लिए शब्द ही हमारे साधन हैं। शब्दों का सहारा लेकर उसे मैंने अधिक से अधिक सरल बनाया है। इसके आगे हमारी गति नहीं है। विज्ञ पाठक हमारा न्याय करें। हाँ, यह अभिव्यंजना हिन्दी द्वारा की गई है। प्रेमचन्दजी के लिए हिन्दी दुरतिगम्य हो और उन्हें अंग्रेजी के वाक्यांशों में समझने में सुभीता पड़े तो यह हमारी लाचारी है। हम अत्यन्त स्पष्ट रीति के 'स्व' के उस विज्ञापन का विरोध कर रहे हैं जो साहित्य का

कलुष है। साहित्य के अन्य अंगों से बढ़कर 'गीत काव्य' का अंग अधिक व्यक्तिगत है पर श्रेष्ठ गीतों में व्यक्ति अपने को समष्टि में लीन कर देता है, उसकी आत्मा में विश्वात्मा की झलक आ जाती है। उसी को हम कहते हैं कि व्यक्ति के व्यक्तित्व के कोई स्वतन्त्र विषय नहीं रह जाते। 'आत्मकथा' तो गीतकाव्य की भी अपेक्षा अधिक व्यक्तिगत है। 'आत्मकथा' के इस अत्यन्त व्यक्तिगत विषय से 'अहं' के सब अंकुश खींच लेना तो और भी कठिन है। हमने यही कठिनाई दिखाई है। क्या यह 'शाब्दिक गोरखधन्धा' है ?

यही हमारे उपर्युक्त उद्धरण का आशय था, पर प्रेमचन्दजी एक शब्द को लेकर मजाक करने लगे, 'जहाँ वाणी मौन रहती है वह साहित्य है ? वह साहित्य नहीं गूँगापन है।' यदि इस प्रकार की दलील की जाए तो हम भी कह सकते हैं कि उपन्यास-कहानियाँ और लेख लिखते समय क्या आपकी वाणी चिल्लाया करती है ? आपकी किन-किन रचनाओं का कंठ फूट चुका है ? क्या वह आविष्कार लखनऊ में हुआ है जिससे साहित्यिक पुस्तकें वहीं की कुंजड़िनों की तरह वाचाल बन गई हैं ? शायद इसे आप 'शाब्दिक गोरखधन्धा' न समझें क्योंकि यह आपकी ही तर्कप्रणाली का अनुकरण है।

मेरा एक अन्य उद्धरण देकर प्रेमचन्दजी उसे 'शून्य शब्दाडम्बर, रहस्यभरी बातें सुनने में गूढ़ पर वास्तव में निरर्थक' बतलाते हैं। वह यह है :

> हमारे देश में आत्मकथा लिखने की परिपाटी नहीं रही, यहाँ की दार्शनिक संस्कृति में उसका विधान नहीं है। यहाँ के सन्त हिमालय की कन्दराओं में गलकर विश्वशक्ति की समृद्धि करते थे और करते हैं। प्राचीन भारत अपना इतिवृत्त और अपनी आत्मकथा नष्ट कर आज चिरजीवन का रहस्य बतलाता है और जिन्होंने गाथाएँ लिखीं वे बिला गए। इस युग के महापुरुष महात्मा गाँधी ने जो आत्मकथा लिखी है उसकी मूल भावना है—प्रायश्चित, अर्थात् वह केवल एक नकारात्मक योजना है, परन्तु प्रेमचन्दजी कैसी आत्मकथाएँ लिखा रहे हैं यह बतलाने की जरूरत नहीं।

इसमें क्या शून्य 'शब्दाडम्बर' है ? क्या यह इतिहाससिद्ध सत्य नहीं कि प्राचीन भारत में इतिवृत्त लिखनेवालों की आश्चर्यजनक कमी रही है ? क्या यह विज्ञान का प्रमाण नहीं कि शक्तिसंचय के लिए बहिर्मुखी वृत्ति अहितकर है ? क्या इसमें भी सन्देह है कि प्राचीन हिन्दू जाति आज भी जीवित है जबकि प्राचीन मिश्र, ग्रीस और रोम संसार से मिट गए ? क्या यहाँ व्यक्ति के विकास की उच्च कक्षा में संन्यास का पाठ नहीं पढ़ाया गया ? क्या व्यक्तिगत साधना का अर्थ आप नहीं समझते और महात्मा गाँधी की आत्मकथा में आदि से अन्त तक सत्य की वह पंचाग्नि दहकती नहीं देखते जिसमें मित्रवर वासुदेवशरण अग्रवाल के शब्दों में 'भस्मांत जड़ शरीर विलीन हो गया है, आत्मकथा का मूल अहंकार विशाल होकर विराट् में मिल गया है, इसीलिए 'सत्य के प्रयोग' देखने में आत्मकथा होने पर भी 'अहमेतन्न' की अमृत ध्वनि से ओत-प्रोत है।'

क्या यह सत्य समीक्षा भी शून्य शब्दाडम्बर है ? यह सब शब्दाडम्बर ही सही—आपकी जो आडम्बररहित, शुद्ध, प्रांजल, अतलव्यापी, गम्भीर समीक्षा है, उसका नमूना भी पाठकों को देखना चाहिए। मैं कह चुका हूँ और अब भी कहता हूँ कि भारत की दार्शनिक संस्कृति में 'आत्मकथा' का विधान नहीं है। पर प्रेमचन्दजी लिखते हैं :

> प्राचीन काल में बहुत सी ऐसी बातें थीं जो अब नहीं हैं और बहुत सी ऐसी बातें नहीं थीं जो अब हैं। तब कोई अंग्रेजी का एम.ए. भी नहीं होता था।

यह आपके 'बातें' शब्द की ही महिमा है कि आप 'भारत की दार्शनिक संस्कृति' से अंग्रेजी के एम.ए. का सम्बन्ध विच्छेद करने में समर्थ हो गए हैं। 'भारत की दार्शनिक संस्कृति' क्या है, पश्चिम की कोई तुनकमिजाज पत्नी है जिसने 'अंग्रेजी के एम.ए. पति' को तलाक दे दिया है। पर सन्तोष का विषय है कि 'भारत की दार्शनिक संस्कृति' इतनी क्षुद्रबुद्धि नहीं रही जितनी प्रेमचन्दजी की कल्पना उसे बनाना चाहती है। भारत की 'दार्शनिक संस्कृति' ने ज्ञान के प्रकाश के लिए चारों ओर से कपाट खोल रखे हैं, वह अंग्रेजी के एम.ए. का बहिष्कार क्यों करेगी ? आज जब अंग्रेजी के अनेक एम.ए. भारत की 'दार्शनिक संस्कृति' में अपने लिए स्थान पाते हैं और वह संस्कृति पुत्रवती कामिनी की भाँति उन्हें अपनी गोद में स्थान देती है तो बहिष्कार की बातें कहाँ हैं ? हमारी दार्शनिक संस्कृति अधिक से अधिक व्यापक, सहिष्णु और सहानुभूतिशालिनी है, उस ज्ञानवती में अज्ञान का एक भी अंकुश नहीं। वह तो अमरकाल के सिंहासन पर चरण रखकर उन्नतललाट दिग्वसना खड़ी है। सब देश, सब काल उसके हस्तामलक हैं। इस विराट चित्रपट पर ज्ञानियों की ज्ञान-मुद्राएँ अनन्त जीवन के रहस्य संकेत हैं, इसलिए अमर व्यक्तियों ने उस पर अपना गाथाचित्र अंकित करने का साहस नहीं किया। यही वह स्वतःसृष्ट विधान बन गया जिसे हम कहते हैं कि हमारी दार्शनिक संस्कृति में 'आत्मकथा' का नियम नहीं रहा। यही यहाँ की दार्शनिक संस्कृति का मूल रहस्य है। इस एक वाक्य के अन्तर्गत वह सम्पूर्ण साधना व्यंजित है जो हमारी दार्शनिक संस्कृति पर संख्याहीन युगों से चढ़ती आई है, परन्तु प्रेमचन्दजी की 'बातें' कुछ दूसरी ही हैं। उन 'बातों' को क्या कोई सतही कह सकता है ?

जिस साहित्य के मूल में यह साधनामय व्यक्तित्व नहीं है वह सम्पूर्ण वाणीविलास है। वह लतीफा हो या ब्रह्ममीमांसा, उसकी उपयोगिता हम मानते ही नहीं, चाहे बाहर से उसमें वह दीख भी पड़ती हो। बहुत से कनकटे ब्रह्म-ब्रह्म रटा करते हैं और मूर्ख समाज में उसकी उपयोगिता भी हो जाती है, पर वह वास्तविक उपयोगिता नहीं। उपयोगिता की परीक्षा की एक सीधी कसौटी यह है कि हम देखें कि कोई कृति अपने कृतिकार के विकास में कहाँ तक सहायक हो सकती है। कनकटे के 'ब्रह्म-ब्रह्म' से उसे मुक्ति नहीं मिल सकती। वह अपने श्रोता-समाज को धोखा देता और अपने को गड्ढे में गिराता है। यही उसकी वास्तविक उपयोगिता है। यही कसौटी साहित्य की भी हो सकती है। कनकटे को किसी भले काम से लगना चाहिए। साहित्यकार को भी दूसरों की उपयोगिता का ढोंग न कर अपनी उपयोगिता का रास्ता पकड़ना चाहिए। तुलसीदास

का 'रामचरितमानस' उनके ही स्वांतःसुखाय है। उसकी उपयोगिता उन्हें ही सन्त बनाने में थी। दूसरों की बात दूसरे जानें। कोई गाली देता है, कोई पूजा करता है। महात्मा गाँधी की आत्मकथा उनके ही 'सत्य का प्रयोग' है। इससे अधिक हम क्या कहें ?

'सत्यं शिवं सुन्दरम्' का लतीफा हिन्दी संसार में खूब चल गया है। यह बंगाल के ब्रह्मसमाज की उद्भावना है जिसे महाकवि रवीन्द्रनाथ ठाकुर के द्वारा बड़ा विस्तार प्राप्त हुआ है। कुछ लोग इसे उपनिषदों से उत्पन्न बतलाते हैं, पर उपनिषदों में वह कहीं दिखने में नहीं आया। तथापि हिन्दी में वेदवाक्य से बढ़कर उसकी मान्यता है और प्रेमचन्दजी को भी उसका व्यवहार करना भाता है। इसका अर्थ समझने में हमें अब तक द्विविधा ही है। यदि इसका अर्थ यह है कि जो सत्य है वही शिव है और वही सुन्दर भी है तो यह सत्य शब्द की व्याख्या मात्र हुई। यह साहित्य-समीक्षा की कसौटी तो नहीं हुई। यदि इसका अर्थ यह है कि सत्य, शिव और सुन्दर की अभिव्यक्ति साहित्य का लक्ष्य है तो यहाँ बहुत कुछ आरोप करना पड़ा। प्रेमचन्दजी इसका व्यवहार इसी दूसरे अर्थ में करते हैं। उनका कहना है कि साहित्य का मूलाधार सत्य, सुन्दर और शिव है। इस 'शिव' शब्द को हम व्यर्थ समझकर निकाल देना चाहते हैं। सत्य और सुन्दर पर्याप्त है। जो सत्य और सुन्दर हैं वे शिव होंगे ही। 'शिव' को बाहर से लाने की आवश्यकता नहीं। बाहर से लाया हुआ 'शिव' साहित्य का विलास या लक्जरी है। हम उसकी कीमत नहीं चुका सकते। बाहर से लाने का ही नतीजा है कि साहित्यकार दूसरों का कल्याण करने के धोखे में अपनी ही सत्यसाधना भंग करते और अपने ही विकास में बाधा डालते हैं।

विवाद के प्रसंग में एक जगह प्रेमचन्दजी सत्य के बहुत नजदीक पहुँच गए हैं। वहाँ उनमें और मुझमें केवल शब्दों के आग्रह का भेद रह गया है परन्तु प्रेमचन्दजी समझते हैं कि वहाँ वे मुझसे सबसे अधिक दूर हैं क्योंकि उन्होंने यह उदाहरण दो बार उपस्थित किया है। वे लिखते हैं :

> अब रह गई यह बात कि हिन्दी में ऐसे लिखने वाले कितने हैं जिनकी जीवनी हिन्दी जनता की पथनियामिका बन सकती है। आपका ख्याल है एक भी नहीं, मेरा ख्याल है कि मेरे घर के मेहतर के जीवन में भी कुछ ऐसे रहस्य हैं जिनसे हमें प्रकाश मिल सकता है। अन्तर यही है कि मेहतर में साहित्यिक बुद्धि नहीं, लेखक में विवेचनशक्ति होती है।
>
> एक मामूली मजदूर के जीवन में भी खोजने से कुछ ऐसी बातें मिल जाएँगी जो अमर साहित्य का विषय हो सकती हैं। केवल देखनेवाली आँख और लिखनेवाला कलम चाहिए।

इन दोनों बातों से मेरा कोई झगड़ा नहीं कि आपके घर के 'मेहतर' और एक 'मामूली किसान' के जीवन में अमर साहित्य का विषय बनने की क्षमता है। मैं आपकी इन शर्तों को भी समझता हूँ कि देखनेवाली आँख और लिखनेवाली कलम अथवा विवेचनशक्ति की आवश्यकता है। मैं केवल यह चाहता हूँ कि आप इन आवश्यकताओं के नीचे सौ

सौ सतरें खींच दें ताकि आपके हृदय में भी एक लकीर खिंच जाए कि ये आवश्यकताएँ कितनी महान हैं। मुझसे यदि आप अपना पक्ष-समर्थन कराना चाहते हैं तो मैं तो यहाँ तक कहूँगा कि आपके मेहतर के जीवन में ऐसे रहस्य हैं जिनसे इतना प्रकाश मिल सकता है जितना महान छत्रधारी सम्राटों के जीवन से मिल सकता है, पर आपको भी यह मानना पड़ेगा कि उस मेहतर के जीवन रहस्य से प्रकाश पाने के लिए अपना जीवन भी प्रकाशमय बनाना होगा। हिन्दी में इस प्रकाशमय जीवन की ही तो कमी है।

इसमें आदर्शवाद क्या है ? यह तो एक व्यावहारिक सत्य है। जो विषय कठिन है उसे कठिन कहना आदर्शवाद नहीं है। हम जड़ व्यक्तित्व को मिटाने का निवेदन करते हैं, आप उसे 'हम चुनी, दीगरे नेस्त' समझते हैं। हम साहित्य की साधना का उल्लेख करते हैं, आप उसे मेरी महत्त्वाकांक्षा बतला देते हैं। हम क्रम-विकास पर विश्वास रखते हैं, आप मुझे गुफा में भेज देना चाहते हैं। हिन्दी में साहित्य समीक्षा हाल में शुरू हुई है इसलिए नई बातें कही ही जाती हैं पर आप प्रत्येक नई बात को अहंकार का महान कुटिल रूप ठहराते हैं। क्या इस तरह इलजाम लगाकर आप साहित्य का विकास करेंगे अथवा क्या मुझे अपने विचार प्रकट करने से रोक देंगे ?

सिद्धान्तों की चर्चा इतनी ही है। इसके अतिरिक्त प्रेमचन्दजी ने अपने 'आत्मकथांक' के समर्थन में कुछ ऐसी बातें कही हैं जो केवल भ्रम हैं। उदाहरण के लिए वे एक स्थान पर यह आभास देना चाहते हैं कि महात्मा तुलसीदास ने जो कुछ लिखा 'आत्मकथा' ही है। यही नहीं, आपने तो एक तरफ 'उपनिषद, वेद, रामायण, महाभारत' और दूसरे तरफ 'कालिदास, माघ, भास और बाण' जो कुछ गिनाते बना सब आत्मकथा की श्रेणी में गिना दिया। यह इस आधार पर कि सबने अपने-अपने अनुभव व्यक्त किए। पर जब प्रेमचन्दजी 'क्या आत्मकथा साहित्य का अंग है या नहीं' शीर्षक पहले लेख में 'आत्मकथा' को साहित्य के एक विशेष अंग के रूप में ग्रहण कर तर्क आरम्भ कर चुके हैं तब अन्यत्र इस प्रकार की विज्ञप्ति करने का कोई अधिकार नहीं रखते। जब 'आत्मकथा' का एक अर्थ आप आरम्भ में मान चुके हैं तब दूसरे अर्थ को ग्रहण करने में या तो आपका अनिश्चय प्रकट होता है या वाक्छल।

अन्त में मुझे यह मानकर मनोरंजनयुक्त विस्मय होता है कि जिस मूलवस्तु को लेकर यह सम्पूर्ण विवाद हुआ वह 'हंस' का तथाकथित 'आत्मकथांक' वास्तव में 'आत्मकथांक' नहीं 'संस्मरणांक' के रूप में निकला है। यदि इसका विज्ञापन करने वाले इस विभेद का ध्यान रखकर 'संस्मरणांक' के नाम से विज्ञापन करते तो शायद इतना तूफान उठने की नौबत न आती। तथापि 'आत्मकथा' के विषय में प्रेमचन्दजी की बातें सुनने, अपनी बातें कहने और अनेक आदरणीय हिन्दी-सेवियों की बातें जानने का मुझे जो सुअवसर प्राप्त हुआ उसका श्रेय 'हंस' के तथाविज्ञापित 'आत्मकथांक' को ही है। हिन्दी जनता का इस कहा-सुनी से जो मनोरंजन हुआ—और मुझे सूचना मिली है कि उसका पर्याप्त मनोरंजन हुआ है—वह अलग है।

व्यक्तिगत सम्बन्ध का विचार कर ऊपर मैं जो कुछ कह चुका हूँ, आशा है उसके बाद अब मुझे प्रेमचन्दजी से क्षमा-प्रार्थना की आवश्यकता नहीं रही। मैं तो उस दिन की प्रतीक्षा कर रहा हूँ जब पिछली बार लखनऊ में दिए हुए अपने वचन के अनुसार प्रेमचन्दजी प्रयाग आकर मुझे दर्शन देंगे और मेरे अतिथि बनेंगे।[2]

सन्दर्भ

1. प्रेमचन्द का 'गोदान' उपन्यास प्रकाशित हो जाने पर हमारी इस धारणा में परिवर्तन हुआ है।
2. आत्मकथा का विषय लेकर मुझ में और प्रेगचन्दजी में साहित्यिक उत्तर-प्रत्युत्तर हुआ था, जिससे प्रेमचन्दजी के साहित्य सम्बन्धी विचारों पर प्रकाश पड़ता है। उसके आवश्यक अंश यहाँ दिए जा रहे हैं।

चुने हुए सन्दर्भ

इस नारी-प्रधान चरित्र-सृष्टि की समकक्षता में पुरुष-चरित्रों का निर्माण हमें इस युग के काव्यों में उतना अधिक नहीं मिलता, जितना नए उपन्यासों में मिलता है, मुख्यतः इसका श्रेय प्रेमचन्दजी की पुरुष-सृष्टि भी है। प्रेमचन्दजी के उपन्यासों में नारी और पुरुष-सृष्टि के बीच सन्तुलन है। प्रेमचन्दजी के उपन्यास समाज की वास्तविक गतिविधि से इतना सीधा सम्बन्ध रखते हैं कि उनकी कला अत्यधिक यथार्थ भूमि पर काम करती प्रतीत होती है। परन्तु यथार्थ के इस आवरण में काम करती हुई प्रेमचन्दजी की कला वस्तुतः आदर्श-प्रधान है। वे सुधारवादी लेखक और निर्माता हैं। सामाजिक गतिविधि का उतना समीपी चित्र प्रस्तुत करनेवाला लेखक कलाकार की अपेक्षा सामाजिक इतिहास-लेखक सा जान पड़ता है—परन्तु पहली ही दृष्टि में। जब हम उनकी रचनाओं के साथ आगे बढ़ते हैं और उसके स्वरूप और प्रभाव के सम्पर्क में आते हैं, तब प्रेमचन्दजी की आदर्श-प्रधान कला प्रत्यक्ष हो जाती है। अधिक से अधिक हमें यह शिकायत होती है कि प्रेमचन्द के उपन्यास सामाजिक हैं, सांस्कृतिक नहीं। उसमें पात्रों का जीवन अत्यधिक प्रत्यक्ष और ऊपरी सतह का है और जो कलाकार समाज की इतनी ऊँची भूमि पर निर्माण-कार्य करता है, उसका आदर्शवाद भी कदाचित उतना ही छिछला और हल्का नहीं है। वास्तव में प्रेमचन्द के प्रमुख पात्र और चरित्र उसी धातु के गढ़े हुए हैं, जिसके वे स्वयं थे। उनमें जीवन की परिपूर्ण निष्ठा है। इस दृष्टि से प्रेमचन्दजी का कला-निर्माण दो विरोधी तत्त्वों का सम्मिलन है। उनके उपन्यासों का वस्तु-चयन और घटना-विकास अत्यधिक प्रत्यक्ष भूमि पर किया गया है, परन्तु उनके चरित्र प्रमुख रूप से आदर्शवादी हैं। कदाचित इसलिए प्रेमचन्द के उपन्यासों में लोग आदर्शवाद और यथार्थवाद दोनों ढूँढ़ते और पाते हैं, पर वास्तव में प्रेमचन्द का साहित्यिक निर्माण आदर्श-प्रधान है, इसमें सन्देह नहीं। उनकी कला में पौरुष की प्रमुखता है और पुरुष का उबड़-खाबड़पन है। रेखाएँ काफी मोटी और बेडौल हैं। पर उनका प्रभाव असंदिग्ध है। प्रेमचन्द की कला में उपर्युक्त विरोधाभास (फोटोग्राफी की भी वस्तुमुखी कला में आदर्शों की स्थापना) के कारण उसका वास्तविक मूल्यांकन करने में कठिनाई होती है। कहा जाता है कि प्रेमचन्दजी का साहित्य ऊपर कहे विरोधी उपकरणों का पूरी तरह सामंजस्य नहीं कर सका है। उनकी रचनाओं में शरत्चन्द्र की सी परिष्कृति और गहराई और रवीन्द्रनाथ के उपन्यासों का सा सौष्ठव नहीं आ सका। तोल्स्तोय या गोर्की का सा परिपुष्ट निर्माण

और सन्तुलन भी उनमें नहीं है। परन्तु इस प्रकार का आरोप करनेवाले यह नहीं देखते कि प्रेमचन्द हिन्दी के सामाजिक और साहित्यिक क्षेत्र की अत्यन्त आरम्भिक विकासावस्था में काम कर रहे थे। तुलना में इन महान लेखकों को लाना भी प्रेमचन्द के महत्त्व की ही सूचना देना है। साथ ही हमें यह भी न भूलना चाहिए कि किन्हीं भी बड़े लेखकों की प्रतिभा एक सी नहीं होती। उनकी भिन्नता में ही उनकी मौलिकता और महत्त्व रहा करता है।

—'आधुनिक साहित्य'—भूमिका से

उपन्यासों के प्रतिनिधि-लेखक प्रेमचन्दजी के साहित्यिक निर्माण की कुछ चर्चा ऊपर की जा चुकी है। उनके साहित्य में भी देश के ग्रामीण जीवन की विषमता का ही चित्रण अधिक है, प्रेमचन्दजी के उपन्यासों में करुणा है, पर निराशा नहीं। वे आस्थावान और प्रगतिशील लेखक हैं। कुछ कहानियाँ सामयिक जीवन की सुधारात्मक प्रवृत्तियों को अंकित करती हैं। वास्तव में इन छोटी कहानियों में ही सामाजिक प्रगति का रचनात्मक पक्ष अधिक पूर्णता से अंकित हो सका है। कुछ हास्य और विनोद-प्रधान रचनाएँ भी इस युग के साहित्य को अलंकृत करती हैं। कुछ नए निबन्ध भी लिखे गए हैं।

—'आधुनिक साहित्य'—भूमिका से

उपन्यास और कहानी

उपन्यासों के क्षेत्र में अधिक अच्छा काम हुआ है। प्रेमचन्दजी के आरम्भिक उपन्यासों की चर्चा ऊपर की जा चुकी है। सन् 1920 के पश्चात् प्रेमचन्द की रचनाओं में और भी प्रौढ़ता आई है और भारतीय जीवन के विस्तृत पक्षों का चित्रण उनमें किया गया है। अत्यन्त प्रत्यक्ष विषय-वस्तु के साथ अत्यन्त उदात्त चरित्रों और पात्रों की सृष्टि करना कला की दृष्टि से एक असाध्य सा प्रयास है, परन्तु इस कठिनाई के रहते हुए भी प्रेमचन्दजी ने भारतीय समाज का जो व्यापक और जीता-जागता विवरण दिया है, वह उनके उपन्यासों को महत्त्वपूर्ण बना देता है। 'रंगभूमि' में प्रेमचन्दजी की अपनी आदर्शवादी कला अपनी सीमा पर पहुँच गई है, परन्तु प्रेमचन्द के उपन्यासों का विकास रुका नहीं। 'गबन' में सामाजिक भूमि पर मनोवैज्ञानिक चित्रण अधिक परिपुष्ट होकर आया है और उपन्यास का घटना-विन्यास भी अधिक व्यवस्थित और संयत है। 'गोदान' में प्रेमचन्दजी ने ग्रामीण जीवन का पूरा चित्र उसकी सम्पूर्ण वेदना के साथ उपस्थित किया है। उपन्यास का प्रधान पात्र होरी अनेक संकटों को झेलता हुआ आगे बढ़ता है, उसे जीवन में असफलता ही हाथ लगती है, फिर भी प्रेमचन्दजी की लेखनी ने उसे असफलताओं के बीच एक गौरव और दृढ़ता दे रखी है। प्रसादजी के उपन्यास मध्यमवर्गी सामाजिक समस्याओं, व्यवहारों और परिस्थितियों को लेकर आरम्भ हुए थे। 'कंकाल' उनका प्रथम उपन्यास विचार-प्रधान है। उसमें प्रसादजी ने हमारी उच्च जातीयता और आभिजात्य की भावनाओं पर एक बड़ा प्रश्नचिह्न लगाया है। हमारे

'आदर्शवादी' चरित्र को भी वास्तविक परिस्थितियों में परखकर उसे सच्चा सिद्ध किया है। 'कंकाल' की अपेक्षा 'तितली' उनकी अधिक कलात्मक कृति है। इसमें प्रसादजी ने किसानों और मजदूरों के जीवन-चित्र उपस्थित किए हैं। किसान बालिका तितली उपन्यास की प्रमुख पात्र है। वह स्वल्प शिक्षित किन्तु महान् अध्यवसायी लड़की है। उसके चित्रण द्वारा प्रसादजी ने ग्रामीण परिस्थिति में नया उत्साह भरने की चेष्टा की है। उन्होंने ग्रामीण नव-निर्माण सम्बन्धी अपने सुझाव रखे हैं, जो सहयोगिता और सम्मिलित खेती के आदर्श पर आधारित हैं। प्रसाद का तीसरा उपन्यास ऐतिहासिक था, किन्तु वह उनकी असामयिक मृत्यु के कारण अधूरा ही रह गया। तीसरे मुख्य उपन्यास-लेखक श्री वृन्दावनलाल बर्मा हैं जिन्होंने अब तक ऐतिहासिक उपन्यास ही लिखे हैं। इनके उपन्यासों में विवरणों की इतनी प्रचूरता होती है कि उपन्यास घटना-विवरण से भरे-पूरे लगते हैं। इतिहास की दूरी से घटना-विवरणों का आकर्षण बढ़ जाता है और स्वच्छदता के वातावरण में घटने वाले वीरतापूर्ण दृश्य, वन्य-व्यवहार तथा प्रेम-चर्चा आदि एक अनोखी सबल सभ्यता का हवाला देती है। आदर्शवादी पद्धति पर जीवनानुभव से पूर्ण वर्णन-प्रधान कृतियाँ प्रस्तुत करने वाले ये उपन्यास-लेखक हमारी नई वृहत्रयी में आते हैं।

—'आधुनिक साहित्य'—भूमिका से

मेरी तीसरी पुस्तक प्रेमचन्द के साहित्यिक विवेचन की है (यद्यपि इसका प्रकाशन विलम्ब से हुआ)। अपनी पहली पुस्तक में प्रेमचन्द पर लिखते हुए मैंने कई बातों की शिकायत की थी। मेरा पहला आरोप यह था कि प्रेमचन्द के उपन्यास बहुत अधिक वर्णनात्मक और बोझिल होते हैं। दूसरी बात यह थी कि मुझे उनके उपन्यासों में न तो गहराई का चरित्र-चित्रण मिलता था और न कोई असाधारण विचार-सम्पत्ति दिखाई देती थी। वे सामाजिक जीवन के सतह पर के पात्रों और प्रश्नों को ही उठाते और उन्हीं पर एक-एक उपन्यास तैयार करते जान पड़ते थे। किसी भी जीवन-स्थिति या समस्या की तह में प्रवेश करना और उसके समस्त पहलू को स्पर्श करते हुए एक निर्णय या समाधान प्रस्तुत करना प्रेमचन्द के उपन्यासों के दायरे के बाहर था। प्रत्येक स्थिति में वे समस्या के छोर को ही छूते थे। 'रंगभूमि' जैसे उपन्यास में भी वे सूरदास के जमीन न बेचने के हठ का कोई वास्तविक कारण नहीं बता सके हैं, जिससे उपन्यास की बौद्धिक भूमिका दुर्बल ही रह गई है।

प्रेमचन्द के उपन्यासों के इस दुर्बल पक्ष की ओर तो मेरी दृष्टि गई थी, पर उनमें एक सबल पक्ष भी है—अत्यधिक सबल पक्ष—यह मुझे कुछ समय बाद आभासित हुआ। उनका सबल पक्ष है भारतीय परिस्थितियों और विशेषकर भारतीय ग्रामों का उनका विशाल अनुभव और उससे भी बढ़कर ग्रामीण जनसमाज के प्रति उनकी अपार सहानुभूति। उनकी एक तीसरी विशेषता, जिसमें वे बड़ी हद तक पारंगत हैं, उनका नैतिक दृष्टिकोण है, जिसके कारण उनके उपन्यासों में एक भी अश्लील चित्र नहीं

मिलता। जहाँ कहीं घटनाएँ और चरित्र अश्लीलता की ओर बढ़ते दिखाई देते हैं, वहीं प्रेमचन्दजी ठहर जाते हैं और घटनाओं को समाप्त कर देते हैं, या उन्हें दूसरी ओर मोड़ देते हैं। 'प्रेमाश्रम' उपन्यास में गायत्री और ज्ञानशंकर के चारित्रिक पतन को वे अपनी मनोवैज्ञानिक सीमा तक नहीं पहुँचने देते जो कला और चरित्र-विकास की दृष्टि से एक त्रुटि भी जान पड़ती है, परन्तु प्रेमचन्दजी यह खतरा उठा लेते हैं और साहित्य की नैतिक मर्यादा के लिए इन दोनों चरित्रों की स्वाभाविक और आवश्यक परिणति भी नहीं होने देते ! चौथी विशेषता प्रेमचन्दजी का महान आशावाद है जिसके कारण उनकी रचना में नग्न घृणा और तत्सम्बन्धी 'यथार्थ' की गहरी छायाएँ नहीं आ सकी हैं। इन्हीं कारणों से प्रेमचन्दजी को मैंने मूलतः आदर्शवादी लेखक माना है जो आजकल के समीक्षकों के मतलब भरे (Tendentions) निर्णयों के विरुद्ध जाता है।

इस पुस्तक में प्रेमचन्दजी के इस सबल पक्ष पर ही अधिक ध्यान दिया गया है, यद्यपि उनकी साहित्यिक कमजोरियाँ भी प्रकाश में लाई गई हैं। यहाँ प्रेमचन्दजी के उपन्यासों के शिल्प-पक्ष पर, उनके आख्यान-बहुल (Episodic) वस्तु-निर्माण तथा अन्य सम्बन्धित प्रश्नों पर भी दृष्टिपात किया गया है। इस प्रकार, बीसवीं शताब्दी के हिन्दी साहित्य के दो शीर्ष-स्थानीय लेखकों की कृतियों के अनुशीलन से, मेरी साहित्यिक और विवेचनात्मक अभिज्ञता बढ़ी है, यह निर्देश करना आत्मश्लाघा या अनुचित प्रशंसा नहीं कही जा सकती। कम-से-कम मेरी आशा तो यही है।

—'नया साहित्य : नए प्रश्न'—निकष से

यदि हम छायावाद युग के दो प्रमुख साहित्यकारों—प्रेमचन्द और प्रसाद—को एक साथ लेकर देखें तो ऊपर का तथ्य स्पष्ट हो जाता है। प्रेमचन्द के उपन्यासों में द्विवेदी युग की नैतिकता की और आदर्शवाद की छाया है। प्रसाद के काव्य में इन दोनों का अभाव है। वे नीतिवाद के विरुद्ध स्वच्छन्दतावाद की भूमि पर उतर आए थे। इस दृष्टि से वे प्रेमचन्द से एक श्रेणी आगे के कलाकार हैं। परन्तु राष्ट्रीय और सामाजिक विकास की यथार्थ-भूमि पर प्रेमचन्द का कार्य भी अनवद्य है। प्रसाद ने अपने उपन्यासों में जिस सामाजिक विकास की स्वच्छन्दतावादी कल्पना की है, प्रेमचन्द ने उसी विकास को एक वास्तविक संघर्ष के माध्यम से चित्रित किया है। इस प्रकार हम देखते हैं कि द्विवेदी युग के पश्चात आनेवाला छायावाद युग प्रसाद और प्रेमचन्द जैसे भिन्न प्रकृति के साहित्यकारों का सृजन करते हुए भी विकासमान राष्ट्रीय और सामूहिक चेतना और जीवन-दृष्टि का परिणाम है।

—'राष्ट्रीय साहित्य तथा अन्य निबन्ध'—भूमिका से

कथा-साहित्य के क्षेत्र में विश्व के बड़े साहित्यिकों में परिगणित होने योग्य हमारे प्रेमचन्द हैं। उनकी तुलना बहुधा तोल्स्तोय से की गई है, क्योंकि मानवतावादी दृष्टि की दोनों में ही प्रधानता है। बृहत सामाजिक अन्याय के उद्‌घाटन को हम प्रेमचन्द के कृतित्व

का मूलतत्त्व कह सकते हैं, किन्तु इस अन्याय की कसौटी वे कहाँ से प्राप्त करते हैं ?—मनुष्य के व्यक्तित्व में अटल और अदम्य आस्था के द्वारा। भारतीय स्वातन्त्र्य-संग्राम के गतिमान चित्रपट को अपनी कृतियों में उन्होंने सजीव किया है। वस्तु-विन्यास सरल और उपकरण साधारण, किन्तु आस्था की अपार शक्ति उनकी कृतियों में स्पंदित होती है। निश्चय ही भारतीय उपन्यास की रूपरेखा पुष्ट रूप में प्रस्तुत करने के लिए वे सदा स्मरणीय रहेंगे।

अपने उपन्यासों के निर्माण में जिन उपकरणों का प्रयोग प्रेमचन्द ने किया है, वे अन्ततः स्थूल और अविकसित ही थे, किन्तु उनकी प्रतिभा की यह विशेषता थी कि उनके द्वारा भी वे उत्कर्ष की प्राप्ति कर सकें। उनकी कृतियों में कथानक और वर्णनात्मकता का प्रधान स्थान है। उनके पात्र भी व्यक्तिगत वैशिष्ट्य से युक्त न होकर वर्ग अथवा समूह-विशेष के प्रतिनिधि रूप में आए हैं और उनके द्वारा अंकित जीवन चित्र एक विशिष्ट प्रयोजनमूलक दृष्टिकोण से सीमित है। महान उपन्यास की निर्मिति के लिए जिन सूक्ष्म तत्त्वों की अनिवार्यता आज बताई जाती है वे प्रेमचन्द के युग में अलभ्य ही थे। प्रेमचन्द एक विशाल क्षेत्र में कार्य करने वाले लेखक थे। जीवन को उसके समस्त विस्तार में ग्रहण करने का उन्होंने प्रयत्न किया। वास्तविक जीवनपट असंख्य रंगों से निर्मित है। प्रेमचन्द ने कतिपय चुने हुए रंगों से ही उसका कलात्मक पुनर्निर्माण किया। परिणामतः उनका निर्मित जीवन-चित्र वैशिष्ट्य के महान ऐश्वर्य से मंडित न होकर भी व्यापक सजीवता का आभास देता है।

प्रेमचन्द के उपन्यास ग्राम्य जीवन के घनिष्ठ परिचय से आलोकित हैं। ग्राम्य जीवन की जो आत्मीय और प्राणमयी झाँकियाँ उन्होंने उपस्थित की हैं, वे हिन्दी उपन्यास में अन्यत्र दुर्लभ हैं। मनुष्य की स्वीकृति में वे अबाध प्रतीत होते हैं और उनकी कृतियाँ मनुष्य के प्रति नैसर्गिक और अपार प्रेम की भावना से वैशिष्ट्यवान हैं। राष्ट्रीय भावना में नई शक्ति के उन्मेष के युग में देशव्यापी स्फूर्ति, भावना-प्रेरित कर्त्तव्यनिष्ठा और उत्साह के वे प्रत्यक्ष अनुभोक्ता तथा कलात्मक माध्यम में सफल प्रयोक्ता थे। उस युग की उमंग तरंगित और अबाध-विकासमान राष्ट्रीय चेतना की जीवनी उनकी कृतियों में अक्षत लिपिबद्ध है। व्यक्तिगत वैशिष्ट्य में उन्हें कोई रुचि न थी, किन्तु राष्ट्र अभिनव यौवनोन्मेष के द्वार पर जिस नए व्यक्तित्व की अभ्यर्थना कर रहा था, उसके वे गौरवान्वित अनुगायक थे। उनकी यह शक्ति उनकी कला में जीवन-शक्ति के रूप में प्रतिभासित होती है और वह उनकी कृतियों को सामान्य वस्तु-लेखन की कोटि से ऊपर उठा देती है।

प्रेमचन्द एक बहिर्मुख कलाकार थे। उनकी दृष्टि उनकी आस्था से आलोकित होकर अन्ततः वस्तून्मुखी थी। सर्वांगपूर्ण जीवन बाह्यजगत और अन्तर्जगत की जिस समन्वित सहसत्ता की माँग करता है, उसकी दृष्टि से वे सीमा को अपनाकर चले, किन्तु इस सीमा के अन्दर जो विस्तार सम्भव था, उसकी सृष्टि उन्होंने की। उनकी उपन्यास-रचना

में एक उत्तरोत्तर विकास दृष्टिगोचर होता है और उसी के अनुरूप उनकी अन्तिम कृति उनकी सर्वोत्कृष्ट कृति भी मानी जाती है। विकास की यह विशेषता उनके परवर्ती नवदिशान्वेषियों में नहीं मिलती, वे आरम्भिक सम्भावना से यशस्वी होकर अपने परवर्ती कृतित्व में स्पष्ट ह्रास प्रदर्शित करते हैं। परवर्ती लेखकों में दुर्लभ प्रेमचन्द की एक और विशेषता है। वे एक ऐसी भाषा के स्वामी हैं जो बाह्य स्वरूपवर्ती अन्य गुणों से युक्त एक साथ साहित्यिक उत्कर्ष और जनभाषा से सामीप्य का साधन बनी है, जो परवर्ती लेखकों की भाषा के निस्पंद अथवा संदिग्ध सौन्दर्य की तुलना में कहीं अधिक रोचक और सप्राण है।

—'राष्ट्रीय साहित्य तथा अन्य निबन्ध'—पुस्तक के 'नए उपन्यास' शीर्षक निबन्ध से

●●●